JN423221

글로벌 패권의 미래

The Future of Global Hegemony
by Chaesung Chun, Hee-ok Lee, Yul Sohn, Wooyeal Paik, Kyungchul Jou

Copyright © Chaesung Chun, Hee-ok Lee, Yul Sohn, Wooyeal Paik, Kyungchul Jou, 2026
All rights reserved.

ACANET, PAJU KOREA 2026.

이 책은 저작권법에 따라 보호를 받는 저작물이므로 무단 전재와 무단 복제를 금하며
이 책 내용의 전부 또는 일부를 이용하려면 반드시 저작권자와 아카넷의 동의를 얻어야 합니다.

글로벌 패권의 미래

대우학술총서 655
Orbital Rendezvous 02

THE FUTURE OF GLOBAL HEGEMONY

전재성 이희옥 손열 백우열 주경철 지음

아카넷

Orbital Rendezvous 발간사

대우학술 기획 공동연구 사업을 시작하며

우리는 지금 문명사적 대전환의 출발선에 서 있다. 지난 세기 후반에 시작하여 점차 가속화 한 제4차 산업혁명이라는 이름의 새롭고 첨단적인 과학과 기술의 급진적인 생성과 증강, 역사적 시간과 정치적 공간의 해체와 유동, 가상현실과 경험적 현실의 혼성화, 모든 기존의 분류가 경계를 넘어 새로운 방식으로 결합하고 생성하는 탈(초)경계화와 글로벌화, 팬데믹이 보여주듯 전 지구적 규모로 전개되는 미증유의 경험적 사건들의 확산, 이질적 문화의 역동적 공존과 변종 및 생성 등은 지금까지 인류가 겪어왔던 그 어떤 변화와도 그 성격이 다르다. 변화의 내용은 물론이고 변화의 양상 특히 그 속도와 급작스러움은 인류 문명사의 진행 방향을 획기적으로 바꾸어 놓을 것이 틀림없다. 그것은 전망이 아니라 이미 시작 단계에 들어선 일이다. 그처럼 아예 차원이 다른 변화를 겪는 오늘날 인류가 당면한 과제는 무엇보다도 '인간임human being'과 '인간됨being human'의 문제를 새로운 차원에서 재검토하고 지금부터 추구해야 할 가치를 재설정하는 일이다. 이제 우리는 이 과제를 해결하기 위한 새로운 지식과 생각과 기술의 궤도를 모색, 탐구하고 제시하려 한다.

지난 40여 년간 대우재단은 인문학에서 자연과학에 이르는 모든 학문 분과의 기초를 체계적으로 발굴하고 자생적 토대를 구축하는 순수학술 지원 사업에 집중해 왔다. 지원의 중점은 현대의 첨단 학문 분야의 기초는 물론 그러한 학문의 원천에서 발전의 과정에 이르는 고전 그리고 특별한 학문사적 의미를 지닌 연구의 소개와 실험적 연구에 주어졌다. 이제 대우재단 학술지원 사업의 제2단계를 열면서 우리는 기존의 연구를 토대로 하여 수 세기에 걸쳐 이루어져 온 학문의 결과에 대한 성찰적 재검토 작업을 본격적으로 가동하고 동시에 새로운 개척과 실험을 통한 융합적 지식 생산의 체계를 추구하려 한다. 이러한 작업은 복합적 지식 생산의 새로운 패러다임 구축을 뜻한다. 여기에는 기존의 지식과 기술과 사상의 심도 있는 창조적 노력의 결과를 토대로 삼아서 다양한 관련 분야로부터의 전문적인 시각에서의 소통 및 교차 점검이 있어야 할 것이다. 우리가 개별적 전문 분야의 독창적이고 자유로운 연구 영역의 개척을 지속적으로 지원하면서 동시에 새로운 양식의 공동연구를 기획하는 까닭은 개인의 단독적 연구에서는 이루어지기 어려운 융합적 지식의 자생적이고 생성적인 창조를 위한 또 하나의 방법론적인 시도가 요구되기 때문이다.

물론 발전적 성찰, 전환과 전향 등의 이름으로 인류의 지식과 기술과 도덕에 관한 재점검은 반복적이고 중복적으로 있었다. 그러나 이제 그러한 익숙한 재검토의 반복에서 벗어나서 시대적 맥락에서 새로운 지평을 열어나가는 시작의 재조再造와 창조를 시도하는 것이다. 기존의 과학과 지식, 기술, 제도를 말하는 문명과, 이를 실천하는 다양한 방식과 기술로서의 문화, 그리고 사물의 본질적 상태, 존재의 물리적 구조와 환경, 인간 바깥의 현상과 현실을 아우르는 자연의 세 차원으로 이루어진 전통적이고 고전적인 지식의 틀을 깨고 그 세 영역에 인간이 실천 주체로서 존재하는 동시에 그 영향의 대상이 되어 있는 엄연한 진실 앞에 우리의 학문이 서 있다는 시대적 전환에 부응하는 혁명적 변화이다. 곧 "인간, 자연, 문명, 문화"를 핵심적 키워드로 삼는 것이니 이는 연계성과 상호작용의 개념이 전제가 된 새로운 융합적 지식 생산의 생태계에 들어섰음을 깨닫는 것이다. 이와 같은 앎과 학문의 새로운 지평은 시대적 요구에 따라 무한히 열려 있으며 그 지식 생산의 새 생태계 안에서는 우리에게 익숙하고 또한 진리로서 여겨져 온 모든 지식과 기술과 상상과 사상, 예컨대 자본주의, 사회주의, 마르크시즘, 민주주의, 국가, 자연, 과학기술, 인류의 등정ascent의 방향 등에 관한 생산적 반성과 미래를 성찰하는 도전들이 이루어질 것이다.

대우재단 학술사업이 처음부터 지금까지 그래왔듯이 앞으로 전개될 새로운 기획 공동연구 사업도 지식의 지평과 궤도Orbis Sapientiae를 무한히 확장하는 생성의 토양과 토대를 구축하는 역할을 할 것이다.

대우재단 학술운영위원회 위원장 김광억

차례

서문

Things fall apart; the centre cannot hold;
Mere anarchy is loosed upon the world,
The blood-dimmed tide is loosed, and everywhere
The ceremony of innocence is drowned;
The best lack all conviction, while the worst
Are full of passionate intensity.
— W. B. Yeates, The Second Coming

사물은 흩어지고, 중심은 버티지 못한다.
순전한 무질서가 온 세상에 풀려난다,
핏빛 조수가 밀려들어, 어디에서나
순결의 의식이 익사한다.
선한 자들은 모든 신념을 잃고,
악한 자들만이 격정을 품고 있다.
— 윌리엄 버틀러 예이츠, 「재림」

세계는 격변의 와중에 있다. 익숙했던 국제 질서가 크게 요동치고, 모든 나라들이 거대한 변화의 물결 속에서 방향을 찾지 못한 채 헤매는 형국이다. 혼돈의 진원지는 분명 미국이다. 트럼프 2기 정부의 미국은 세계 평화를 유지하고 자유주의 세계 경제 질서를 유지하던 패권 국가의 틀을 벗어던지고, 지금까지 보기 힘들었던 파격적인 행보를 보이고 있다. 트럼프 대통령은 취임 직후 중국뿐 아니라 주요 동맹국들에 대해 고율 관세를 무기 삼아 무역 불균형의 시정과 미국에 대한 직접 투자를 강력하게 요구했다. 한국과 일본, NATO 회원국들에 대해 방위비를 크게 늘리라고 요구하고, 인도-태평양 동맹국들에게는 중국에 맞서 미국과의 동맹 강화를 위해 더 큰 기여를 하라고 압박했다. 동맹국들은 극도의 혼돈과 불확실성 속에서 대응 방안을 모색하지만 뚜렷한 해결책을 찾기가 난망한 상태다.

미국은 제2차 세계 대전 이후 지난 80여 년간 세계 최강대국으로서 국제 질서를 유지하는 데 필요한 국제 공공재를 제공함으로써 이른바 자유주의 규칙 기반 질서를 이끌었다. 소련과의 경쟁에서 승리를 거두었고, 탈냉전기 동안 단극 패권국으로서 군림했다. 그러나 21세기에 들어 미국은 이전처럼 압도적 힘을 유지하지 못하고, 더 이상 과거와 같은 방식으로 패권을 유지하기 어려워졌다. 그렇게 된 데에는 단순히 미국의 상대적 세력 약화뿐 아니라 세계 불균형 심화, 국제적 공공 악재의 확대, 그리고 중국이라는 패권 도전국의 부상 등 구조적 변화도 작용했다. 어쩌면 패권국의 교체 문제가 아니라 패권 체제 자체의 종식 가능성도 제시되기에 이르렀다. 그동안 세계를 규제했던 미국 중심의 패권 질서가 제대로 작동하지 못하면 장차 글로벌 패권 질서는 어떻게 변모해 갈 것인가? 이런 상황에서 한국은 어떤 전략을 마련할 수 있을까?

대우재단 학술운영위원회에서는 이런 중차대한 상황을 맞아 국제 질서의 향방을 가늠해 보는 '글로벌 패권의 미래'라는 공동 연구를 기획했다. 미국·중국·일본·인도·유럽 5개 단위 지역을 정하고, 각 지역을 담당하는 전문가인 전재성, 이희옥, 손열, 백우열, 주경철 교수를 모셔서 집담회 형식으로 발표와 토론을 이어갔다. 연구팀은 각 지역의 문제를 논의의 출발점으로 삼되, 그 차원을 넘어 글로벌한 국제 질서 혹은 패권의 미래에 대해 논의하기로 의견을 모았다. 대략 2035년 전후의 시기를 '미래'의 기준으로 삼아 패권의 향방을 알아본다는 목표를 설정했다. 각 연구자가 기본적인 자료를 수집하여 차례로 발표하고, 서로 논평하여 이해의 깊이를 더해 갔다. 이렇게 논의한 내용들을 원고화한 후 서로 교환하여 읽고 의견을 주고받으며 조율해 갔다. 이런 과정을 밟아 가는 중에도 세계정세는 지속적으로 변하고 있었고, 무엇보다도 미국의 대통령 선거 결과 새로운 행정부가 들어서면서 파격적인 정책 변화가 국제 질서의 판을 뒤흔드는 현상이 이어졌다. 그리하여 연구 결과를 발표한 이후에도 새로이 원고를 재정비했다.

하루가 다르게 변모하는 세계정세를 추적하는 일조차 쉽지 않은 상황에서 장차 글로벌 패권이 어떻게 변화할지는 누구도 정확하게 예측할 수 없다. 그럼에도 각 지역 전문가들이 해당 지역의 사정을 예리하게 분석하고, 또 지역의 관점에서 세계의 패권 향방을 어떻게 파악하고 어떤 '대전략'을 준비하는지 종합적으로 고찰한 결과들을 모아 보면 글로벌한 차원에서 어떻게 새로운 패권 질서가 재구조화되고 있는지 방향 감각을 찾는 데 큰 도움이 될 것으로 생각한다.

먼저 세계 격변의 진원지인 미국이 초점의 대상이다. 과연 미국은 패권 체제를 회복할 것인가? 아니면 패권국 지위를 포기하고 단순한 최강대국으로 남을 것인가? 전재성 교수는 트럼프 2기 행정부 내 미국의 외교 대전략에 관한 여러 가지 노선들을 분석한다. 보수적이고 전통적인 공화당의 주류는 미국이 더욱 국력을 증강시켜 기존 패권의 역할을 유지하고 강화해야 한다고 주장한다. 하지만 일각에서는 미국이 핵심 국익을 보호하기 위해 선택적 개입과 우선순위 재조정을 해야 한다고 주장한다. 이들은 미국이 패권의 역할을 유지하되 신중하게 미국의 국익을 선별하여 우선순위를 조정하고 국력 소모를 막으며 동맹국들의 기여를 독려하는 노선을 제기한다. 이와 달리 '트럼프주의'에 투철한 노선으로 국익과 직접 관련이 없는 대외 개입을 최대한 줄이고 미국 우선주의에 기반하여 미국의 이익을 추구하는 노선도 있다. 다만 이러한 여러 노선들이 장기적으로 실현 가능한 대전략으로 귀결될지는 좀 더 두고 보아야 할 일이다.

문제가 되는 것은 미국이 패권의 지위를 포기하고 단지 강대국으로만 남는 경우이다. 미국이 지역 강대국으로서 자신의 안보와 독자적인 공급망을 추구하는 선진국의 지위에만 그친다면 어떻게 될 것인가? 이럴 경우 러시아, 중국 등 다른 강대국들 또한 자신의 영향권을 설정하여 지역적 패권 국가로 군사력과 경제력을 확장하고자 할 것이다. 이처럼 다극화되는 세계가 안정적인 다극 체제를 이루리라는 보장은 없다. 진영 간 관계가 상호 이해와 조정에 의해 평화적이고 안정적으로 유지되리라고 기대하기는 힘들다. 오히려 진영 간 다툼이 군사적 충돌로 이어질 가능성도 있다. 이 경우 핵 확산, 기후 변화, 보건 위기, 신기술의 부작용 등 많은 문제들이 일으키는 인류 전체의 위기를 헤쳐 나가지 못할 수도 있다. 갈등적 다극화 세계 속에서 인류 공멸의 위기를 함께 헤쳐 나가지 못한다면 결국 국제 질서는 커다란 위기에 봉착할 것이다.

반대로 미국이 패권의 역할을 유지하기로 한다 해도 급증하는 국제 공공재의 수요를 한 나라가 책임지기는 힘들어 보인다. 설사 미국이 새로운 성장 동력을 확보하여 다시 패권 국가가 되더라도 다른 국가들의 도움을 효과적으로 얻어내지 못한다면 급증하는 국제 공공재 수요를 충족하지 못할 것이다. 미·중 전략 경쟁에서 중국이 승리한다 해도 결과는 같을 것으로 예상한다. 전재성 교수의 진단에 의하면, 지구화되는 국제 정치 속에서 다른 국가의 협력을 효과적으로 얻어 보다 발전된 집합적 지도력을 누가 확보하는가가 가장 중요한 경쟁이 될 것이며, 이는 비단 미래 국제 질서의 변화에서 그치지 않는 인류의 생존과도 직결된 문제이다.

중국은 현재 진행 중인 국제 질서의 격변 상황을 어떻게 바라보며 어떤 대응을 준비하고 있을까? 이희옥 교수는 트럼프 2기 정부가 미국 우선주의 외교 정책을 집중적으로 투사하는 대상이 중국이라고 파악한다. 미국으로서는 중국을 '추격하는 위협'으로 간주하고 본토 방위와 함께 중국의 타이완 점령 저지를 최우선 과제로 설정했다. 또한 북한의 위협 억지를 위해 한국이 대부분 역할을 담당할 수 있도록 방위비 증액을 요구했다. 이와 동시에 기존의 동중국해, 남중국해, 한반도를 하나의 전쟁 구역으로 설정해 한국, 미국, 일본, 호주, 필리핀과 방위 협력을 강화하고자 한다. 중국의 판단으로는 이러한 미국의 대외 정책의 핵심은 중국을 견제하는 틀의 구조화이다.

이러한 미국의 변화에 대응하여 중국은 장기적으로 어떻게 미래를 기획하는가? 국력의 격차가 분명한 상태에서 단기적으로는 미·중 전략 경쟁의 전선이 다른 지역과 영역으로 확산되지 않도록 관리하면서 외교적 부담을 줄이고자 할 것이다. 미국 패권이 지속적으로 쇠퇴해 장래 언젠가 '중화민족의 위대한 부흥'이 가시화되기 전까지는 다극화에 기초한 세력 균형을 추구할 것이다. 이를 위한 정책 수단도 직접적인 대립 대신 힘의 분산을 통해 중국의 외교적 공간을 최대한 확보하려는 방향을 취하고자 할 것이다. 무엇보다 '주변 지역'에서 영향력을 안정적으로 확보하는 것이 중요 과제다. 주변 외교를 전략 중심축으로 격상시키고, 아시아형 안보 모델, 중국 모델의 글로벌 보급을 통해 국제 사회에서 영향력을 증대시키려는 것이다. 이때 주변의 범주를 크게 확대하여 아시아, 아프리카, 유럽, 아메리카, 심지어 극지까지 포함하고 있다는 점에 주목할 필요가 있다. 이와 같은 전략은 지역의 안정을 넘어, 유라시아 대륙 전체에 걸친 영향력 확보와 새로운 지역 질서를 재편하려는 의도를 포함하고 있다.

중국으로서는 양안 통일의 과제 또한 중요하다. 중국은 타이완의 현상 변경 시도를 막는 데 초점을 두고 이를 위해 강력한 군사적 시위를 통해 압박을 강화하는 한편, 타이완 정부와 주민을 분리 지배하기 위한 통일 전선 전략도 동시에 강화하고 있다. 2027년 중국인민해방군 창군 100주년을 맞아 무력을 동원해 통일을 시도할 것이라는 시나리오가 있으나, 이 경우 중국이 감당해야 할 부담이 너무 크기 때문에 실제로 이 전략을 전개할 가능성은 높지 않아 보인다. 다만 중국의 구조적 위기가 표면화되면서 이를 외부 요인으로 돌릴 필요가 있거나, 미국과 전략 경쟁이 심화되면서 협상 판을 바꾸기 위해 군사적 공격을 감행하는 것은 배제할 수 없다. 이러한 미·중 전략 경쟁과 중국의 주변 전략 강화는 동북아시아, 특히 한반도 질서에 지대한 영향을 주고 있다. 우선 주한 미군의 역할이 북한 억제에서 중국 견제로 이동하면서 한국의 정책 선택 딜레마를 가중시킬 것이고, 북한도 기존의 북·중 관계와 북·러 관계에 북·미 관계와 남북 관계를 결합하는 복합 해법을 모색할 것이다. 중국도 한·중 관계를 재구성하는 등 새로운 한반도의 세력 균형을 추구할 가능성이 높다. 우리로서는 이와 같은 새로운 변화를 장기적이고 구조적으로 살펴보면서 이제 맞는 대응 전략을 추구하는 것이 필요하다는 것이 이희옥 교수의 제언이다.

일본은 '트럼프 쇼크'에 빠진 상태이다. 그동안 미국의 핵심 동맹국이자 아시아 외교의 초석이었던 일본은 트럼프 정부에 들어와서 주일 미군 방위 분담금 증액, 군사비 증강 특히 대중국 전력 강화, 대미국 무역 흑자 축소와 직접 투자 확대, 대중국 기술 통제 등 여러 요구에 직면하고 있다. 사실상 기존 미·일 관계의 근간을 뒤흔드는 이런 요구에 맞서 일본은 적절한 전략, 더 나아가서 유효한 대전략을 가지고 있는가? 과연 이 전략은 일본의 미래 안정, 평화, 번영을 가져다 줄 수 있는가? 손열 교수는 이런 문제를 염두에 두고 일본의 상황을 분석한다.

그동안 일본은 미국 주도의 패권 질서를 지지하는 팔로어 역할을 담당했고, 그 대가로 안보 공여와 시장 개방이란 혜택을 입었다. 그러나 장기적 쇠퇴를 겪는 21세기 미국은 패권적 지위가 지닌 특혜는 계속 누리고자 하는 반면, 패권국으로서의 책무, 즉 자유주의 국제 질서 유지를 위해 제공해야 할 공공재 부담이 증가하는 현실, 반대로 기존 질서 속에서 자국의 장기 경쟁력이 상대적으로 하락하고 중국이 상승하여 전략적 경쟁국으로 등장한 현실을 감당하기 어렵게 되었다. 일본은 이런 상황에 처한 미국과 어떻게 관계를 이어갈 것인가? 기본적으로 일본은 미국 패권을 지지한다. 일본은 팽창하는 중국의 영향력을 견제하고 자유와 개방의 국제 경제 질서를 유지하기 위해서는 당장 미국 이외에 대안이 없다고 믿는다. 미국 없는 국제 질서는 곧 중국 중심의 국제 질서를 불러올 것이기 때문이다. 따라서 일본은 미국이 국제 질서의 한 축을 담당할 책무가 있음을 환기하고, 이를 보조하고 보완하고자 한다. 안보 면에서 자국 군사력 강화와 미·일 동맹의 강화를 통해 미국의 패권적 부담을 낮추는 동시에 일본의 국제적 안정과 평화를 향한 공공재 제공에 적극 나서겠다는 의지를 표명하고 있다. 구체적으로 방위비 증액과 미국 무기 수입 등을 통해 안보 부담의 공유를 확대하고, 중국에 대해 군사 안보와 관련된 첨단 기술 통제로 미·일 경제 안보 협력을 강화할 준비를 갖추고 있다. 경제 면에서도 비관세 장벽 시정 조치 등으로 자동차, 농산물 등 대미국 수입을 증대하여 확대 균형을 이루고, 미국 제조업 부활을 위해 경쟁력 있는 일본 기업이 직접 투자를 통해 현지 생산을 확대하고자 하며, 경제 안보 차원에서 중국 견제에 동참하지만, 중국과 단절하여 고립시키는 전략에는 동의하지 않는다.

그렇다고 하더라도 미국이 스스로 고립주의에 빠지거나 자멸적이고 모순적인 조치로 국제 사회의 신뢰와 리더십을 상실하는 사태에 대한 우려를 지울 수 없다. 미국에 대한 동맹국의 신뢰 하락과 이탈 위험성이 커지고 패권 쇠퇴가 가속화할 때 중국과 러시아가 이러한 공백을 이용한다면 기존 자유주의 국제 질서 속에서 평화와 번영을 누려오던 동맹국들의 국익은 위태로워질 것이다. 따라서 일본은 미국 패권의 유지를 위해 조력자 역할을 하는 '플랜 A' 외에, 미국에 의존해 온 부분을 축소하여 대미국 디리스킹을 추구하는 '플랜 B' 전략도 준비 중이다. 미·일 동맹을 기축으로 한 일본 외교 기조는 지속되겠지만, 미국에 대한 과잉 의존을 축소하는 방향으로 정책적 적응을 하려 할 것이다. 특히 경제적 측면을 보면, 단기적으로는 미국과 관세 협상에 나서는 동시에 중장기적으로는 미국에 대한 과잉 의존을 분산하는 조치로서 포괄적·점진적 환태평양 경제 동반자 협정을 통한 리더십을 추구하고자 한다. 더 나아가서 자유주의 질서의 회복에 뜻을 함께하는 국가(동지국)들과의 무역 협정 및 네트워크 수립에 본격적인 외교 노력을 경주할 것이다. 이런 미래 변화에 잘 대응하기 위해서는 일본 스스로 자립할 수 있도록 국력을 신장해야 한다는 점이 강조되고 있다. 예컨대 인공지능 등 첨단 기술에 적극 투자해야 한다는 주장이 대두되고 있다.

미래의 국제 질서를 생각할 때 중요한 요소로 떠오르는 것이 소위 글로벌 사우스의 등장이다. 그 핵심 국가 중 하나가 인도이다. 광대한 영토에 인종적·종교적·지역적·역사적으로 극단적인 다양성과 혼합성을 지닌 14억 인구가 살고 있고, 자유민주주의 정치 체제를 유지하는 인도는 실로 특이한 지역 강대국이다. 이 나라는 2000년대 이후 국가 역량의 잠재성을 점진적으로 강화하여 글로벌 구조에서 핵심 행위자로서 자리매김하였고, 특히 미국에 도전하고 있는 중국을 견제하거나 대체할 거의 유일한 후보 국가로서 전 세계 지도자와 전문가들의 주목을 받아왔다. 인도는 2030~2040년대 미국, 중국과 어깨를 나란히 하며 세계의 안보 및 경제 구조를 규정하는 글로벌 국가로 부상할 것인가? 이러한 질문은 기존의 미국 중심 단극 체제에서 현재 미국과 중국 경쟁의 양극 체제로 재편되고 있는 글로벌 질서를 삼극 체제로 변화시킬 수 있는가라는 질문과도 같다.

인도는 기존의 비동맹 외교 전략을 발전시켜 다자 연대 외교 정책을 추구하고 있다고는 하나, 명확한 국제 정치적·국제 경제적 원칙 없이 환경의 변화에 따라 가장 국가에 이익이 되는 방향으로 대외 정책을 실행하는 비정형적인 실용주의 전략을 취한다. 세계 경제 규모 4~5위권, 국방비 지출 3~4위권, 오랜 전통의 자유민주주의 국가로서 의당 보일 법한 패턴에서 벗어나는 이와 같은 대응 행위들은 '대국'으로서의 무게감이나 주도 의지가 보이지 않는다. 그럼에도 인도의 지도자들은 자국이 운명적으로 초강대국으로 부상한다는 점을 지속적으로 언급한다. 그 근거는 지난 10년 이상 꾸준히 연 성장률 7퍼센트 이상을 기록한 인도의 경제이다. 물론 미국에 도전할 정도로 경제를 키운 중국만큼 되려면 연간 10퍼센트의 성장률을 향후 20년 정도는 유지해야 가능하므로 아직은 부족한 수치이지만, 그래도 인도는 유일하게 폭발적인 성장 '가능성이 있는', 그리고 세계의 경제 안보 지형을 바꿀 '가능성이 있는' 유일한 개발도상대국이다.

그러나 백우열 교수의 분석에 의하면 결국 인도는 2030년대, 그리고 그 이후에도 남아시아 지역 패권국 지위를 넘어선 글로벌 강대국 지위 획득 목표는 달성하기 어려울 것으로 보인다. 현재 인도는 여전히 패권국인 미국과 도전국인 중국 사이에서 균형과 헤징 및 다자 연대 전략을 취해야 하는 정도의 국가 역량을 보유한 상태인데, 향후 10~20년 안에 이를 넘어선 강력한 글로벌 초강대국이 될 수는 없으며, 따라서 인도가 미국 및 중국과 경쟁하는 삼극 체제로 나아가지는 못할 것으로 보인다. 그 이유는 체계적인 경제 성장 전략, 특히 제조 산업화 전략의 부재, 그리고 농업에 여전히 발목이 잡혀 있는 후진적 산업 구조와 비효율적인 노동력 투입 구조, 여러 사회문화적 제약 때문이다. 게다가 민주주의 정치체제의 퇴보, 중앙-지방 정부 간의 갈등과 충돌, 지역·계급·성별 간 경제 불평등 등의 요소는 인도의 글로벌 부상에 큰 제약이다. 결론적으로 현재의 인도는 글로벌 패권 전략 또는 중장기적인 글로벌 비전을 갖고 있지 않다. 인도는 아직 글로벌 패권국으로서의 세계관이 없으며, 앞으로도 그럴 가능성은 낮아 보인다. 전 세계는 2030년대 중국의 대항마로서 인도를 상정하여 과도한 기대감을 투사하고 있을 뿐이라는 것이 백우열 교수의 분석이다.

마지막으로, 유럽은 21세기 들어 위상이 크게 위축되고 있다. 제2차 세계 대전의 종전과 함께 유럽은 세계 최강 세력의 지위를 미국에 넘겨주고, 대신 미국 주도의 국제 질서 내에 편입하여 상당한 정도의 위세를 유지했다. 주경철 교수의 분석에 의하면, 유럽은 여전히 높은 경제적 수준과 문화적 역량을 자랑하며, 인권이나 생태주의 등의 가치를 주장하면서 자유주의 세계 질서 안에서 주요 행위자로서 영향력을 유지해 왔으나 이제는 한계에 이른 듯하다. 유럽은 그동안 미국에 안보를 의탁하고, 러시아의 값싼 에너지를 수입하여 비용을 절감하면서, 급속히 성장하는 중국 경제를 이용하여 번영을 누려왔다. 그렇지만 이제 이런 요소들이 모두 부정적인 방향으로 변하고 있다. 미국은 유럽에 대해 군사적·경제적으로 더 많은 비용을 지불하도록 강력하게 요구하고 있고, 중국은 강력한 경쟁 상대가 되었으며, 유럽 전역에 값싼 에너지를 공급해 오던 러시아는 유럽을 군사적으로 위협하는 중이다. 이런 위기 상황을 해결하지 못한다면 유럽은 조만간 세계 질서 내 중요 행위자로서 위상을 잃을 우려가 있다.

자유로운 국제 무역으로 번영을 추구해 온 유럽으로서 미국의 세계 패권이 해체된 불안정한 세상은 원치 않는다. 그렇다고 하더라도 유럽이 패권 해체의 흐름을 막을 수는 없으며, 유럽 스스로 글로벌 패권을 창출할 수도 없다. 이런 상황에서 유럽이 택할 수 있는 길은 무엇인가? 우선은 미국에 협조하면서도 일방적으로 미국의 압박에 복속하지는 않으면서 다자주의를 유지하는 방안을 찾고자 할 것이다. 그렇지만 이런 바람과는 무관하게 미국의 강력한 압박과 러시아-우크라이나 간 전쟁 발발이라는 위기 상황들을 맞이하게 되었고, 이런 것들이 유럽의 각성을 가져오는 계기가 되었다. 과연 유럽 통합의 동력을 그대로 유지하는 동시에 뒤처진 경쟁력을 회복할 수 있을 것인가? 위기 상황을 타개하기 위해 유럽은 어떤 전략을 준비하는가? 그것을 보여주는 대표적인 문건이 EU 집행위원회의 위촉을 받아 마리오 드라기 전 유럽중앙은행 총재가 작성한 『EU 경쟁력 미래 보고서』이다. 보고서는 낮은 생산성, 높은 에너지 가격, 심각한 투자 부족, 불충분한 자본 시장 통합 등이 유럽을 저성장의 늪에 빠지게 했다고 분석하고, 특히 정보 통신 분야의 지체를 주요 원인으로 강조하고 있다. 이 보고서의 핵심 주장은 "유럽이 좀 더 생산성을 높이지 못하면 우리의 사회 모델(복지 시스템) 유지에 필요한 재원을 조달할 수가 없을 것"이라는 내용이다.

역내 국가들의 이해관계가 상충하는 상황에서 과연 유럽이 단일한 방향으로 노력을 경주할 수 있을지 의문이기는 하지만, 그럼에도 유럽은 점차 미래 방향에 대해 윤곽을 잡아가는 듯하다. 각국의 지도자들은 우선 미국에 완전히 종속되는 것은 결코 바라지 않는다는 점을 분명히 하는 동시에 중국에 대해 디커플링은 아니지만 디리스킹을 원하고 있다. 그 의미는 안보적으로 위험하지 않는 한 중국과의 경제 협력을 이어가겠지만, 그럼에도 미국과 중국 가운데 선택을 해야 하는 상황이 오면 유럽의 선택은 미국이라는 의미로 해석할 수 있다. 미국에 협조하면서도 일방적인 복속 상태는 피하면서 다자주의를 유지하는 방안을 찾는 것이 무척 힘든 과제이지만, 그런 목표를 이루기 위해서는 무엇보다 유럽의 경제와 군사적 힘이 현재처럼 쇠락하는 것을 막아야 한다. EU는 국제 사회의 강력한 행위자로서 국제 제도와 국제 규범을 중심으로 한 대외 정책을 적극적으로 전개하면서, 장래 도래할 다극 체제에서 다자주의를 수호하기 위해 국제 사회의 중요한 정치적 극이 되는 것이 목표이다. 미국과 중국 등 세계 강대 세력에 대해 유럽이 자신의 목소리를 내면서 방향을 찾아가려면 무엇보다 EU 회원국 간에 연대해야 할 필요성을 절감하고 있다. 그 노력이 성공할지는 지켜보아야 할 것이다.

이처럼 현재 세계 질서는 혼돈 속에 놓여 있다. 지난 질서는 무너지고 있는데 새로운 질서의 실체는 아직 뚜렷하지 않다. 미국이나 중국, 일본과 인도 및 동남아시아 모두 심대한 어려움 속에 방향을 찾기 위해 분투 중이다. 모든 국제 질서 주체들이 각자 혼돈 속에서 방황하는 듯하다. 미국 주도의 세계 질서가 요동치는 현상은 분명히 감지되지만, 이후 세계 질서는 어떻게 변화해 갈까? 누구도 단언할 수는 없겠으나, '장기적으로' 국제 질서는 과거처럼 미국 중심의 단극 체제가 아니라 중국을 포함하여 인도, 브라질과 같은 신흥 강대국들이 영향력을 공유하는 다극 체제가 될 가능성이 커 보인다. 그러나 먼 미래가 아닌 10년쯤 후의 가까운 미래에 세계 질서가 어떻게 될 것인지에 대해서는 예측이 쉽지 않다. 그럼에도 미국이 '패권적 강대국'에서 '지배적 강대국', 즉 단순히 세계 최강대국으로 변모할 가능성에 대해 고려할 필요가 있다. 비교적 이른 시간 내에 미국을 대체하는 새로운 패권국이 등장할 가능성은 크지 않다. 그렇다면 다수의 강대국이 각자 지역 패권을 추구할 것인가? 이러한 다극 체제가 만들어지면 각 패권국이 서로의 영역을 존중하며 '패권의 균형'을 이루며 힘이 아닌 국제 사회의 연대를 통해 서로 협력하며 새로운 성격의 자유주의 국제 질서를 이룰 것인가? 그럴 가능성 또한 매우 낮아 보인다. 자유주의 국제 질서는 세계 패권국의 리더십에 기반하여 유지될 가능성이 가장 크며, 다극 체제에서는 이 질서를 유지할 수 없다는 것이 역사가 말해주는 바이다. 지난 30여 년 동안 자유주의 국제 질서가 유지되었던 것은 오로지 일극 패권을 보유한 미국이 그것을 원했기 때문이다. 다극을 형성하는 강대국 간 치열한 경쟁이 폭발하여 지극히 위험한 사태로 나아갈 수도 있다.

새로운 국제 질서의 향방에 대한 전망이 불투명한 상황에서 주요 지역들의 입장이 어떠한지, 그들이 추구하는 전략이 무엇인지 가늠해 보고자 했다. 대한민국이 나아갈 방향을 찾아보는 데에도 이러한 성찰이 도움을 줄 것으로 기대한다. 대한민국은 지금까지 미국 주도의 자유주의 규칙 기반 질서 속에서 성장하며, 오늘날과 같은 국제적 지위를 확보하였다. 앞으로 인류가 평화와 번영을 이룰 수 있는 국제 질서가 재형성되는 과정에서 우리 또한 실력 있는 일원으로서 우리의 목소리를 낼 수 있도록 준비하는 계기가 되기를 바란다.

2025년 12월

필자들을 대표하여 주경철

제1장

미국 패권의 미래와 국제 질서의 변환

전재성(서울대학교 정치외교학부)

1. 들어가며: 자유주의 패권, 미국의 변화

"우리는 더 이상 다른 나라에 이용당하지 않을 것입니다. 우리는 미국 우선주의America First 원칙에 따라 대외 관계를 조정할 것입니다."

도널드 트럼프Donald Trump 미국 대통령의 2025년 취임사이다. 국제 질서를 정립하고 창출하는 데 앞장선 글로벌 리더, 패권 국가 대통령의 취임사로서는 충격적인 발언이다. 트럼프 2기 행정부에 들어 미국 외교는 그간 세계 평화를 유지하고, 자유주의 세계 경제 질서를 유지하며, 자유민주주의의 모범을 보이는 패권 국가의 외교 방식에서 벗어나 파격적으로 변화하고 있다. 동맹국들이 미국을 이용해 왔다고 비판하고, 방위비 분담금을 증액하라고 압박하며, 세계 모든 국가들을 상대로 강도 높은 관세 협상을 벌이고, 대외 원조를 중단하는 모습은 미국 대외 정책의 기본 방향이 근본적으로 변화한 것이 아닌가 하는 의심을 낳기에 충분하다. 이러한 기조가 중장기적으로 유지된다면 국제 질서는 커다란 변화를 맞이할 수밖에 없다.

미국은 제2차 세계 대전 이후 세계 최강대국의 지위를 유지하고 있다. 지난 80년간 리더의 지위에서 미국은 국제 질서를 유지하는 데 필요한 국제 공공재를 제공하며, 이른바 자유주의 규칙 기반 질서를 창출하고 유지해 왔다. 냉전기에 소련 및 공산권과 경쟁을 벌여 승리했고, 이후 탈냉전기 30여 년간 세계 유일의 최강대국으로 단극 패권 체제를 유지했다. 그러나 2020년대 전후로 미국의 힘이 상대적으로 쇠퇴했다는 분석과 함께, 패권 체제 자체가 종식되는 것이 아닌가 하는 평가를 낳기에 이르렀다.

향후 미국은 패권 국가로서 힘과 의지를 유지할 수 없을 것인가? 최강대국 미국의 대외 정책 변화는 국제 질서에서 패권적 자유주의 질서를 영원히 무너트릴 것인가? 미국 대외 정책 변화의 근본 원인은 무엇이며, 시기에 따라 어떻게 변화되어 왔는가? 이러한 국제 질서의 변화가 세계 여러 지역, 특히 동아시아와 한국에 주는 함의는 무엇인가? 이 장에서는 이러한 질문을 다룬다. 패권의 개념과 국제 질서에서 패권의 역할, 미국 패권 전략의 변화 과정, 현재 미국이 당면하고 있는 도전과 대응 양식, 미국과 중국의 전략 경쟁, 아시아와 유럽의 대응 양상, 향후 전망 등의 내용을 살펴본다.

2. 패권의 개념과 패권적 국제 질서

패권이란 무엇인가

국제 정치에서 '패권'은 국제 질서를 파악하는 데 핵심적인 개념이다. 특정 국가의 속성을 정의하는 개념이라기보다는 다른 국가들과의 다양한 관계, 여러 국제 질서 중 특정 질서를 가능하게 하는 국가라는 관계적 개념이다. 패권국은 근본적으로 무정부 상태인 국제 정치 구조에서 질서를 창출하고 유지하는 핵심 행위자이다. 패권국은 군사적 위협, 경제적 불안정, 그리고 복합적 글로벌 위기에 대응하는 '최종 대부자lender of last resort'이자 '최종 해결자guarantor of last resort'의 역할을 수행한다. 여러 주권 국가들이 자국의 이익과 권력 추구를 위해 움직이는 국제 정치에서 규칙 기반의 질서를 형성하고 운용할 수 있는 유일한 주체로 간주된다.

현재 우리가 살고 있는 국제 질서는 유럽에서 기원한 주권 국가 체제의 질서이다. 대략 17세기 전후로 유럽에서 주권 국가 질서가 출현하였는데, 이는 주권 국가 상위의 질서가 부재한다는 의미이다. 모든 국가는 대외적 독립성이라는 주권적 권한을 소유하기 때문에 군사력을 가지고 자신이 원하는 바를 위해 대외 정책을 추구할 수 있고, 그 결과 빈번한 군사력 사용과 여러 형태의 전쟁이 상시화된 체제이다.

주권 국가들이 저마다 군사력을 통해 관계를 유지하는 체제에서 절대적인 안정을 추구하기는 쉽지 않다. 주권 국가 체제가 형성된 이래, 20세기까지 유럽 국가들은 서로 국력, 군사력, 세력의 균형을 이루어 상대적인 안정을 유지하는 세력 균형 체제를 구축해 왔다. 세력 균형 체제는 여러 강대국들이 다극 체제를 형성하여 각축하면서 약소국들을 공동 관리하는 운영 원리이다. 이 가운데 전쟁도 빈번히 발발했지만 동시에 서로의 이익을 유지하기 위한 타협과 공존의 암묵적 규범 또한 발전시켰다. 19세기 초 나폴레옹 전쟁 이후 강대국들이 협력하여 유럽 협조 체제라는 명시적인 다자 체제를 이루기도 하였다. 한동안 영국이 다른 국가들을 압도하는 국력을 소유하기도 했지만 패권 국가로서 국제 질서 전체를 좌우할 힘을 소유하기에는 역부족이었다(전재성, 2025: 제3장).

20세기 들어 양차 세계 대전이 벌어지고, 이 과정에서 고립주의 정책을 추진하던 미국의 부상은 국제 질서 전반에 커다란 변화를 일으켰다. 제2차 세계 대전 종식 과정에서 미국은 기존의 유럽 강대국들을 누르고 패권 국가의 지위를 달성하기에 이른다. 유럽 국가들은 오랜 전쟁으로 국력을 소진하면서 전쟁 이후 질서를 유지하기 위한 의지와 비전을 충분히 발휘하지 못하게 되었다.

미국이 세계에서 가장 강한 국력을 소유하게 된 시기는 1945년 종전보다 이전이었다. 국력 평가에는 다양한 기준이 있어 정확한 평가는 어렵지만, 미국은 1870년대에 들어서면서 국내 총생산Gross Domestic Product, GDP 기준으로 당시 최강의 영국보다 경제적으로 부국이 되었다. 그러나 본격적인 패권 국가가 된 것은 1945년 전후로 볼 수 있는데 패권국은 여러 기준을 충족해야 하기 때문이다. 패권국의 지위를 갖기 위해서는 무엇보다 군사력과 경제력 등 국력 부문에서 다른 국가들을 압도하는 국력을 소유해야 한다. 흔히 단극 체제에서 단극 국가의 국력은 세계 국력 전체의 50퍼센트를 넘는 국력을 소유하면서 2위와 3위 국가의 국력을 합친 것보다도 더 커야 한다고 본다. 최강의 국가를 뒤따르는 국가들의 연합을 물리칠 수 있어야 하기 때문이다. 더불어 제2차 세계 대전과 같은 대전환의 사건을 거치면서 국제적 리더십을 인정받고 패권을 지지하는 국내 여론을 확보하는 전환기가 필요하다.

그러나 패권의 기준을 단순히 국력으로만 논할 수는 없다. 패권국은 무정부 상태인 국제 정치에 질서를 부여하는 국가로, 이를 위해 국제 공공재를 제공할 능력과 의도, 그리고 기준이 있어야 한다. 이를 위해서는 국제 규범과 문화에 대한 영향력을 포함한 소프트파워가 있어야 한다. 미국은 제2차 세계 대전 이후 자유민주주의 국가의 모범으로 공산주의 모델과 경쟁하며 경제적 번영과 군사적 힘, 올바른 정치 체제를 유지할 수 있다는 점을 보여주었다.

이와 더불어 패권 국가의 국민들이 자국의 패권적 기획과 외교 정책에 찬성하고 지지해야 한다. 왜냐하면 패권 전략은 상당한 국력을 소모하고, 보기에 따라서는 자국의 이익보다 국제 사회의 이익을 앞세우는 국제주의, 이타주의 정책을 행하는 것이기도 하기 때문이다. 미국은 제2차 세계 대전 참전 이전까지 전시를 제외하고 동맹을 체결한 적이 없으며, 특히 유럽의 국제 정치에 관여하는 것을 꺼렸다. 그러나 제2차 세계 대전 이후 공산주의 봉쇄라는 기치 아래 평시에도 군사 동맹을 맺고 대외 개입을 추구하는 외교 정책으로 선회하였다. 막대한 국방비를 지출하고 자국의 군인들이 해외에 개입하는 패권 정책에 대해 국민들이 동의하지 않으면 패권은 유지되기 어렵다. 더불어 6·25 전쟁처럼 다수의 미군 희생자가 속출하는 대외 개입을 국민들에게 합리적으로 설득하기 위한 미국 국내 정책이 유지되어야 한다.

패권에는 타국들의 승인과 팔로어십followership도 중요하다. 제2차 세계 대전 이후 미국은 유럽과 아시아 국가들에 대해 대규모 경제 지원을 하고 동맹을 맺어 이들 지역에 대한 영향력을 강화했다. 해석에 따라 이는 제2차 세계 대전 이전 미국의 대공황을 해결하는 미국 중심의 세계 자본주의 경제 체제의 수립 과정으로 볼 수도 있다. 그러나 동시에 전쟁으로 피폐해진 유럽과 아시아 국가들을 재건하고 자유주의 경제 질서를 안착하는 과정으로 볼 수 있다. 결국 미국의 이익과 유럽·아시아의 이익이 결합한 대타협의 측면이 존재한다. 현재 트럼프 대통령은 이러한 양측의 타협이 미국의 국력과 이익을 침식하는 동맹국들의 미국 이용 정책이라고 비난하지만, 패권 국가 미국과 동맹국들의 협력은 양측의 상호 의존으로 보아야 한다.

유럽의 경우 미국의 도움이 필요했기 때문에 미국을 '초대된 제국Empire by Invitation'이라고 보기도 한다. '초대된 제국'은 노르웨이 학자 예이르 루네스타Geir Lundestad가 1986년 발표한 논문에서 처음 제시한 개념으로, 제2차 세계 대전 이후 미국과 서유럽 간 관계를 설명하는 틀로 널리 인용되었다. 미국의 영향력이 강제적 지배나 식민주의적 형태가 아니라 서유럽 국가들의 요청과 협력으로 형성되었다는 측면을 강조하는 개념이다. 미국은 1948년 마셜플랜과 1949년에 창설된 북대서양조약기구North Atlantic Treaty Organization, NATO 등을 통해 서유럽 국가들의 요청에 응하여 경제적·군사적 개입을 수행하였으며 유럽 통합 역시 이러한 요청과 지원 속에 진행되었다. 미국은 유럽과의 관계에서 자유주의 국제 질서를 구축하고 공산주의 확산을 억제하는 정책을 추구했고, 이는 자국의 안보와 시장 확대라는 전략적 이해와도 맞물려 있었다(Lundestad, 1986; Lundestad, 2003).

이익과 정당성에 기초한 팔로어십을 확보하지 못하면 패권의 지위는 약화된다. 흔히 패권은 '시혜적benevolent 패권'과 '강압적predatory 패권'으로 나누는데, 팔로어십이 확보된 패권을 시혜적 패권이라고 한다면, 점차 팔로어십이 약화되고 패권이 가지는 강압적 힘에 의해 패권적 질서가 유지되면 이를 강압적 패권이라고 할 수 있다. 현재 트럼프 2기 정부의 전략은 전통적인 자유주의적 리더십과는 다른 방향성을 보여주고 있다. 트럼프 정부의 대외 정책은 '탈자유주의적 패권 전략'으로 해석되는데, 미국의 협상력을 바탕으로 동맹국들과 국제 사회를 점차 압박하는 강압적 패권의 모습을 띠고 있다. 새로운 자유주의 패권으로의 회귀 여부는 아직 불투명하다.

마지막으로 패권의 바탕에는 도전하는 경쟁국을 제어하는 힘이 있어야 한다. 패권국은 자신이 설립한 질서를 추구하는 데 많은 국력을 소모한다. 이 과정에서 국력을 축적하여 빠른 발전을 추구하는 강대국이 출현하게 된다. 이러한 강대국이 패권국과 동맹 및 파트너십을 체결하고 있으면 도전이 급격하게 이루어지지 않지만, 다른 이념을 가지고 패권적 질서에 만족하지 못하고 있다면 도전은 매우 격렬할 수 있다. 이른바 '세력 전이power transition 이론'은 기존의 패권국이 창출한 질서에 만족하지 못하는 강대국이 도전 세력이 될 때 벌어지는 갈등과 더불어 마침내 벌어지는 패권 전쟁을 설명하고 있다.

미국 패권의 세 가지 축

제2차 세계 대전 이후 미국은 자유 무역, 동맹 체계, 국제기구 중심의 다자주의를 통해 자유주의적 국제 질서를 주도해 왔다. 냉전기에는 자유 진영 내 리더로서, 탈냉전기에는 단극 패권국으로서 국제 질서를 형성했다. 그러나 21세기 초반 이후 지구화에 따른 불균형 심화, 국제적 공공 악재의 확대, 그리고 패권 도전국의 부상 등은 미국이 과거와 같은 방식으로 패권을 유지하기 어렵게 만들고 있다.

이러한 상황 속에서 미국은 패권 전략을 비용의 관점에서만 바라보는 경향이 강해졌다. 세계 여러 지역의 안보와 개방적인 자유주의 경제 질서, 자유주의 이념의 수호라는 공공재를 제공하는 데 많은 비용이 드는 것은 사실이다. 미국이 다른 국가들의 공식적인 공헌, 기부, 세금 없이 자국의 힘만으로 이러한 질서 유지에 많은 자원을 투자한다고 생각하면 패권은 고비용 저소득의 기획으로 보일 수밖에 없다. 그러나 패권 국가의 국가 이익은 단기적이고 직접적인 이익이라기보다는 장기적이고 구조적인 이익이라고 보아야 한다. 다른 어떤 국가도 누릴 수 없는 구조적 이익을 제도화함으로써 국력의 증진과 국가 목표 실현에 도움을 얻기 때문이다.

이러한 구조적 이익을 차례로 살펴보면 우선 기축 통화국으로서의 경제적 권력을 들 수 있다. 미국 달러는 세계 경제의 중심 통화로 기능하면서 구조적 경제 이익을 미국에 제공하고 있다. 낮은 이자율로 자금을 조달할 수 있는 능력을 갖출 뿐만 아니라 수입품 가격을 안정화할 수 있다. 국제 무역에서의 높은 구매력을 확보할 수 있고, 정부 부채 조달에 필요한 비용을 감소시킬 수도 있다. 글로벌 금융 안정성을 제공하는 역할도 수월하게 할 수 있다. 또한 통화 발행에 따른 시뇨리지 이익을 누릴 수 있다. 이러한 모든 이익은 기축 통화 지위에서 비롯된 것이다.

현재 미국 달러는 여전히 세계 외환 보유고의 약 60퍼센트, 국제 무역의 과반, 국제 부채의 주요 표시 통화로 사용되고 있다. 이러한 상황에서 미국은 국채를 발행해서 경제를 유지하는 데 수월한 메커니즘을 갖게 된다. 미국은 세계 패권 국가로서 달러의 기축 통화 지위를 기반으로 국가 부채를 유지하고 상환하는 독특한 경제 메커니즘을 형성하고 있다. 세계의 여러 국가들은 무역과 금융 거래에 필요한 달러를 확보하기 위해 미국 국채를 주요 안전 자산으로 매입하려고 한다. 이로써 미국 재무부는 낮은 이자율로도 대규모 국채를 발행할 수 있는 능력을 갖게 된다. 또한 미국은 자국 통화로 부채를 발행하고 상환할 수 있으며, 연방준비제도Federal Reserve는 필요시 무제한에 가까운 달러를 발행할 수 있다. 따라서 지급 불능 위험이 거의 없는 상태에서 부채를 감당할 수 있는 이점을 지닌다. 이뿐만 아니라 미국은 글로벌 금융 위기나 팬데믹, 지정학적 충돌 등의 위기 상황에서 달러 유동성 공급자 역할을 수행한다. 21세기 위기 상황 속에서 미국의 힘이 약해질 것이라는 전망이 강했지만, 세계 경제를 회복시키는 달러의 역할은 다시 전 세계의 달러 수요와 신뢰를 강화하는 순환 구조를 만들었다. 그리고 미국의 군사력, 국제 금융 규제력, 동맹 네트워크 등 정치·군사적 패권 역시 달러 체제의 구조적 기반을 뒷받침하고 있다. 미국의 다층적 권력 기반 속에서 다른 국가들의 탈달러화 시도는 제도적 신뢰 부족과 대안 통화의 한계로 인해 제한된 성과만을 거두고 있다. 결국 달러 중심 구조는 미국의 패권이 지속되는 한 안정적으로 유지될 수 있는 구조인데, 향후 지속적인 재정 악화, 금리 상승, 그리고 글로벌 신뢰의 약화 등으로 인해 장기적으로 이러한 메커니즘이 약화될 것인지가 핵심적인 변수라고 할 수 있다.

두 번째 구조적 이익은 미국의 군사력에서 발생하는 정치·안보적 이익으로 미국은 세계 최강의 핵무기 군사력을 소유하고 있다. 미국이 1945년 핵무기를 최초로 생산하고 태평양전쟁에서 일본을 상대로 사용한 이후, 미국의 핵무기는 세계 안보 구조 유지에 엄청난 영향력을 발휘하고 있다. 미국은 핵무기 생산 이후 세계 유일의 핵무기 보유 국가가 되려 했지만, 1949년 10월 소련의 핵실험 이후 여러 국가가 핵무기를 보유하게 되었다. 그 4년 동안 미국은 세계 유일의 핵무기 국가로서 세계 안보 질서를 형성하는 데 엄청난 이점을 누릴 수 있었다.

소련에 이어 영국과 프랑스, 중국이 핵무기를 개발하여 국제연합 안전보장이사회 상임이사국 5개국이 핵무기 보유국이 되었다. 이들 국가 중 영국과 프랑스는 미국의 동맹국으로 미국과 같은 방향의 핵 전략을 추진하고 있었고, 소련과 중국은 핵무기의 확산을 방지하자는 점에 대해서는 미국과 같은 입장에 서 있었다. 냉전의 경쟁국이라 해도 핵무기 독점의 이익을 나누어 갖고, 여타 국가들이 핵무기를 소유하게 되어 자국의 안보이익을 약화시키는 것을 원하지 않았기 때문이다.

1970년 핵무기 보유국들은 핵확산금지조약Nuclear Non-Proliferation Treaty, NPT 체제를 수립하여 더 이상의 핵무기 확산을 막기로 한다. 핵무기를 보유하지 못한 국가들의 핵 보유를 원천적으로 봉쇄하여 핵 확산을 막는 세계 안보 구조를 형성한 것인데, 이는 평화적 목적이라는 기치를 내걸었지만 결국 핵무기 보유 5개국의 권한을 독점적으로 유지하는 데 큰 힘을 보탰다. 특히 미국은 자국의 동맹국들이 핵무기를 보유하는 것을 막아 이 국가들에 대한 군사적 영향력을 유지할 수 있었다. 미국은 30개국 이상의 동맹국에 대해 핵우산을 제공하고 있는데, 이는 핵무기를 보유한 다른 네 개 상임이사국(영국, 프랑스, 러시아, 중국)은 할 수 없는 고유한 권력 형태이다. 미국은 이 확장 억제를 통해 동맹국의 자체 핵무기 개발을 억제하고, 지역 안보의 안정성을 유지하며, 지정학적 영향력을 확대해 왔다.

이 구조는 핵확산금지조약 체제 유지의 근간이며, 동시에 미국 중심의 안보 질서를 정당화하는 제도적 기반이 된다. 국제적으로는 미국의 대외 군사 개입 정당성, 전략 자산 배치 유연성, 그리고 군수 산업의 세계 시장 지배력과도 연결된다.

현재 트럼프 정부에서는 미국의 동맹국 지원 정책을 비판적으로 보고, 미국의 국방비를 절감하려는 노력이 가속화되고 있다. 이 과정에서 트럼프 정부의 인사들은 동맹국들의 핵보유를 통해 미국의 핵 확산 억제 정책에 들어가는 비용을 절감하고 동맹국에 대한 책임을 덜어내는 정책을 논의하는 경향도 보인다. 그러나 미국이 핵무기 독점을 통한 동맹국 통제라는 수단을 상실할 경우, 미국의 패권적 이익은 급속히 줄어들 것이다. 아직은 트럼프 정부가 이러한 이익의 손실을 명확히 인식하고 대비하는 모습을 보이지는 않지만, 동맹국의 핵무기 보유 움직임이 본격화될 때 상황은 급변할 수 있다.

마지막으로 패권국은 국제기구를 창설하고 주도하지만 이에 얽매이지 않는 권력을 가지고 있다. 미국은 제2차 세계 대전 이후 세계질서를 이끄는 주요 국제기구들, 즉 국제연합, 세계무역기구World Trade Organization, WTO, 국제통화기금International Monetary Fund, IMF, 세계은행World Bank, WB 등을 창설하고 주도적으로 운영하면서 글로벌 규범과 제도를 설정하는 설계자로서 기능해 왔다. 그러나 미국은 동시에 이 기구들의 규율에 구속되지 않는 예외적 위치를 점유하고 있다. 이는 미국이 국제기구 상위의 질서 형성자로 작동할 수 있는 유일한 국가임을 보여 준다.

미국의 제도적 패권은 국제 제도의 설계와 운영을 통해 자신의 패권적 지위를 유지하면서, 필요에 따라 이들 제도를 선택적으로 활용하거나 재조정하는 방식으로 작동해 왔다. 이는 국제 질서에서 규범 창조자와 관리자로서의 위치를 점하는 동시에, 이러한 규범을 자국의 이익에 맞게 조정하여 패권을 지속하려는 전략으로 해석된다. 위에서 살펴본 핵확산금지조약과 같은 안보 레짐의 운영은 미국의 이러한 제도적 패권의 특징을 잘 보여준다. 미국은 핵확산금지조약을 통해 군사적 우위를 유지하고 비핵국의 핵 개발을 억제하는 데 성공했지만, 동맹국의 핵 개발을 묵인하거나 경쟁국에 대해서는 제재를 가하는 이중적 접근을 보여 왔다.

미국의 레짐 운영의 주요한 특징을 세 가지로 요약할 수 있다. 첫째, 규범의 창조자이자 관리자로서 미국은 레짐 설계 과정에서 자신의 이익을 반영하며 국제 질서를 통제하려 했다. 미국은 UN, WTO, IMF 등 주요 국제기구를 창설하며 자신이 주도하는 규범을 통해 세계

정치와 경제를 구조화했다. 그러나 이 과정에서 국제 제도가 미국의 이익을 보장하는 방식으로 설계되었기 때문에, 이러한 제도가 글로벌 공공재로 기능하기보다는 미국의 패권 유지 수단으로 작동했다. 예를 들어, 미국은 탄도탄 요격 미사일 시스템Anti-Ballistic Missile system, ABM의 제약에 관한 조약처럼 어떤 조약이 안보 제도에서 자신에게 불리하다고 판단하면 조약을 탈퇴하여 독자적인 행동을 정당화했다. 9·11 테러 이후 안보 위협을 느낀 조지 W. 부시 대통령은 미국의 방어능력을 스스로 제한할 수 없다면서 2001년 12월 13일 러시아에 ABM 조약 탈퇴를 공식 통보한 것이다. 이는 국제 규범의 일관성을 약화시키는 동시에, 미국의 군사적 자율성을 강화하는 전략으로 해석된다.

둘째, 미국은 선택적 다자주의를 통해 국제 제도를 유리하게 활용해 왔다. 미국은 국제 협력을 강조하면서도, 필요할 경우 일방주의적 행동을 통해 국제 제도의 규범을 무시하거나 재조정하는 태도를 보였다. 이는 파리기후협정Paris Climate Agreement 탈퇴나 이라크 침공과 같은 사례에서 잘 드러난다. 이러한 선택적 다자주의는 미국의 단기적 이익을 극대화하는 데는 효과적이었으나, 장기적으로는 국제 사회의 신뢰를 약화시키고 레짐의 정당성을 훼손하는 결과를 초래했다.

셋째, 미국은 공적 담론과 예외주의적 정체성을 활용하여 국제 제도 위반이나 독자적 행동을 정당화했다. 미국의 대통령 연설과 정책 문서는 자국의 행동을 자유와 민주주의 수호, 국제적 책임의 이행으로 포장하면서 국제 사회의 비판을 완화하는 역할을 했다. 예를 들어, 조지 W. 부시 행정부는 이라크 침공을 테러와의 전쟁과 자유 확산이라는 명분으로 정당화하며 국제법 위반 논란을 회피하려 했다. 이러한 담론은 미국의 제도적 모순을 숨기면서 패권적 행동의 정당성을 확보하는 데 중요한 역할을 했다.

미국의 제도적 패권 전략은 국제 질서에 중대한 영향을 미쳤다. 미국이 국제 제도의 규범을 선택적으로 적용하거나 무시함으로써 다자주의에 기반한 국제 협력의 신뢰성이 약화되었다. 또한, 이러한 이중적 태도는 경쟁국들에 제도의 정당성을 비판할 수 있는 여지를 제공하고, 다극적 질서로의 전환을 가속하는 계기가 되었다. 특히 중국과 러시아와 같은 강대국들은 미국의 이러한 이중성을 활용하여 자신들의 대안적 레짐을 제시하거나, 기존 제도에 대한 지지를 약화시키는 전략을 구사하고 있다. 이는 국제 질서의 불안정성을 심화하며, 미국의 글로벌 리더십에 도전하는 결과를 초래할 가능성이 크다.

결국 미국의 제도적 패권은 다자주의와 일방주의를 선택적으로 활용하여 자신의 이익을 극대화하려는 전략으로 특징지을 수 있다. 이러한 행동은 단기적으로는 효과적일 수 있지만, 장기적으로는 국제 질서의 불안정성과 국제 제도의 정당성 약화를 초래하며, 미국 패권의 지속 가능성을 위협하고 있다(Bongers, 2017; Mofrad & Ameli, 2022).

미국의 다양한 패권 대전략

1990년대 초 냉전이 종식되면서 미국은 변화된 국제 환경에서 새로운 대전략을 모색해야 했다. 소련과의 양극 체제에서 벗어난 단극 체제는 미국이 글로벌 리더로서 어떤 역할을 수행해야 하는지에 대한 치열한 논쟁을 불러일으켰다. 이러한 논의 속에서 몇 가지 대전략이 제안되었으며, 각 전략은 국제 환경과 미국의 자원을 어떻게 활용할 것인지에 대한 상이한 관점을 반영하고 있다.

첫째, 패권 유지Primacy 전략은 미국의 글로벌 지배력을 유지하고 잠재적 경쟁국의 부상을 억제하며, 미국 중심의 국제 질서를 보장하는 데 초점을 맞췄다. 이 전략은 군사적 우위를 기반으로 단독 행동을 선호하며, 자유민주주의와 시장 경제의 전 세계적 확산을 목표로 삼았다. 대표적으로 1992년 조지 H. W. 부시 행정부의 국방 기획 지침Defense Planning Guidance, DPG은 미국의 유일 패권을 유지하려는 명확한 목표를 설정하였고, 조지 W. 부시 행정부는 9·11 테러 이후 이라크 전쟁과 같은 군사적 개입으로 이를 실행했다. 그러나 이러한 접근은 과도한 개입overextension과 자원 낭비resource exhaustion로 이어져 국내 재정 부담을 가중시키고, 국제적 신뢰를 약화시켰다는 비판을 받았다.

둘째, 신고립주의Neo-Isolationism는 미국의 국제적 개입을 최소화하고 국내 안보와 경제적 자급자족을 중시하는 전략으로 제안되었다. 이 접근은 외국 분쟁에서 벗어나 국가 이익에 직접 연관된 문제에만 집중하며 국제기구에 대한 의존을 줄이고자 했다. 트럼프 행정부의 '미국 우선주의'는 부분적으로 신고립주의적 경향을 반영하는데, 자제restraint 전략으로 표출되기도 한다. 현재 미국은 NATO와 같은 동맹에 회의적인 태도를 보이고 지구적 군사 개입에서 후퇴하는 정책을 추진하고 있다. 이러한 접근은 국제 질서 내 공백을 초래하고 미국의 글로벌 영향력을 약화시킬 위험이 있다는 우려를 낳는다.

셋째, 선택적 개입Selective Engagement은 미국의 안보와 경제에 이익이 되는 지역에만 적극적으로 개입하는 전략으로, 효율적인 자원 분배와 과도한 개입을 방지하고자 했다. 이 전략은 동맹국과의 협력으로 유럽, 동아시아, 중동과 같은 주요 지역의 안정을 유지하려 했다. 클린턴 행정부는 NATO 확장과 발칸반도 군사 개입을 통해 이러한 전략을 실행했으며, 오바마 행정부는 아시아 중시 전략을 통해 중국의 부상을 견제하였다. 그러나 이 전략은 특정 지역의 정의와 우선순위 설정에서 일관성을 유지하기 어렵다는 비판을 받았다.

넷째, 협력적 안보Cooperative Security는 국제 문제 해결을 위해 다자주의multilateralism와 집단적 행동collective action을 강조했다. 이 접근은 UN이나 NATO와 같은 국제기구를 통해 테러, 기후 변화, 핵 확산과 같은 초국가적 도전에 대응하려는 노력을 보인다. 조지 H. W. 부시 행정부는 걸프전에서 다국적 연합군multinational coalition을 구성하여 이러한 전략을 추진했다. 오바마 행정부 역시 파리기후협정과 이란 핵 합의Iran Nuclear Deal 등 다자주의적 접근을 추진했다고 볼 수 있다. 그러나 지나치게 다자주의에 의존하면 미국의 단독 행동 능력unilateral action capability이 제한된다는 한계가 지적되었다.

다섯째, 역외 균형Offshore Balancing 전략은 미국의 직접 개입을 줄이고, 동맹국이나 지역 강대국이 균형을 유지하도록 독려하는 현실주의적 접근이라고 할 수 있다. 이 전략은 특정 지역에서 패권국의 부상을 저지하는 데 중점을 두며, 미국의 자원을 보존하고 동맹국의 부담을 분담하려는 목적에서 제안되었다. 이는 자원의 효율적 활용이라는 장점이 있지만, 지역 강대국들이 균형을 유지하지 못할 경우 국제 질서가 불안정해질 수 있다는 우려도 존재했다.

여섯째, 자유주의적 국제주의Liberal Internationalism는 협력적 안보보다 더욱 전면적인 국제적 개입을 추진한다. 민주주의, 인권, 자유 무역을 기반으로 한 규칙 기반 질서를 확산하려는 전략이라고 할 수 있다. 민주평화론에 기초하여 국제기구 강화를 통해 세계적 상호 의존을 심화하는 전략으로 표출되기도 하는데, 클린턴 행정부의 민주주의 확산 정책이 대표적인 사례로 언급된다. 그러나 이러한 접근은 이념적 과잉으로 인해 권위주의 국가들과의 갈등을 초래할 가능성이 높았다.

마지막으로, 후퇴Retrenchment 전략은 해외 개입을 축소하고 국내 재건을 통해 국가 경쟁력을 회복하려는 전략이다. 이 군사비 삭감과 해외 주둔을 축소하여 국내 경제 및 사회적 인프라를 재건하는 데 초점을 맞추는 전략이다. 그러나 동맹국들 사이에서 미국의 신뢰를 약화시키고 국제적 리더십을 감소시킬 위험이 있다는 비판에 직면할 가능성도 있다(Posen & Ross, 1996/97; Mearsheimer & Walt, 2016; Brands, 2018).

3. 미국 패권의 경제적 기초 문제

21세기 미국 패권이 당면한 문제들

오늘날 미국의 패권은 다음과 같은 세 가지 구조적 도전에 직면하고 있다. 단순히 행정부나 대통령의 특성에 따라 부딪히는 단기적 문제가 아니고 구조적 문제이기 때문에 이에 대한 해결도 어려울 수밖에 없다.

첫째는 국제 공공재 수요의 급증이다. 테러리즘, 팬데믹, 기후 변화 등 복합 위기에 대한 해결 요구는 패권국에 집중되며, 기존 질서의 유지만으로는 대응이 어렵다. 탈냉전 기간은 미국 단극 체제라는 국제 질서의 특징을 보이는 동시에 지구화의 진전으로 이전에는 존재하지 않던 문제가 불거진 상황이었다. 이런 상황들은 한 국가 차원에서는 해결하는 것이 불가능했기 때문에 미국이 주도하는 국제 협력으로 문제를 해결할 수밖에 없었다. 그러나 미국 역시도 국력 자원이 급속히 소진되었을 뿐 아니라 테러나 경제 위기, 코로나19 사태 등을 겪으면서 미국의 희생도 그만큼 커질 수밖에 없었다. 앞으로 지구화의 심화로 나타날 수 있는 국제 공공재의 문제는 더욱 심각해질 것이다. 어쩌면 한 국가가 패권국으로서 이러한 문제를 해결하기에는 한계에 다다른 국제 질서의 상황이라고 볼 수도 있다.

둘째는 신자유주의 지구화가 진행되면서 생긴 국제 불안정의 증가다. 신자유주의적 지구 경제 체제는 빈부 격차와 사회적 분열을 심화시키고 있으며, 통합된 공급망은 지정학적 리스크를 확대시켰다. 경제적 지구화를 온전히 관리할 수 있는 거버넌스 체제가 마련되지 않은 상황에서 반세계화, 반지구화의 물결이 강화되었다. 국가 내에서는 지구화에 반대하는 민족주의적 정치 운동이 일어나고, 대중영합주의나 우익 세력이 등장하면서 정치 불안정도 심화되었다. 민주주의 국가들은 민주주의 퇴행이라는 현상을 겪으면서 민주주의 국가들 간의 평화라는 경향은 급속히 악화되었다. 각국에서 민주주의가 쇠퇴하고 권위주의가 강화되는 것은 군사력 사용에 대한 민주적 통제나 권력 분립 원칙에 위기를 초래할 수 있다. 이로 인해 발생하는 국가 간 긴장과 충돌, 그리고 전쟁의 위험성은 패권 국가가 국제 질서를 관리하는 데 커다란 위험 요인이 되고 있다.

셋째는 중국과 같은 전략적 경쟁국의 부상이다. 앞서 살펴본 바와 같이 패권 경쟁국을 억제하는 것이 패권 유지의 핵심 과제이다. 중국은 1978년 개혁 개방 이후 급속도로 발전하여 현재 미국과 군사력 및 경제력에서 필적할 만한 공력을 갖추게 되었다. 전체 GDP에서 미국의 3분의 2 수준에 도달했고, 군사력 부문에서도 군사비는 동아시아만을 놓고 볼 때 미국과 비등한 비용을 지출하고 있다. 중국의 경제성장률이 4~5퍼센트대로 유지되고 있는 상황에서도 중국은 평시 국방비의 지출을 7.2퍼센트 정도로 유지하고 있다. 이러한 중국의 빠른 국력 성장과 더불어 세계에서 중국이 차지하는 외교적 비중도 강화되고 있다. 2008년 미국의 경제 위기와 코로나19 사태를 거치면서 미국의 외교적 영향력이 약화하는 시기 동안, 중국은 많은 지역에서 자국의 경제적·외교적 영향력을 증대시키는 데 온 힘을 기울였다. 일대일로Belt and Road Initiative 정책을 통해 글로벌 사우스Global South 국가들은 물론, 유럽과 라틴아메리카에서의 영향력을 증가시켰다. 우선 정책을 통해 미국의 군사적 개입을 막고 아시아에서 군사적 리더십을 유지하는 데 총력을 기울이고 있다. 타이완과 남중국해 등 중국이 자국의 주권적 권한을 주장하는 지역에서 더욱 공세적인 정책도 취하고 있다. 이와 더불어 2030년대 중반까지 미국의 핵 능력과 맞먹는 핵 군사력을 갖추고자 노력하고 있다. 향후 미국과 중국의 핵 능력이 동등해지고 중국이 더욱 공세적으로 자국의 영향력을 확장하고자 한다면, 현재 회색지대 전략이나 통상 전략을 활용한 공세적 전략은 더욱 도전적으로 될 가능성이 있다. 이러한 상황에서 미국은 자국의 힘만으로는 중국을 견제할 능력을 점차 상실하고 있는 것으로 보인다. 첨단 기술을 이용한 군사 부문 경쟁 그리고 동맹국과의 관계 강화를 통한 중국에 대한 억제 전략 등이 성공해야만 중국과의 패권 경쟁에서 우위를 차지할 수 있을 것이다. 이러한 대중국 견제의 부담은 미국이 패권 전략을 유지하는 데 중요한 변수로 작용하고 있다.

패권의 경제적 기초 약화

미국 패권의 경제적 기초가 간헐적으로 약화하는 현상은 1945년 이후 여러 차례 나타났다. 대표적인 것이 1971년 닉슨 대통령 당시의 이른바 '닉슨 쇼크'이다. 리처드 닉슨 대통령은 1971년 8월 15일 브레턴우즈 체제를 뒷받침했던 금 태환을 일방적으로 중지하는 정책을 선언했다. 이로써 1944년에 출범한 브레턴우즈 체제가 규정했던 고정 환율제는 붕괴했다. 이 체제에서 미국 달러를 기축 통화로 삼되 달러와 금 1온스당 고정 금 태환을 보장하여 국제 통화 안정성을 유지해 왔기 때문이다. 미국은 1960년대 후반부터 베트남 전쟁을 치르고 대내 복지 지출을 확대하면서 재정 적자와 지속적인 경상 수지 적자에 시달렸다. 이로써 막대한 달러를 해외에 공급하게 되었고, 이에 따라 금 태환에 대한 신뢰를 급격히 잃게 된 것이다. 브레턴우즈 체제의 붕괴와 동시에 미국은 보호 무역 조치를 시행하였다.

미국은 무역 적자 문제 해결을 명분으로 수입품에 대해 10퍼센트의 추가 관세를 부과하는 보호 무역 조치를 시행했다. 자유 무역의 기조에 반하는 이러한 조치는 국제 무역 질서에 커다란 혼란을 초래하였다. 이후 국제 금융 시장은 급격한 불안정성에 시달렸고, 1973년의 석유 파동은 이러한 불안정을 가속했다. 달러의 약세와 유가의 급등이라는 현상에 직면하여 선진국들은 고물가 경기 침체에 시달렸고, 미국 역시 고물가와 고실업의 이중고에 직면하였다. 미국은 긴축 통화 정책을 유지하고 재정 지출을 조정해 가면서 경제를 안정시키려 했지만 1970년대 미국은 단기적으로 심각한 경기 침체를 경험했다. 이러한 혼란의 와중에 1975년부터 미국, 일본, 독일, 프랑스, 영국, 이탈리아 등 6개국 정상은 G6 정상 회의를 개최하여 글로벌 거시 경제 조정을 추구했다. 이후 캐나다가 합류하면서 G7 체제가 만들어졌고, 이 체제는 즉각적인 위기를 해결하지 못했을 뿐만 아니라 향후 수년간 미국의 실업률 상승과 산업 경쟁력 약화로 이어지는 모습을 보였다.

냉전이 종식된 이후 미국이 세계 유일의 패권 국가로서 세계 체제를 관리할 때 미국 패권의 경제적 기초는 굳건하게 유지될 것 같았다. 특히 미국은 자국 주도의 신자유주의 지구화를 급속히 추진하면서, 워싱턴 컨센서스처럼 자국의 이익을 보존할 수 있는 메커니즘을 만들어 세계 경제를 주도하고자 하였다. 그러나 21세기 들어 9·11 테러와 2008년 경제 위기, 2020년 코로나19 사태를 거치면서 미국 경제는 여러 가지 어려움에 직면하였다.

우선 2001년 9·11 테러 발생 이후 미국은 지구적 차원의 대테러 전쟁을 선포하고 아프가니스탄과 이라크에 대규모 군사 작전을 전개하면서 막대한 국방비를 지출할 수밖에 없었다. 2010년까지 두 전쟁에 투입된 직접 비용을 따져보면 1조 1,000억 달러에 달한다. 전쟁 지출이 급증하면서 연방 정부의 부채 증가에도 상당한 영향을 미칠 수밖에 없었다. 2010년까지 공공 부문이 보유한 연방 부채는 약 5조 7,000억 달러 증가했다. 이는 GDP의 60퍼센트를 초과하는 막대한 비용의 부채였다. 특히 전쟁을 수행하면서 전쟁 비용 지출로 순수 부채가 1조 3,000억 달러 증가한 것으로 추정되는데, 이는 미국 국민 1인당 약 4,000달러에 해당하는 액수이다. GDP 대비 부채 비율은 약 9퍼센트에서 10퍼센트 정도 증가한 것으로 분석된다. 결국 21세기 들어 초기 10년간 미국 부채 증가의 약 3분의 1은 전쟁 지출에 기인한 것이다. 군사 정책과 거시 경제 정책이 부채 구조에 미치는 영향을 보여 주고 있다.

미국은 2008년 경제 위기를 겪으면서 재정에 또 다른 충격을 입을 수밖에 없었다. 미국 정부는 위기에 대응하기 위해 대규모 경기 부양책과 감세 정책을 추진했다. 이후 10년간 연방 부채는 약 10조 달러에서 22조 달러 이상으로 두 배 이상 증가하게 된다. 특히 2009년부터 2011년 사이에 재정 적자가 급증하게 되는데 GDP 대비 부채 비율 역시 빠르게 상승하였다(그림 1-1).

부채가 증가하면서 정부는 구조적인 재정 적자에 시달리게 되었고, 세입 감소와 사회 안전망 확대 등 복합적인 결과를 경험하게 된

그림 1-1 미국 GDP 대비 국가 부채의 급증

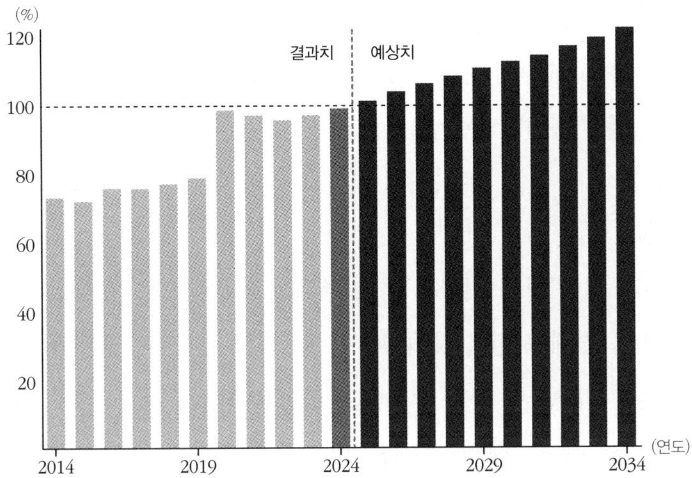

미국의 GDP 대비 공공 부채는 2023년 97퍼센트(27조 달러)에서 2024년 99퍼센트(29조 달러)로 증가했다. 2025년 이후 공공 부채는 GDP 대비 100퍼센트를 넘어서서, 경제성장률보다 더 빨리 증가할 것으로 전망된다.

출처: Peter G. Peterson Foundation(2024).

다. 미국은 경제 위기 발생 이후 국내외 차입에 의존하여 재정 지출을 감당하게 되는데, 확장적인 재정 정책이 부채 증가를 주도했다는 평가를 받을 수밖에 없다. 경제 위기 직후 부채 증가의 주요 원인은 경기 침체에 따른 세입의 감소, 사회 안전망 지출의 증가, 감세 연장과 경기 부양책 시행 등으로 분석할 수 있다.

코로나19 사태 이후에도 연방 정부의 적자와 부채는 확대되었다. 2020년에 시작된 코로나19 사태는 연방 재정에 유례없는 충격을 가하게 되는데, 2019년 말 GDP 대비 연방 부채 비율은 79퍼센트에 달했지만, 3년 후인 2022년 말에는 97퍼센트로 급등하게 된다. 코로나19 사태에 대응하기 위한 긴급 재정 정책은 총 5조 6,000억 달러 규모로 평가된다. 결국 2020년과 2021년의 재정 적자는 GDP의 14.9퍼센트와 12.4퍼센트에 달하게 된다.

미국은 21세기에 들어서면서 빠른 경제 성장을 지속해 왔다. 유럽과 비슷하던 GDP 수준은 2020년이 지나면서 유럽의 두 배로 증가했고, 미국은 여전히 높은 생산성을 유지하며 기술 부문에서 전 세계를 주도하는 모습을 보인다. 패권 국가로서 역할을 할 수 있는 경제력을 소유하고 있다.

그러나 이 기간에 미국의 국가 부채는 지속적으로 증가했는데, 중요한 점은 경제 성장을 웃돌았다는 것이다. 경제학자들은 국가 부채를 상정할 때 공공 보유 국채를 가장 의미 있는 기준으로 살펴보는데, 2024년 기준 미국의 부채는 29조 달러에 도달했다. 이는 2023년 말보다 2조 달러 정도 증가한 수치이고, GDP 대비로는 99퍼센트에 이르고 있다. 전망에 따르면 공공 보유 국채는 2025년에 GDP 대비 100퍼센트를 초과할 것으로 예상하며, 이후에도 국채의 증가 비율은 경제성장률보다 더 빠를 것으로 예상한다.

2024년 재정 적자는 다시 2조 달러에 근접하고 있다. 2024년 회계연도를 기준으로 미국의 재무부는 재정 적자가 총 1조 8,000억 달러에 달한다고 보고했다. 2023년보다 1,380억 달러가 증가한 수치이다. 2024년 한 해 동안 미국의 실업률은 3.7퍼센트에서 4.2퍼센트 수준을 유지하며 견고한 고용 지표를 보인 바 있다. 코로나19 사태 때 재정 지출은 일회적이었지만, 이후의 구조적 변화가 재정 부담에 지속적으로 작동하게 된다. 부채 증가는 연간 이자 지출 증가로 이어졌고, 현재 금리 기준으로 대략 1,700억 달러 증가할 것으로 예상된다. 코로나19 사태로 인한 부채 기반 구조의 변화는 장기적 이자 지출 증가라는 지속적 부담을 남긴 것이다.

2024년은 미국 재정 구조 전반에서 중요한 전환점으로 기록되었

그림 1-2 미국 연방 정부 부채 추이

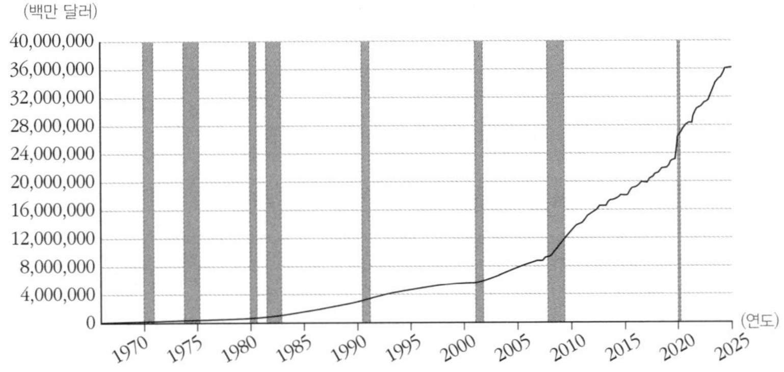

미국 재무부의 통계에 따르면, 미국의 국가 총부채는 끊임없이 증가하고 있다.

출처: FRED(n.d.).

다. 국가 부채의 누적, 재정 적자의 지속적 확대, 무역 수지의 악화, 그리고 이자 비용의 급등은 미국 경제의 기초 체력에 구조적인 부담을 가중시키고 있다. 이러한 다중 재정 부담은 단기적 재정 운용의 경직성을 넘어, 중장기적으로 미국 패권의 지속 가능성에 본질적인 위협 요인으로 작용하고 있다.

2024년 말 기준 미국의 국가 총부채는 35조 3,000억 달러에 달하며, 이는 GDP 대비 124퍼센트에 해당하는 수치이다. 이는 미국 역사상 최고 수준일 뿐 아니라, 세계 금융 시장의 안정성에 중대한 영향을 미칠 수 있는 구조적 리스크로 간주된다(그림 1-2). 이와 함께, 2024년 회계 연도의 연방 재정 적자는 약 1조 8,000억 달러에 이르렀고, 이는 GDP 대비 6.4퍼센트 수준으로, 비교적 호조를 보인 경기 상황에서도 재정 균형 회복이 실패했음을 의미한다.

대외 수지 측면에서도 2024년 미국은 약 9,184억 달러의 무역 수지 적자를 기록하였으며, 이는 전년 대비 17퍼센트 증가한 수치이다. 수출입 모두 증가하였으나, 수입의 증가 폭(6.6%)이 수출 증가 폭(3.9%)을 상회하면서 무역 불균형은 더욱 고착화되는 양상을 보인다. 이는 달러 기축 통화 체제를 활용한 흡수 능력의 일면을 보여주는 동시에, 미국 산업의 경쟁력 약화와 생산 기지의 해외 이전이 가져온 구조적 문제를 반영한다.

특히 주목할 점은 연방 정부의 이자 비용이다. 2024년 미국의 총 이자 비용은 8,820억 달러에 달하여 국방비 및 메디케어 예산을 초과하였다. 이는 전년 대비 2,230억 달러 증가한 수치로, 금리 인상과 누적된 부채의 복합적 결과이다. 2025년 이자 비용은 9,700억 달러에 이를 것으로 예상되며, 이는 국방 예산을 상회하는 수준이다. 금리 상승기와 고령화에 따른 복지 지출의 증가가 지속될 경우, 이자 비용은 연방 재정 지출 구조의 결정적 제약 요인으로 작용할 것이다(Peter G. Peterson Foundation, 2025).

이러한 재정 여건은 미국이 패권국으로서 수행해 온 글로벌 공공재 제공 역할, 특히 동맹 방위, 국제 원조, 기후 변화 대응 등과 같은 전통적 리더십 수행에 부정적인 영향을 미칠 수밖에 없다. 2025년 미국 국방 예산은 8,500억 달러로, 재정 적자 1조 1,500억 달러 중 약 73.9퍼센트를 차지하는 핵심 항목이지만, 전체 국가 부채에서 차지하는 비중은 2.37퍼센트 수준에 불과하다. 이는 국방비의 상징적 크기에도 불구하고, 이자 비용이 패권 전략의 지속에 구조적인 위협을 가하고 있음을 시사한다.

미국 의회 예산처Congressional Budget Office, CBO는 2025년에 2055년까지 향후 30년을 내다본 장기 예산 전망 보고서를 발행한 바 있다. 이에 따르면 연방 정부의 공공 부채는 2029년 GDP 대비 107퍼센트에 도달한 후 계속 증가할 것으로 보고 있다. 2055년에는 마침내 156퍼센

그림 1-3 향후 미국의 부채 예상

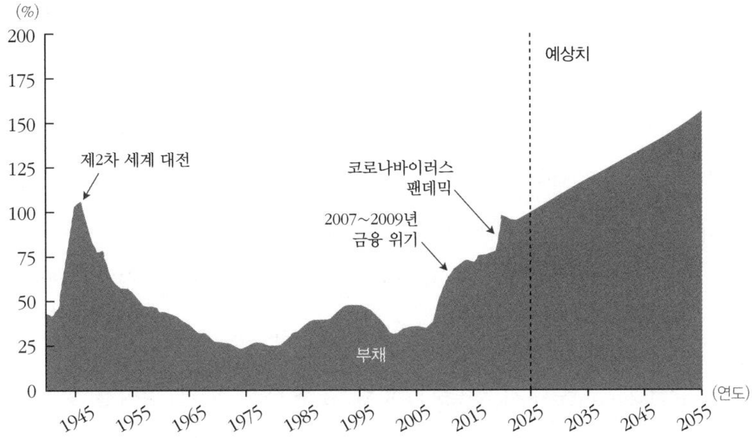

미국 의회 예산처는 미국 연방 정부의 GDP 대비 부채가 2029년이면 제2차 세계 대전이나 코로나바이러스 팬데믹 때의 수치를 넘어서서 최대치를 기록할 것이고, 그 이후로도 계속 증가할 것으로 예상한다.

출처: Cogressional Budget Office(CBO, 2025).

트에 이를 것으로 전망하는데, 이는 제2차 세계 대전 이후 가장 높은 부채 비율이다(그림 1-3).

이러한 부채 증가는 여러 가지 구조적 위험을 동반할 것으로 보인다. 연방 정부가 부담해야 할 금리 부담이 증가할 뿐 아니라 해외 채권자에 대한 의존도 심화할 것이다. 정책 수단이 제약되면서 재정 유연성을 상실할 위험도 커지고 있다. 경제 성장이 둔화하고 금융 시장 불안정성도 심화할 것이다. 결국 국가 신뢰도와 신용 등급이 하락할 가능성도 있으며, 재정 적자 또한 구조적으로 확대될 것으로 보인다.

향후 30년간 연평균 재정 적자는 GDP의 6.3퍼센트로 과거 50년 평균의 1.5배에 달할 것으로 본다. 2055년에는 재정 적자가 GDP의 7.3퍼센트에 이르러 금리 비용이 증가하고 적자 확대가 될 것으로 보고 있다. 이 과정에서 향후 30년간 연방 지출은 더욱 지속적으로 상승하여 2055년에는 GDP의 26.6퍼센트에 이를 것으로 전망한다. 이와 같은 지출 확대는 순이자 비용이 급증하고 고령화에 따른 메디케어나 사회 보장 지출이 증가하기 때문이다.

한편, 세입은 점차 줄어들어 2055년에는 GDP의 19.3퍼센트 수준에 이를 것으로 예측된다. 또한 경제 성장에 필요한 여러 가지 동력이 약화해 구조적 제약이 커질 것도 예상된다. 인구성장률이 둔화하고 노동력 공급이 정체되며 생산성 증가율이 하락하는 등 구조적 요인이 증가할 것으로 보는 것이다. 이러한 장기적 위험 속에서 미국의 국내 정책은 물론 대외 전략과 국제 경제 질서에 큰 영향을 줄 것으로 보고 있다.

패권 역할에 대한 국민 지지 약화

패권을 유지하는 데 자국민의 인식과 지지는 핵심적인 사항이다. 미국 국민은 미국이 패권적 역할을 수행하기 위해 적극적으로 대외개입 정책을 추진하는 데 대체로 찬성하는 입장이었다. 그러나 역설적으로 미국이 가장 강한 패권의 지위에 있음에도 이러한 지지 여론의 비중은 약화하고 있다.

미국 국민의 대외 정책에 대한 인식은 21세기에 들어 국제적 관여에 대한 꾸준한 지지로 드러난다. 2001년 9월 11일 발생한 테러 이후 미국 국민은 국경 밖에서 일어나는 일들에 주의를 더욱 기울이게 되었고, 위협을 줄이기 위한 행동에도 더 적극적인 태도를 보인 것으로 조사된다. 미국의 국제주의는 테러 위협의 억제와 격퇴에 초점을 맞추는 방향으로 재조정된 것이다. 세계 뉴스에 대한 대중의 관심도 거의 최고 수준을 기록하면서 다양한 국제 문제에 대응하기 위한 적극적 외교 정책을 지지했다(Chicago Council on Global Affairs, 2002).

미국 국민의 국제 인식은 2010년에 이르러 크게 달라지는데, 미국의 영향력이 감소 추세에 있다고 느끼는 한편 중국의 영향력은 뚜렷이 증가하고 있다는 인식이 증가했다. 또한 세계가 다극화 체제로 전환하고 있다는 인식도 증가했다. 테러와 핵 확산에 대한 위협이 지속되는 가운데 이라크와 아프가니스탄에서의 오랜 전쟁이 미국을 소진한다는 여론이 증가한 것이다. 2008년 경제 위기 이후 지속된 경기 침체 속에 미국 국민은 미래를 더욱 비관적으로 전망했다.

그럼에도 불구하고 미국 국민은 전통적으로 견지해 온 세계 문제에 대한 적극적인 참여 의지를 철회하지는 않았다. 강력한 지구적 군사 태세를 유지하고, 동맹과 국제 협정을 지지하며, 인도주의적·다자주의적 개입을 광범위하게 지지하는 모습을 보였기 때문이다. 다만 제한된 재정 자원과 해외에서의 영향력 약화 때문에 외교 정책 우선순위를 재조정하는 모습을 보였다. 대규모 분쟁이나 장기적 군사 개입 등을 매우 선별적으로 인식하고 세계 무대에서 미국의 역할에 대해 조심스러워했다. 동시에 부상하는 중국에 대한 경계심을 유지하면서 협력적 관여와 우호적 관계를 지지해야 한다는 이중적 태도도 보인다(Chicago Council on Global Affairs, 2010).

트럼프 대통령이 당선되었던 2016년 대선 과정과 집권 초기를 보면, 동맹은 여전히 가장 효과적인 외교 수단으로 평가되고 있었고, 미국의 군사적 우위를 유지하며 새로운 동맹을 구축하는 데에 대해서도 지지 여론이 다수였다. 미국은 아시아와 유럽 동맹국들이 국제 문제에 책임 있게 대응할 것이라는 신뢰를 여전히 표명하고 있었고, 아시아, 유럽, 중동 등에서 미군 주둔을 유지하거나 확대해야 한다는 응답도 다수를 차지하고 있었다. 예를 들어 2017년 NATO가 미국 안보에 필수적이라고 응답한 비율은 69퍼센트로 이전보다도 증가하였다. 한국을 포함한 동맹국들이 침공당할 경우 미군 파병에 동의한다는 비율도 절반을 넘었다. 동맹국의 분담 확대를 위해 설득과 외교적 방식의 해결을 선호하는 의견이 다수였고, 동맹의 효용성에 대한 평가도 긍정적 견해가 다수였다. 다만 트럼프 핵심 지지층에서 동맹의 효용에 대해 회의적인 응답도 있었다.

국제 무역에 대한 미국 국민의 인식도 긍정적이어서 무역이 미국 소비자에게 이익이 된다고 응답한 비율은 2017년 78퍼센트, 미국 경제와 일자리 창출에 기여한다고 보는 응답도 절반을 넘는 비율을 차지했다. 트럼프 대통령은 1기 행정부 당시 미국 내 일자리 감소의 원인을 무역 협정 실패로 돌렸지만, 다수의 미국 국민은 경제 문제의 원인을 무역 협정으로 돌리는 트럼프의 의견에 동의하지 않았다(Chicago Council on Global Affairs, 2017).

그러다가 2023년 이후 이러한 평가는 매우 달라진다. 미국 국민들은 미국이 국제 문제에서 더 독립적이고 비협조적인 임무를 수행하는 것이 바람직하다고 인식하기 시작했다. 2023년 시카고국제문제협의회Chicago Council on Global Affairs, CCGA 조사에 따르면 50년 동안 수행한 여론 조사 중 처음으로 공화당 지지층 다수가 미국이 세계 문제에 적극적으로 개입하기보다 중립적 태도를 유지하는 것이 유리하다는 응답을 했다. 2015년까지 공화당 지지층이 민주당 지지층보다 미국의 국제적 역할 확대를 지지했던 것과는 대조되는 모습이다. 이러한 변화의 중심에 트럼프를 지지하는 공화당원이 존재하는데, 이들은 공화당 전체 지지층의 47퍼센트를 차지하는 것으로 조사된다. 이들은 미국의 국제적 역할 전반은 물론 유럽과의 동맹, 동맹국 방어 등에서 비판적 인식을 보인다.

세계 문제에 미국이 적극적으로 개입해야 한다고 응답한 비율은

그림 1-4 미국 국민이 생각하는 국제 사회에서 미국의 역할

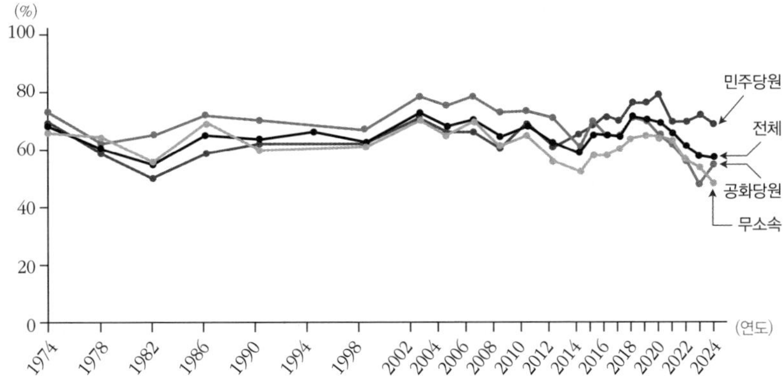

공화당원의 경우, '미국이 국제 사회에서 적극적인 역할을 해야 한다'는 의견에 대해 긍정하는 응답이 2023년 처음으로 절반에 못 미쳤다.

출처: Chicago Council on Global Affairs(CCGA, 2024a).

트럼프를 지지하는 공화당원이 약 40퍼센트, 트럼프를 지지하지 않는 공화당원이 52퍼센트로 나타나 같은 공화당원이라도 차이가 있었다. 미국이 세계를 주도해야 한다고 응답한 비율도 트럼프 지지층은 48퍼센트인 반면, 그 외 공화당원은 65퍼센트가 공동 리더십을 선호한다고 답변했다. 유럽과 아시아에 대한 동맹 유지에도 트럼프 지지층은 비非트럼프 지지층에 비해 낮은 비율로 동의했다. 이러한 변화는 조 바이든 행정부를 지나면서 미국이 우크라이나 지원과 동맹 결속에 집중했을 때 공화당 지지층이 이민 문제와 중국 전략에 대한 대응이 더 중요하다고 인식한 것에 따른 것으로 보인다. 트럼프 지지 공화당원의 92퍼센트는 멕시코 국경에 충분한 주의를 기울이지 않는다고 인식했고, 64퍼센트는 미·중 경쟁에, 61퍼센트는 이란 핵 프로그램에 더 많은 관심이 필요하다고 응답했다(Chicago Council on Global Affairs, 2024b).

이상의 논의에서 살펴본 바와 같이 미국은 탈냉전기 30년 동안 단극 패권을 유지하면서 국제 질서 유지에 필요한 공공재를 제공해 왔다. 자유주의 규칙 기반 질서를 유지하고 발전시키는 노력을 했지만 예상치 않은 다양한 문제들에 부딪히면서 패권 유지의 기반 자체가 흔들렸다. 탈냉전 30년은 국제적 세력 배분 구조에서 미국이 매우 유리한 위치를 차지한 기간이기도 했지만 그만큼 세계 지도력을 행세하면서 자원 소진이 많은 시기이기도 했다. 더구나 미국이 추진한 신자유주의 지구화는 그 자체가 많은 문제를 일으켰을 뿐만 아니라, 이 문제를 해결하는 데 패권국으로서의 부담이 더욱 가중되었다. 미국 중심의 단극 질서에 대한 반발로 9·11 테러가 발생하고, 2008년 경제 위기로 경제 문제가 더욱 악화했으며, 코로나19 사태로 세계 보건 질서를 유지하기 위한 미국의 부담은 더욱 늘어났다. 역설적으로 미국이 가장 강했던 기간에 미국의 경제적 취약성이 드러나고 미국 국민이 미국의 패권적 역할을 지지하는 비율은 줄어든 것이다.

이러한 상황 속에서 미국이 패권의 국력을 여전히 유지하고 있다고 하더라도 패권적 정책 추진에 대한 부담은 가중될 수밖에 없다. 이러한 부담은 트럼프 1기 행정부부터 바이든 정부와 트럼프 2기 행정부를 거치면서 본격적으로 드러나고 있다.

4. 미국 패권 유지 전략의 다양화

미국 패권 유지의 문제가 본격적으로 드러나는 2010년대 후반부터 트럼프 정부와 바이든 정부는 패권 유지 및 부활이라는 과제를 안고 새로운 대외 전략을 제시하기 위해 노력하고 있다. 이들 정부는 패권의 경제 기반 재건과 지구적 리더십의 유지, 그리고 미국 국민의 패권 역할 지지 유지라는 세 목표를 동시에 추구하였는데, 이 과정에서 여러 정책 간의 긴장이 노출되고 있다. 앞에서 살펴본 국제 질서 차원에서 국제 공공재에 대한 수요 증가 및 패권국의 전반적 역할의 과부하, 패권을 유지하기 위한 경제적 기초의 약화, 그리고 미국 국민의 패권적 외교 정책에 대한 지지 약화 추세가 지속될 경우 미국 패권의 미래는 밝지 않다.

2010년대 후반 이후 미국 정부는 한편으로는 미국 경제를 되살리고, 중산층을 부흥시켜 패권적 지구 리더십에 대한 국민의 지지를 확보하는 한편, 세계 곳곳에서 벌어지는 많은 문제들에 대해 지구적 리더십을 유지하고자 노력하고 있다. 그러나 그 대응 방법에서는 공화당과 민주당이 매우 다른 견해를 가지고 있으며, 미국의 첨예한 정치 양극화는 패권 전략에 대한 미국 내 합의를 더욱 어렵게 하고 있다.

바이든 정부의 외교 대전략

탈냉전기 미국의 패권이 점차 약화되는 국제 정세 속에서 2020년 등장한 바이든 정부는 다극화의 심화와 글로벌 경쟁의 격화에 대응하기 위한 새로운 외교 대전략의 필요성을 제기했다. 민주당 정권은 이러한 상황에서 국내 경제 활성화를 추진하면서 동시에 이전 트럼프 정부의 미국 우선주의를 넘어서는 국제주의 노선을 부활하고자 노력했다. 바이든 정부의 정책은 이러한 추세를 잘 보여주고 있다. 즉, 미국이 21세기 초 국제 질서의 전환기에 서 있으며, 이에 대응하는 새로운 형태의 글로벌 리더십을 구축해야 한다고 본 것이다. 경제, 기술, 안보 등 모든 영역에서 도전이 확대되고 있는 만큼 이러한 과제를 다음과 같이 효과적으로 해결하는 것이 미국 외교 전략의 핵심 과제로 자리 잡고 있다.

첫째, 바이든 정부는 내부 강화를 통해 외부에서의 영향력을 회복하는 것이 미국의 지속 가능한 리더십의 기초라고 강조하였다. 이를 위해 미국은 경제적 회복과 첨단 기술 혁신을 최우선 과제로 삼고 있다. 반도체 산업에서의 리더십을 유지하기 위해 바이든 행정부는 2022년 「반도체 및 과학 법Chips and Science Act」을 만들어 520억 달러를 투자하고 첨단 제조 시설을 미국 내에 유치하려고 했다. 또한 인공지능, 청정 에너지, 바이오 기술 등 미래 산업에서의 주도권 확보를 목표로 대규모 연방 예산을 투입한 바 있다. 이와 함께 공급망 재구성은 중국과의 경쟁에서 핵심 전략으로 부상했다. 코로나19 팬데믹 이후 글로벌 공급망의 취약성이 드러난 가운데, 미국은 동맹국 및 파트너 국가들과 협력하여 안정적이고 신뢰할 수 있는 공급망을 구축하고자 하였다. 예를 들어, 일본, 한국과의 협력을 통해 반도체 제조와 관련한 핵심 재료 공급을 보장하였다. 바이든 정부는 이러한 정책이 단순히 경제적 번영을 넘어 국제 경제 규범의 투명성과 공정성을 재정립하는 데 기여한다고 보았다.

둘째, 동맹국과의 협력 강화는 미국 외교 전략에서 가장 중요한 축으로 자리 잡은 바 있다. 바이든 정부는 동맹 관계를 국제 질서의 안정성과 미국의 안보를 유지하는 데 있어 핵심적인 기반이라고 보았다. 미국은 인도-태평양 지역에서 기존의 안보 동맹을 강화하며, 특히 일본과 한국과의 관계를 새로운 수준으로 격상시켰다. 2023년 8월 캠프 데이비드 정상 회의에서 한국과 일본은 삼각 공조 체제를 통해 안보와 경제 협력을 확대하기로 합의했다. 이는 북한의 위협과 중국의 군사적 부상을 억제하는 데 필수적 역할을 한다는 인식을 반영한 것이다. 한편, 유럽에서는 러시아의 우크라이나 침공 이후 NATO

를 중심으로 동맹국들과의 공조가 더욱 강화되었다. 미국은 2022년 NATO 정상 회의에서 스웨덴과 핀란드의 가입을 지지하며 유럽 내 안보 구조를 재편하였고, 러시아에 대한 강력한 억제 메시지를 전달하고자 했다.

셋째, 미국은 글로벌 도전에 대한 선제적 대응이 국제 사회의 신뢰를 회복하고 리더십을 유지하는 데 필수적이라고 강조했다. 기후 변화, 전염병, 사이버 안보와 같은 초국가적 문제는 글로벌 사우스와의 관계를 재정비하는 중요한 기회로 작용한다고 보았다. 미국은 기후 변화 대응과 관련하여 파리기후협정 복귀 이후 2021년 글래스고에서 열린 제26차 UN 기후 변화 협약 당사국 총회COP26에서 탄소 배출 감축 목표를 확대하며 국제적 리더십을 재확인했다. 또한 글로벌 사우스 국가들에 기술 이전과 금융 지원을 약속하며 지속 가능한 경제 발전을 지원하고자 했다. 예를 들어, 2023년 인도에서 열린 G20 정상 회의에서 미국은 인도와 중동, 유럽을 연결하는 경제 회랑 프로젝트를 발표하며 글로벌 사우스 국가들에 중국 주도의 일대일로에 대한 대안을 제시했다.

넷째, 바이든 정부는 국제 규범과 거버넌스 개혁의 중요성을 언급하며, UN 안전보장이사회 개혁이 새로운 다극적 질서에서 미국의 리더십을 재확인하는 핵심 과제라고 간주했다. 글로벌 사우스 국가들의 대표성을 확대하고 권위주의적 체제에 맞서는 자유주의적 가치를 확산시키기 위해 이러한 개혁이 필요하다고 강조한 것이다. 특히 인도, 브라질, 남아프리카공화국 등 신흥 강대국들의 요구를 반영하여 더 포괄적인 국제 거버넌스 구조를 구축하려는 시도를 추구했다. 단순히 미국의 이익을 보호하는 것을 넘어서, 국제 사회에서 보다 공정한 시스템을 만들고 자유주의적 가치에 기반한 협력적 질서를 강화하는 것이 궁극적으로 미국의 패권 전략에 도움이 된다는 인식 때문이었다.

이러한 바이든 정부의 전략은 미국 경제력의 부활을 위한 투자invest, 동맹국 및 전략적 파트너 국가들과의 적극적 협력align, 그리고 핵심 경쟁국인 중국과의 경쟁compete이 미국 외교 전략의 핵심이라고 하는 기조에서도 잘 드러난다. 결국 바이든 정부는 앞에서 논의한 패권 대전략 중, 선택적 개입과 협력적 안보, 자유주의적 국제주의를 적절히 배합한 전략을 추구했다. 이 과정에서 미국의 상대적 국력이 약화되는 시기를 맞이하여 부분적으로는 후퇴 전략의 모습도 보였다.

전반적으로 바이든 정부는 자유주의 규칙 기반 질서를 유지하기 위해 변화하는 국제 질서 속에서 경제적 자립, 동맹 강화, 글로벌 도전에 대한 선제적 대응, 그리고 국제 규범을 개혁하여 새로운 외교 대전략을 실행해야 한다고 보았다. 예를 들어, 러시아-우크라이나 전쟁 이후 미국은 NATO를 강화하여 동맹과의 신뢰를 재건하고, 인도-태평양 지역에서 중국과의 경쟁 속에서 새로운 경제 및 안보 협력을 공고화하는 것이 필수적이라고 인식했다. 이러한 접근은 미국이 단순히 기존 질서를 유지하려는 데 그치지 않고, 새로운 글로벌 도전에 적응하며 민주주의 가치 확대에 기여한다는 인식에 기인한 것이다. 바이든 정부는 미국이 변화하는 세계 속에서 중심적 역할을 이어가는 데 필수적인 전략적 방향성을 제시하고자 했지만, 결국 2024년 선거에서 패배하여 전혀 다른 외교 전략을 추진하는 트럼프 2기 행정부에 주도권을 내주게 된다(Sullivan, 2023).

트럼프 2기 정부

2026년 현재 트럼프 정부는 2기 정부 2년차를 맞이하고 있다. 1기

정부 당시 트럼프 대통령은 미국 우선주의의 기치를 내걸고 미국 패권의 부흥을 위해 다양한 전략을 추구했다. 국방력을 강화하고, 중국과 무역 협상을 통해 무역 수지 적자를 개선하는 한편, 국제 무역의 틀을 미국에 유리하게 만들고자 노력했다. 중국에 대한 견제와 균형을 강화하기 위해 인도-태평양 전략을 제안하고 일본, 호주, 인도와 4자 안보 대화QUAD를 재정비하는 한편, 호주 및 영국과 삼각 안보 동맹인 오커스AUKUS를 창립하기도 하였다. 역외 균형 전략과 후퇴 전략, 신고립주의 전략의 흐름을 보이면서도 궁극적으로는 패권 유지 전략의 목표를 유지하고자 했다.

2025년 1월 트럼프 2기 정부가 출범한 이후 미국은 기존과는 다른 대외 전략을 추진하고 있다. 현재 트럼프 정부의 외교 전략은 기존의 후퇴 전략과 우세 전략이 혼합된 형태로, 전체적인 윤곽이 여전히 명확하지 않은 상태이다. 트럼프 대통령 개인의 선호에 크게 의존하는 외교 전략은 과거의 자유주의적 패권 전략과는 구별되는 특징을 지니며 패권 재조정의 연장선상에 놓여 있다.

현재 미국은 탈자유주의적 패권 전략의 틀 속에서 재조정에 성공할 능력과 비전을 보유하고 있는지를 둘러싼 논란에 직면해 있다. 특히 트럼프 대통령 개인의 지도력, 예측 불가능성, 그리고 내부 정책 공동체와의 마찰이 향후 전략의 일관성 및 지속 가능성에 의문을 제기한다.

트럼프 1기와 달리, 2기 정부는 명확한 대전략의 구조를 보여 주지 못하고 있으며, 이는 정책 일관성의 결여로 이어지고 있다. 트럼프 대통령 개인과 미국 내 안보 전략 공동체(공화당 주류, 네오콘, 군, 국방부 등) 간의 의견 불일치도 나타나고, 대통령 개인 중심의 외교 안보 운용은 전략 구도에 혼선을 초래하고 있다. 트럼프 정부의 전략은 전통적 자유주의 패권 전략과 배치되며, 경제적 자국 중심주의와 외교 안보 영역에서의 동맹 강화라는 모순된 요소들이 혼재된 형태를 띤다. 결과적으로 트럼프 2기의 안보 전략은 강대국 출현을 방지하고 미국 중심의 질서를 유지하려고 하지만, 그 구체성과 실행 가능성은 여전히 불투명하다.

① **경제 정책** 2024년 대선 승리 이후, 트럼프 대통령의 정책 방향은 기존의 자유주의적 국제주의와는 확연히 다른 대전략으로, 미국의 대내외 정책 전환을 예고하고 있다. 트럼프 2기 정부는 경제 민족주의, 보호무역주의로 대표되는 미국 이익 우선주의를 기조로 삼으며, 기존 국제 질서에 큰 변화를 초래하는 모습을 보여주고 있다. 이는 단순히 국내외 정책의 변화에 그치는 것이 아니라, 미국의 패권적 리더십이 전환되는 새로운 패러다임으로 볼 수 있다.

트럼프 2기의 경제 정책은 관세와 환율 조정을 정책 도구로 하여 미국의 자기 완결적 공급망을 추진하면서, 첨단 기술에서 우위를 확보하여 미래 경제 성장을 추구하는 양상을 보인다. 2025년 4월 2일, 미국 역사상 가장 광범위한 상호 관세reciprocal tariffs 조치를 발표하여 모든 수입품에 10퍼센트 기본 관세를 부과하는 초유의 정책을 추진했다. 더불어 미국을 상대로 무역 수지가 흑자인 57개국에 추가 관세를 부과하는 한편, 철강, 알루미늄, 자동차 등 주요 품목에는 25퍼센트에서 50퍼센트의 고율 관세를 부과하였다. 특히 중국에 대해서는 125퍼센트에서 145퍼센트의 초고율 관세를 부과해 놓고 중국과 타협을 모색하며 미국의 대중국 무역 적자를 해소하고자 하고 있다. 또한 이 과정에서 글로벌 공급망 재편을 통해 미국 제조업을 활성화하려는 정책도 추진하고 있다.

그러나 이러한 정책은 단기적으로는 미국 내 일부 산업 회복에 기여할 수 있지만, 장기적으로는 글로벌 경제의 불확실성을 확대하고 미·중 간 갈등을 심화시킬 가능성이 크다. 또한 트럼프는 다자 협력 대신 양자 협상을 선호하며, 기존 동맹 체제를 재편하고 동맹국들에 더 많은 방위비 분담을 요구할 것이다. 이는 전통적인 국제 협력 구조를 약화시키고, 미국의 군사적 부담을 줄이는 대신 국제 안보의 공백을 초래할 수 있다.

이러한 거래 중심적 보호주의 경제 정책이 성공할 수 있을지는 현재로서는 불투명하다. 단기적으로는 특정 산업 보호 및 세수 증대의 효과가 있을 수 있지만, 장기적으로는 소비자 물가 상승, 경제 성장 둔화, 고용 감소 등 부정적 영향이 예측되기 때문이다. 또한 트럼프 관세 정책에 대한 법률적 판단과 문제 제기, 동맹국들의 반발, 중국의 강한 대응 등 향후의 성공 여부도 예단하기 어렵다.

동맹국들에 대한 방위비 분담 요구 강화 역시 패권의 경제 기반 강화 전략 위에서 진행된다. 미국의 핵심 경쟁국인 중국을 견제하기 위해 동아시아 동맹국들의 협력이 절대적으로 필요한 가운데에서도 방위비 분담 요구를 강화하고 무역 협정의 재협상을 요구하는 등, 안보 부문의 협력 태세를 약화시킬 가능성도 상존한다.

트럼프의 보호무역주의와 일방주의적 접근은 기존 자유주의 국제 질서의 핵심인 자유 무역과 다자 협력을 약화시키며, 탈자유주의 패권post-liberal hegemony과 비자유주의 패권illiberal hegemony의 가능성을 열고 있다. 탈자유주의 패권은 자유 무역과 다자주의를 포기하고 국가 중심의 이익을 우선시하는 패권 질서를 의미하며, 비자유주의 패권은 여전히 강력한 영향력을 유지하지만 자유주의적 가치 대신 국가주의와 권위주의적 접근을 강조하는 질서를 뜻한다. 트럼프 2기에서는 미국이 자유주의 국제 질서의 이타적 패권국 역할에서 물러나, 경제적 이익과 안보를 중심으로 한 현실주의적 접근을 강화할 가능성이 크다.

결국 트럼프 2기의 대전략은 기존 자유주의 국제 질서에서 벗어나 경제 민족주의와 선택적 개입, 그리고 거래 중심적 외교를 바탕으로 재편될 것이다. 이는 미국의 글로벌 리더십 약화를 초래하며, 국제 질서의 다극화와 분열을 가속할 가능성이 크다. 트럼프 2기의 정책은 단기적으로는 미국 내 일부 계층의 경제적 불만을 해소하고 전략적 이익을 강화할 수 있지만, 장기적으로는 미국의 국제적 신뢰와 리더십에 부정적인 영향을 미칠 수 있다. 이는 미국이 글로벌 패권국으로서의 역할을 재정의하는 계기가 될 수 있으며, 국제 정치에서 새로운 강대국 경쟁의 시대를 열 가능성을 보여 준다.

② **안보 정책** 트럼프 2기 정부는 약화된 패권의 경제적 기반을 회복하기 위해 지구 곳곳의 전쟁을 종식시키고, 미국이 개입하여 갈등을 조정하고 중재하는 데 힘썼다. 이는 군사력을 바탕으로 한 평화를 추구하면서 동시에 전략적 힘의 축적을 정당화하는 이론적 틀 위에 구축되었지만, 러시아-우크라이나 전쟁과 이스라엘-팔레스타인 전쟁 모두 조기 종식에는 실패하였다. 중국, 러시아와의 지정학적 관계 설정도 불확실성이 지속되며, 북한과의 정상 외교 역시 현재로서는 불투명하다.

이러한 상황은 미국의 글로벌 억제 전략이 약화되고 있으며, 이는 결과적으로 지구적 억제 실패global deterrence failure로 이어질 수 있음을 시사한다. 특히 미국이 기존 분쟁에 공백을 드러냄에 따라 러시아-우크라이나, 이란-이스라엘, 인도-파키스탄, 중국-타이완, 남북한 등 다양한 지역에서 억제 실패의 도미노 현상이 발생할 가능성이 제기된다. 중국, 러시아, 북한과 같은 주요 경쟁국들은 이러한 안보 공백을 기회로 삼아 세력 확대를 꾀할 유인이 커지고 있다.

중국은 군사력 증강과 글로벌 전략 확장을 통해 미국 주도의 안보 질서에 직접적으로 도전하고 있다. 이에 미국의 대중국 전략은 국방부와 군을 중심으로 형성되며, 지역 군사 패권의 출현을 억제하는 데 집중하고 있다. 그러나 인도-태평양 지역에서 동맹 방어 의무와 미국 우선주의 간의 긴장이 심화되면서 전략적 선택의 부담 또한 증가하고 있다.

현재까지 트럼프 정부의 안보 전략은 3월에 제시된 국방부의 국방 전략 잠정 지침Interim National Defense Strategic Guidance과 헤리티지 재단The Heritage Foundation이 2024년 8월에 작성한 전략 문서 『우선순위의 필연성: 더욱 위험해진 세계에서 미국의 이익을 수호하기 위한 전략*The Prioritization Imperative: A Strategy to Defend America's Interests in a More Dangerous World*』에 나타나 있다. 미국의 국방 전략은 자원과 역량의 분산을 지양하고, 전략적 우선순위를 명확히 설정하는 방향으로 재편되고 있다. 특히 '하나의 전쟁One-war force' 수행 개념은 제한된 전력을 가장 시급하고 전략적인 위협에 집중한다는 원칙에 기반하고 있다. 국방 전략 잠정 지침은 본토 방어, 중국 억제, 동맹국의 방위 분담 확대라는 세 가지 우선 목표를 제시하고 있다. 본토 방어에는 테러, 불법 이민, 사이버 위협 등이 포함되며, 국토 안보 영역과 국방 영역이 통합되는 흐름이 강화되고 있다. 방어 대상은 미국 본토를 넘어 멕시코 국경, 그린란드, 파나마 운하 등 근외near abroad 지역까지 확장되고 있으며, 다수 위협에 대한 동시 대응보다는 전략적 집중이 강조되고 있다.

『우선순위의 필연성』 보고서 역시 전략적 분산의 위험을 지적하며,

중국 억제를 단일 최우선 과제로 명시하고 있다. 보고서는 미국은 하나의 대규모 전쟁만 수행할 수 있으며 동시다발적 개입은 실패로 귀결될 수 있다는 인식에서 출발한다. 이에 따라 명확한 목표 설정과 선택적 자원 배분이 전략 성공의 핵심 조건으로 제시되고 있다.

이 보고서에서 가장 중점적으로 제시되는 위협은 중국이며, 특히 타이완과 남중국해를 중심으로 하는 제1도련선 내 군사 충돌 가능성을 핵심 위협으로 간주한다. 중국은 타이완 점령을 통한 기정사실화 전략fait accompli을 준비하고 있으며, 미국은 이를 제한전으로 인식하고 타이완의 방위력 강화, 미-일-호주-필리핀의 협력 체계 구축, 신속 대응 능력 확보를 전략의 핵심으로 삼고 있다. 단순한 억제를 넘어서 물리적 준비 태세를 강화하는 대응 능력 구축을 병행하고 있다.

인도-태평양 방어는 미국 안보 전략의 최우선 과제로 자리 잡고 있다. 보고서는 동맹국과의 기술 협력, 무기 공동 생산, 병력 전진 배치 등을 통해 인도-태평양 지역의 연계를 강화하고 해군력 증강, 전략핵 억제, 우주 및 사이버 전력의 통합적 강화 전략을 제시하고 있다. 관련 예산은 태평양 방어 이니셔티브Pacific Defense Initiative, 극초음속 무기, 인공지능 기반 무기 체계에 집중되고 있다.

유럽 방어와 관련하여, 보고서는 러시아 억제를 지속하되 주요 방어 책임은 유럽 NATO 동맹국이 져야 한다는 입장을 분명히 한다. 미국은 두 개의 전선을 동시에 유지할 수 없다는 전략적 인식을 바탕으로 유럽 주둔 병력 감축과 방위비 증액을 유럽 측에 요구하고 있다. 보고서는 유럽 국가들의 GDP 수준, 기술 역량, 자율 방위 능력을 고려할 때 독자 방어가 가능하다는 평가를 반영하고 있으며, 우크라이나 지원 역시 유럽이 주도해야 한다고 주장한다.

중동은 전략적 우선순위에서 세 번째로 배치되며, 이란의 핵 확산 방지는 필요하지만 미국의 상시적 군사 개입은 지양되어야 한다는 전략이 제시된다. 중동 지역의 동맹국들이 자율적인 방어와 억제 능력을 확보할 수 있도록 유도함으로써, 미국은 최소 개입minimum engagement 전략을 추진하고 있으며, 중동에 과도한 자원을 투입할 경우 인도-태평양 전략에 부정적 영향을 미칠 수 있다는 경고도 함께 제시된다.

북한은 주요 위협으로 간주되지만, 중국 견제 전략의 일환으로 상대적으로 관리 가능한 위협으로 재배치되고 있다. 확장 억제를 유지하되, 한국의 자체 방위 역량 강화와 양국 간 긴밀한 억제 구조 마련이 병행되어야 하며, 북한 문제는 중국과의 전략 경쟁 속에서 하나의 종속 변수로 처리되는 경향이 강화되고 있다.

이러한 구상은 기존의 '동시다발적 개입' 및 '전 지구적 안보 보장'이라는 전략 모델이 한계에 봉착했음을 의미한다. 미국은 향후 유사시 대응 구조로 군사력을 재편하고, 전략적 선택과 제한적 개입을 통해 지속 가능한 안보 구조를 구축하려는 방향으로 전환하고 있다.

이 중에서 가장 중요한 부분은 미국의 대중국 군사 안보 전략이다. 현재까지 트럼프 정부의 대중국 전략은 국방부 정책 담당 차관인 엘브리지 콜비Elbridge Colby의 견해에서 잘 나타난다. 그는 인도-태평양 전략의 명문화 필요성을 강조하며, "미국의 전략적 초점은 유럽이나 중동이 아니라 오직 중국"이라며 인도-태평양 지역에 집중된 전력 배치와 억제 전략이 최우선 과제임을 주장하였다. 이러한 입장은 NATO와 중동 문제를 상대적으로 경시하는 것으로 해석되어 비판을 받았지만, 트럼프 행정부와 공화당 내 안보 강경파들로부터는 강력한 지지를 얻고 있다. 현재 미국 안보 전략의 기본 구조는 유럽은 자율 방위 구조 강화, 중동은 제한 개입, 인도-태평양은 미군 전력 집중이라는 3분 구조로 재편되고 있다.

콜비의 저서인 『거부 전략*The Strategy of Denial*』(2021)은 이러한 전략적 구상을 구체화한 것으로, 동아시아 안보 전략과 한국이 직면할 과제를 명확히 보여 준다. 이 책에서 그는 중국의 타이완 침공 가능성을 중심에 놓고, 미국의 대응 전략으로서 '거부 전략denial strategy'을 제시하고 있다. 중국은 타이완에 대해 기정사실화 전략을 통해 기습 점령을 시도할 가능성이 크며, 미국의 개입을 억제하기 위해 전술핵 위협, 지역 내 동맹국 이간 전략을 병행할 것으로 보인다는 것이다. 타이완 점령 이후에는 아시아 전역에서 미국의 영향력을 약화시키려는 장기 전략을 구사할 가능성이 높다고 인식하고 있다.

이러한 견해에 기반하여 미국의 전략은 중국에 대한 거부 전략으로 중국의 타이완 점령 시도를 사전에 차단하거나 초기 단계에서 격퇴하는 데 중점을 두고 있다는 것을 알 수 있다. 해군과 공군의 전력 우위를 바탕으로 타이완 해협에서의 공세 억제를 중심으로 하며, 장거리 대함 미사일LRASM 등의 정밀 타격 능력을 이용한 접근 거부/지역 거부Anti-Access/Area Denial, A2/AD 강화가 핵심이다. 점령 저지에 실패할 경우에는 중국 본토 공격보다 타이완 탈환 작전을 우선 고려하는 방식이다.

동맹국의 역할도 중요하게 설정되어 있다. 일본과 호주는 오키나와와 괌 등 전진 기지를 제공함으로써 미군의 타이완 해협 작전을 지원하며, 해상 봉쇄 작전에 적극 참여해 중국의 해상 보급로를 차단하는 역할을 수행한다. 인도와 베트남은 남중국해 및 인도양에서 제2 전선을 형성하고, 중국 군사 자원의 분산을 유도하며, 전시 자원 공급망 차단을 위한 경제 협력을 강화하는 전략적 파트너로 설정된다.

바이든 정부에 이어 트럼프 정부는 패권의 강화 및 재조정 전략의 연장선상에서 다양한 정책을 시험하고 있다. 바이든 정부와는 매우 다른 비자유주의적 방식으로 패권 강화 정책을 추진하고 있지만, 궁극적으로 미국 국민들이 미국의 대외 개입적 패권 전략을 지지하는 방향으로 변화할 수 있을지, 국제 사회의 여러 국가들이 향후 미국의 패권 전략을 지지할 수 있을지는 미지수이다.

5. 미국 패권의 미래를 결정하는 요인들

미국 국민들의 동향

앞에서 살펴본 바와 같이 대외 정책에 대한 미국 국민들의 동향은 2020년대에 들어와 빠르게 변화하고 있다. 2024년 대선은 이러한 변화를 잘 보여 준다. 국제 데이터 분석 기업 유고브YouGov의 설문 조사에 따르면 외교 정책은 유권자들 사이에서 여덟 개 주요 이슈 중 7위에 머물렀으며, 트럼프 지지자들 사이에서도 4위에 그쳤다. 이는 미국 국민들이 국제 문제보다 경제, 이민, 범죄와 같은 국내 문제를 우선적으로 고려하고 있음을 명확히 보여 준다. 이러한 경향은 외교 정책이 단순히 전문가들 사이의 논의로 제한될 가능성을 시사하며, 트럼프의 '미국 우선주의' 기조를 더욱 공고히 하는 토대가 된다. 특히 외국 원조 삭감과 동맹국에 대한 방위비 분담 요구는 미국이 국제적 의무를 축소하고 국내 문제 해결에 집중하는 방향으로 나아가고 있음을 반영한다(YouGov, 2024).

트럼프의 승리는 또한 미국의 패권적 기초가 흔들리고 있다는 점을 강조한다. 조지프 나이Joseph Nye는 미국 내 고립주의적 태도가 강화되면서 미국이 세계 경찰 역할을 더 이상 수행할 수 없다는 인식이 확산되고 있다고 지적한다. 이는 단순히 트럼프의 정책 기조에 국한된 것이 아니라, 우크라이나 전쟁 지원에 대한 미국 국민들의 회의적 태도에서도 드러난다. 우크라이나에 대한 군사적·재정적 지원이 줄어들 가능성은 미국의 국제적 개입 능력을 약화시키며, 이는 미국이 과거처럼 글로벌 리더십을 적극적으로 행사하지 않을 것임을 예고하는 것이라고 나이는 보고 있다. 이와 같은 변화는 동맹국들로 하여금 미국의 신뢰도를 재검토하게 만들며, 장기적으로는 동맹 체제의 약화를 초래할 위험이 크다는 것이다(Nye, 2023a; Nye, 2023b).

한편, 미국 국민들 사이에서 중국을 더 큰 위협으로 간주하는 경향이 증가하고 있다는 점도 주목할 필요가 있다. 유권자들은 러시아보다 중국을 견제하는 데 자원을 집중해야 한다고 생각하는 것으로 나타났으며, 이는 글로벌 리더십 복귀보다는 특정 지역에서의 전략적 경쟁에 우선순위를 두는 방향으로 이어질 가능성을 높인다. 이러한 경향은 트럼프의 대중국 정책과도 일치한다. 트럼프는 경제적 디커플링, 기술적 제재, 군사적 억제를 통해 중국의 부상을 억제하려는 정책을 더욱 강화할 것으로 보인다. 이는 국제적 협력보다는 경쟁과 억제를 강조하는 정책 기조를 강화하며, 미·중 간 갈등을 심화시키는 결과를 초래할 가능성이 크다.

결국 트럼프의 대선 승리와 미국 국민들의 투표 행태는 미국의 고립주의적 경향이 강화되고 있음을 분명히 보여준다. 이와 함께 미국의 패권적 기초가 점차 약화되고 있으며, 이는 경제적 회복 이후에도 글로벌 리더십 복귀를 어렵게 만들 가능성이 높다. 미국 우선 기조는 미국 국민들의 지지를 바탕으로 지속될 것이며, 이는 장기적으로 미국의 세계 질서 내 역할을 재구성하는 중요한 변수로 작용할 것이다. 이러한 변화는 미국의 국제적 의무와 역할을 재정립하고, 세계 질서 변화 속에서 새로운 전략적 대응을 모색해야 할 필요성을 제기한다 (Girard, 2024; Rathi, 2024; Roa, 2024; Yu, 2024).

미국의 경제력과 군사력

① **미국의 경제력** 장기적으로 볼 때 미국 경제는 지난 수십 년 동안 선진국 중에서 가장 빠른 성장세를 보이며, 다른 주요 경쟁국들을 압도해 왔다. 특히 1990년대 이후 일본의 장기 불황과 유럽의 성장 둔화와는 달리, 미국은 인터넷 혁명과 기술 혁신 덕분에 꾸준히 경제 성장을 이뤄냈다. 코로나19 사태 이후에도 미국은 G7 국가들 중 가장 빠르게 회복했으며, 실질 경제성장률은 G7 국가 평균의 세 배에 달하는 성과를 기록했다. 이러한 성장은 미국 경제의 강력한 구조적 특징과 정책적 유연성에 기인한 것으로 평가된다. 물론 장점과 함께 취약점도 존재하기 때문에 향후 효과적인 정책으로 얼마나 미국 경제의 장점이 강화될지가 관건이다.

미국 경제의 주요 강점 중 하나는 지리적 혜택과 풍부한 자원이다. 미국은 거대한 내수 시장과 풍부한 천연자원을 바탕으로 기업들이 빠르게 성장할 수 있는 환경을 제공하며, 이민을 통한 노동력 확충도 중요한 경제 성장의 동력으로 작용하고 있다. 세계에서 가장 발전된 금융 시장은 스타트업과 혁신적인 기업들이 자본을 쉽게 조달할 수 있게 해주며, 이는 기술 혁신과 신생 기업의 탄생을 촉진하는 데 기여한다. 정책적 유연성 또한 중요한 요소로, 미국 정부는 금융 위기와 팬데믹 같은 위기 상황에서도 과감한 경기 부양책을 시행해 빠른 경제 회복을 이끌었다.

그러나 미국 경제의 강력한 성장 이면에는 취약점도 존재한다. 대표적인 문제는 불평등이다. 미국의 경제 모델은 소득 불평등을 초래한다는 비판을 받고 있으며, 상위 1퍼센트에 부가 지나치게 집중된 것으로 지적된다. 다만 보고서는 상위 1퍼센트가 모든 부를 차지한다는 주장은 과장되었다고 분석하며, 저소득층을 위한 세금 공제와 건강보험 보조금 등의 재분배 정책이 불평등 완화를 시도하고 있다고 언급한다. 또한, 미국의 기대 수명은 1980년대 이후 유럽보다 낮아졌으며 비만, 약물 중독, 총기 문제 등이 주요 원인으로 지적된다. 특히 고령자의 생존율 저하는 경제적 활력에도 영향을 미칠 수 있다.

미국의 경쟁력은 기술 산업에서 두드러진다. 미국의 기술 기업들은 높은 혁신성과 경쟁력을 유지하며, 전 세계적으로 큰 가치를 창출하고 있다. 이러한 경쟁 우위는 중국과의 경제 경쟁에서도 중요한 역할을 하고 있다. 중국 경제의 성장 둔화와 위안화의 약세는 미국의 글로벌 리더십을 더욱 견고하게 만들고 있으며, 미국의 기술 기업들이 세계 시장에서 여전히 우위를 점하고 있다는 분석이 있다. 다만, 기술 대기업의 독점적 지위는 감시해야 하고, 필요하면 규제해야 한다는 경고도 포함되어 있다.

미국 경제의 지속적인 성장은 생산성 향상 덕분에 가능했다. 미국의 생산성은 기술 혁신과 기술 산업의 활발한 발전 덕분에 세계 최고 수준을 유지하고 있으며, 방위고등연구계획국Defense Advanced Research Projects Agency, DARPA과 같은 정부 기관이 실리콘 반도체, mRNA 백신, GPS 기술 등에서 중요한 역할을 했다. 현재 미국의 근로자 1인당 평균 생산성은 유럽과 일본보다 월등히 높으며, 이는 자본 투자와 연구개발R&D에서 앞서 있는 것이 주된 이유로 꼽힌다. 비거주 자본 투자와 높은 창업률 및 퇴출률은 경제의 역동성을 높이는 데 기여하고 있으며, 이는 유럽의 기업 환경과 비교할 때 더욱 두드러진다.

미국의 노동 시장은 높은 유연성을 자랑한다. 미국에서는 3개월 동안 약 5퍼센트의 근로자가 새로운 직장을 찾는데, 이탈리아에서는 이직률이 비슷한 수준에 도달하려면 1년이 걸린다. 이직률이 높은 미국의 노동 시장은 근로자들이 더 높은 임금을 받을 수 있는 기회를 제공하며, 이는 자원의 효율적 활용을 가능하게 한다. 디지털 경제 부문에서의 성장이 특히 두드러지며, 인공지능 연구와 투자에서도 미국이 전 세계 시장의 절반 이상을 차지하고 있다. 인공지능 도입이 전 세계 GDP를 10년간 7퍼센트 증가시킬 수 있다는 분석도 있다.

셰일 혁명 또한 미국 경제의 성장을 촉진하는 중요한 요소였다. 2000년대 초반 시작된 셰일 혁명은 수압 파쇄와 수평 시추 기술의 발전으로 가능해졌으며, 현재 미국은 세계 최대의 원유와 천연가스 생산국이 되었다. 이로 인해 미국은 에너지 자립도를 높이고, 무역 수지를 개선했으며, 국제 유가 변동성에도 비교적 자유로워졌다. 그러나 셰일 개발은 메탄 누출과 폐수 처리 등 환경 문제를 동반하며, 장기적으로는 재생 에너지로의 전환이 필요하다는 과제가 남아 있다.

미국 주식 시장은 글로벌 경제에서 독보적인 위치를 차지하고 있다. 2000년부터 2023년까지 미국 주식 시장에 투자한 경우, 물가 상승을 감안해도 수익률은 글로벌 주식 시장 평균을 크게 웃돌았다. 현재 미국 주식 시장은 전 세계 주식시장 자본화의 61퍼센트를 차지하고 있으며, 이는 빅 테크 기업들의 높은 평가 배수 덕분이다. 그러나 인공지능 관련 주식의 변동성이 커질 경우, 미국 주식 시장의 안정성이 위협받을 가능성도 있다.

미국 달러는 여전히 세계 무역과 투자에서 가장 선호되는 통화로 자리 잡고 있다. 중앙은행의 외환 보유고에서 달러 비중이 다소 줄어들었지만, 이는 다른 서방 국가 통화가 점유율을 늘린 결과이며, 위안화의 영향력은 여전히 제한적이다. 달러의 지배력은 네트워크 효과와 미국의 법치주의 덕분에 유지되고 있으며, 현재로서는 이를 대체할 만한 강력한 경쟁 통화가 나타나기 어려운 상황이다.

미국 경제의 강점에도 불구하고 자국 내 정치적 불안정과 재정 문제는 성장에 장애 요인이 될 수 있다. 최근 부채 한도 위기와 같은 정치적 갈등은 세계 금융 시장에 큰 위험을 초래할 수 있으며, 2기를 맞이한 트럼프 정부의 반이민 정책과 전면적인 관세 부과 계획은 이민자의 경제 기여를 감소시키고, 무역에 부정적인 영향을 줄 수 있다.

미국 경제의 장기적 전망은 여전히 낙관적인 편이다. 미국은 세계 최고의 대학과 경쟁력 있는 내수 시장을 바탕으로 법치주의와 안정적인 투자 환경을 제공하며 지속적인 성장을 이끌고 있다. 인구 구조 또한 다른 선진국들보다 긍정적이며, 출산율과 이민자 수용 능력에서 우위가 있다. 이러한 요인들은 인구 감소로 고통받는 중국과 유럽에 비해 미국 경제의 강점을 더욱 부각시킨다(IMF, 2024; OECD, 2024; WB, 2024; Graham et al., 2025).

결론적으로, 미국 경제는 정치적 불안정성에도 불구하고 자정 능력을 발휘하며 지속적인 성장을 이룰 가능성이 높다. 미국 경제의 지속적인 역동성과 혁신 생태계가 글로벌 경제에서 주도적인 위치를 유지할 것으로 전망되고, 앞으로도 미국이 경제적 리더십을 발휘할 잠재력이 크다. 앞서 지적한 국가 부채와 재정 적자의 문제를 해결하면서 패권의 경제적 기반을 강화할 수 있을지가 관건이다.

② **미국의 군사력** 2024년 기준 미국의 군사력은 글로벌 파이어파워Global Firepower, GFP 지수에서 세계 1위를 기록하며, 군사적 우위와 전략적 억제력을 기반으로 국제 질서를 주도하는 데 기여하고 있다. GFP 지수는 병력, 무기 수량, 경제력, 전시 동원 가능 인력, 국방 예

산 등 60개 이상의 항목을 종합적으로 평가하며, 미국은 지수 0.0699로 세계 145개국 중 가장 높은 순위를 차지하였다. 이는 미국이 압도적인 군사력과 함께 첨단 기술과 글로벌 작전 능력을 유지하고 있음을 보여 준다.

미국의 국방 예산은 전 세계에서 가장 크며 첨단 무기 개발과 유지, 글로벌 군사 기지 운영, 동맹국 방어에 투자되고 있다. 방위 산업은 세계 최고 수준으로 평가되며, 이를 통해 지속적인 군사적 우위를 유지하고 있다. 스텔스 전투기, 항공모함, 핵잠수함 등 첨단 무기를 다수 보유하고 있으며, 특히 공군 전투기의 보유량은 1만 3,209대로 세계 최다이다. 이러한 기술적 우위는 다른 국가들과의 격차를 유지하는 데 중요한 역할을 하며, 전 세계에 걸쳐 운영되는 군사 기지는 즉각적인 대응 능력을 제공함으로써 동맹국 방어와 국제 안보 유지의 핵심 요소로 작용하고 있다.

러시아와 중국은 각각 GFP 지수에서 2위와 3위이며 미국의 주요 군사적 경쟁자로 평가된다. 러시아는 육군 전력, 특히 탱크 보유량에서 우위를 보이며, 중국은 빠른 경제 성장과 함께 군사 현대화를 진행하고 있다. 그러나 두 국가 모두 종합적인 군사력 측면에서는 여전히 미국에 미치지 못한다고 평가된다. 인도는 GFP 순위 4위를 기록하며 지역 강국으로 자리 잡고 있지만, 글로벌 패권을 다투는 수준에는 이르지 못하고 있다.

미국이 세계 패권국으로서의 지위를 유지할 수 있는 주요 요인으로는 압도적인 군사적 우위, 광범위한 동맹 네트워크, 경제력과 소프트파워, 전략적 억제력을 들 수 있다. 군사적 우위는 세계 최대의 국방비와 첨단 기술을 기반으로 하며, NATO를 비롯한 다자간 동맹과 한·미·일 협력 등은 국제 안보 구조를 주도하는 데 기여한다. 또한 미국은 경제적 강대국이자 문화적 영향력을 통해 국제 질서를 형성하고 유지하며, 핵무기와 미사일 방어 체계를 통한 전략적 억제력을 바탕으로 잠재적 적국을 억제하고 있다. 이러한 요소들은 미국의 군사력과 국제적 리더십의 핵심적 기반으로 작용하고 있다.

2024 회계연도FY2024 미국 국방 예산은 미국의 국가 안보 전략과 국가 방위 전략에 기반하여 국방부와 의회의 협력으로 확정되었으며, 이를 통해 미국 군사력 현황과 전략적 우선순위를 평가할 수 있다. FY2024 국방부 요청 예산은 842억 달러로 2023년 대비 약 2.6퍼센트 증가하였으며, 최종 승인된 예산은 841억 4,000만 달러로 확정되었다. 여기에 핵 방위 프로그램 등 전체 국방 관련 활동 예산을 포함하면 약 910억 8,000만 달러에 달한다.

군별 예산 배분을 살펴보면 공군이 216억 1,000만 달러로 가장 큰 비중을 차지하며, 해군 202억 6,000만 달러, 육군 165억 6,000만 달러, 해병대 53억 2,000만 달러, 우주군 30억 1,000만 달러의 순으로 배분되었다. 운영 및 유지 보수 예산은 287억 2,000만 달러로, 전년도 대비 약 9억 1,000만 달러가 증가하며 전력 유지 및 작전 지원에 중점을 두고 있다. 또한 연구 개발 예산은 148억 3,000만 달러로 첨단 기술 개발과 미래 전력 강화를 위한 투자 비중이 확대되었다.

군인 복지 및 인력 관리는 FY2024 예산의 중요한 부분으로, 군인 급여가 5.2퍼센트 인상되었으며 주택 보조금과 생활비 보조금도 각각 5.4퍼센트, 1.7퍼센트 인상되었다. 자살 예방과 성폭력 방지 프로그램을 위한 지속적인 투자 역시 포함되었으며, 이는 군 복지와 조직 내 안정성을 강화하려는 노력으로 해석된다.

특별 프로그램으로는 인도-태평양 억제 이니셔티브와 유럽 억제 이니셔티브가 주목받고 있다. 인도-태평양 억제 이니셔티브는 중국의 군사적 위협에 대응하며, 해당 지역에서의 군사적 영향력을 제한하기 위한 전략적 투자에 중점을 둔다. 동시에 유럽 억제 이니셔티브는 러시아의 공격적 행동을 억제하고 동유럽 지역의 방어 태세를 강화하는 데 기여하고 있다.

FY2024 국방 예산은 전략적 우선순위를 통해 중국을 주요 경쟁자로 지목하며 인도-태평양 지역에서의 군사적 우위를 유지하고 국제 질서를 강화하는 데 중점을 두고 있다. 또한 러시아, 이란, 북한 등으로부터의 전통적 위협뿐 아니라 사이버 공격과 인공지능 기반 위협 등 신흥 위협에 대한 대응 능력을 강화하고 있다. 미국은 차세대 전투기, 장거리 정밀 타격 무기, 핵잠수함 등 첨단 무기 체계 개발을 지속하며 군사 현대화를 추진하고 있다.

FY2024 국방 예산은 미국이 세계 최대 규모의 국방비 지출국으로서의 지위를 유지하는 데 기여하며, 이는 미국 군사력이 다른 국가들과 큰 격차를 지속적으로 유지하는 기반이 된다. 중국의 방위비가 미국의 약 30퍼센트 수준이라는 점을 감안할 때, 미국의 방위비 투자 규모는 압도적이다. 이러한 예산은 첨단 기술 투자와 글로벌 작전 능력을 강화하며, 군사 현대화와 동맹국 방어를 동시에 추진하는 데 중점을 둔다. 전 세계적으로 배치된 미국의 군사 기지와 즉각적인 대응 능력은 국제 안보 체제를 주도하는 미국의 역할을 뒷받침하며, FY2024 국방 예산은 이러한 목표를 실현하기 위한 중요한 재정적 기반을 제공하고 있다(Global Firepower, 2025).

향후 이러한 미국 군사력의 강점을 어떻게 살릴 것인가가 중요하다. 트럼프 2기를 거치면서 다양한 문제들이 지적되고 있다. 방위비 분담을 둘러싼 지속적인 압박과 거래적 동맹transactional alliances의 접근 방식은 기존의 미국 동맹 결속력을 약화시키고 있다. 국방 예산 측면에서 트럼프 2기 예산안은 명목상 증가세를 유지할 것으로 보이지만 실질적인 증액은 제한될 수 있다. 우크라이나 지원액 등 미국의 자제 전략이 국방비의 감축을 초래할 가능성도 있다. 또한 장기적으로 예측 가능한 국방 전략이 명확하지 않으므로 동맹국들과 국제 사회의 신뢰가 흔들릴 수 있다.

미국 외교 전략을 둘러싼 노선 갈등

미래 미국의 외교 대전략을 둘러싼 리더십의 선택과 정치 지형도 중요하다. 민주당의 패권 전략의 내용은 바이든 정부에서 확고히 정리되었지만, 국내의 지지를 얻는 데 한계를 보여 트럼프 정부가 들어섰다. 반면 공화당 정부 내에서는 향후 패권 전략의 미래를 둘러싸고 의견을 통일하지 못하고 있다. 트럼프 2기 정부 이후 공화당의 노선이 어떻게 정립되는가는 단지 공화당뿐 아니라 미국 전체의 노선에 관해 중요한 논점이 될 것이다.

트럼프주의는 단순히 외교 정책의 총합이 아니라 국내 정책 및 이념, 정치 철학의 종합이다. 트럼프 개인에 따른 정책들과 이념이기 때문에 체계적이지 않지만, 점차 현실주의 국제 정치 이론 및 보수주의 정치 철학으로 체계를 갖추어가고 있다. 특히 부통령인 J. D. 밴스J. D. Vance의 정치 이념은 트럼프주의를 대변하고 있다. 밴스의 이념은 경제적 포퓰리즘과 민족주의, 문화적 보수주의, 반엘리트주의, 공동체주의, 그리고 고립주의적 외교 정책으로 구체화된다. 그는 자유시장과 글로벌화가 미국 노동자 계층과 지역 공동체에 미친 부정적 영향을 비판하며, 경제적 보호주의와 자국 중심의 경제를 강조한다. 밴스는 자유 무역과 글로벌 공급망에 의존하는 대신 관세 정책과 '미국산 우선' 접근법을 통해 제조업 부흥과 일자리 창출을 추진하려 한다. 동시에 대기업의 노동자와 지역 공동체에 대한 책임 부족을 지적하며, 반독점 규제 강화와 대규모 기업 합병에 대한 과세를 주장한다. 그는 사회 보장 제도의 강화를 지지하며, 이를 위한 재원을 관세 수익과 노동 참여율 증대로 충당해야 한다고 본다.

문화적 보수주의 측면에서 밴스는 가족 중심의 정책과 출산율 증대를 강조하며, 부모에게 더 많은 투표권을 부여해야 한다는 급진적 제안을 내놓은 바 있다. 그는 종교적 신념을 바탕으로 낙태와 동성 결혼에 반대하며, 전통적 가족 구조와 종교적 가치를 사회 안정의 핵심 요소로 간주한다. 이러한 입장은 가톨릭 신앙으로 개종한 그의 종교적 배경과 밀접하게 연결되어 있다.

그는 또한 반엘리트주의를 기조로 삼아 워싱턴의 기득권과 엘리트 계층에 비판적인 태도를 보이며, 지역 공동체와 노동자 계층의 대변자로 나선다. 그는 저서 『힐빌리의 노래*Hillbilly Elegy*』에서 러스트 벨트 지역의 몰락을 다루며, 이를 극복하기 위한 공동체적 해결책을 제시했다. 그는 정부 정책이 단순히 시장 중심으로 설계되어서는 안 되며, 지역 공동체를 지원하는 방향으로 조정되어야 한다고 주장한다.

외교 정책 면에서 밴스는 전통적인 공화당의 군사 개입주의를 비판하며, 영구적인 군사 개입을 중단하고 외교적 해결을 추구해야 한다고 강조한다. 그는 우크라이나에 대한 군사 지원 중단과 더불어, 중국의 경제 및 군사적 위협에 대응하기 위해 미국 내 제조업 부흥과 기술 혁신이 필요하다고 본다.

밴스의 이념은 포스트 리버럴 보수주의와 민족 보수주의에서 영향을 받았다. 그는 자유 시장만으로 사회 문제를 해결할 수 없다는 포스트 리버럴 관점을 공유하며 정부가 가족, 공동체, 국가를 보호하기 위해 적극 개입해야 한다고 본다. 또한 경제 민족주의와 문화 보수주의를 결합한 민족 보수주의를 통해 공화당 노선을 재구성하려는 움직임을 보인다. 이는 기존의 레이건 시대 공화당 노선이 미국의 지구적 리더십을 강조하고 동맹을 중시하는 외교 전략 노선에서 벗어나 새로운 방향성을 제시하려는 시도다.

밴스는 트럼프 시대의 미국 우선주의 철학을 기반으로 이를 보다 체계적으로 발전시키고자 한다. 그는 트럼프식 대중 동원 전략을 결합하면서도 정책적 깊이를 더하려는 노력을 기울이고 있다. 이러한 이념은 공화당 내에서 점점 주류로 자리 잡고 있으며, 미국 정치의 지형 변화를 반영한다. 밴스와 같은 젊은 보수 정치인들은 기존 공화당 노선을 재구성하며 새로운 유권자층을 끌어들이고 있지만, 이는 정치적 양극화를 더욱 심화시키는 결과를 초래할 가능성이 있다. 그의 반엘리트주의와 반글로벌화 메시지는 민주당과 공화당 간 갈등을 더욱 심화시키며, 미국 내 정치적 분열을 강화할 전망이다(Vance, 2016; Vance, 2025).

반면 공화당 내의 전통적 우세 전략 담론은 보수적 국제주의가 국가 안보와 경제적 번영을 보호할 최선의 길이라고 주장한다. 과거 80년 동안 미국의 외교 대전략은 비단 자유주의 노선이었을 뿐 아니라 자유 시장 경제, 반공주의, 서구 문명 가치 수호를 중심으로 보수주의자들이 자유주의 국제 질서를 지지한 결과이기도 했다는 것이다(Williams, 2025).

보수주의 노선을 대변하는 코리 샤키Kori Schake의 경우 공화당 내 혼란과 외교 정책 우선순위의 약화가 미국의 국제적 리더십을 위태롭게 하고 있으며, 이를 해결하기 위해 보수적 국제주의로의 회귀가 필요하다고 강조한다.

샤키는 공화당의 전통적 국제주의 외교 정책이 강한 군사력 유지,

동맹국과의 협력, 국제 무역 확대, 권위주의적 정권에 대한 견제를 중심으로 했음을 상기시킨다. 그러나 공화당은 트럼프 대통령과 같은 지도자들의 영향으로 고립주의와 불확실한 외교 노선 사이에서 방황하고 있다고 본다. 특히 트럼프는 NATO 탈퇴, 중국 상품 수입 금지, 미국 내 군사 배치 확대와 같은 정책을 제안하며 기존의 외교 전략과 상충되는 행보를 보였다.

샤키는 바이든 행정부의 외교 정책 또한 보호무역주의에 의해 제약받고 있다고 지적한다. 바이든의 "바이 아메리칸Buy American" 정책과 인도-태평양 경제 프레임워크는 무역 파트너들에게 혼란을 초래하고 있으며, 미국이 글로벌 공급망에서 중국을 효과적으로 견제하지 못한다고 비판한다. 그녀는 더욱 강력한 무역 협정과 동맹국과의 경제적 협력을 강화해 중국의 영향력을 줄이는 전략을 제안한다.

군사적 측면에서는 미국의 국방 예산이 실제 요구에 비해 부족하며, 이는 국가 안보에 심각한 위협을 초래한다고 경고한다. 샤키는 미국이 충분한 방위력을 유지하지 못하면 중국이나 러시아와의 충돌에서 전략적 우위를 상실할 수 있다고 주장한다. 그녀는 국방비 증액과 동시에 사회 보장 제도를 개혁해 재정 압박을 완화해야 한다고 강조한다.

샤키는 이민 문제에 대해서도 공화당이 더 체계적이고 협력적인 접근 방식을 수립해 북미 지역의 경제적 협력을 강화해야 한다고 주장한다. 미국-멕시코 국경에서의 혼란은 미국의 안보와 번영을 약화시키고 있으며, 이를 해결하기 위해 멕시코 및 캐나다와의 협력을 확대해야 한다고 지적한다.

샤키는 궁극적으로 공화당이 미국의 국제적 리더십을 회복하고 설득력 있는 외교 정책을 수립해야 한다고 주장한다. 즉, 공화당 보수

파는 미국 국민이 여전히 국제주의적 외교 정책을 선호하며, 이러한 노선이 향후 공화당 전체에 어떠한 영향을 미치는가에 따라 미국 패권 전략의 미래가 결정될 것이라고 본다(Schake, 2024).

미국의 동맹 정책

미국의 동맹 정책은 향후 글로벌 리더십의 유지와 패권 경제 기초 강화라는 두 축 사이에서 진동할 것이다. 한편으로는 지구적 안보 태세를 유지하고 억제 실패를 막기 위해, 동맹국과 함께 지구적·지역적 안보 태세를 강화해야 한다. 이를 위해서는 유럽과 아시아의 동맹국들과의 협력이 중요하다. 그러나 동시에 국가 부채를 줄이고 재정 적자 중에서 국방비를 절감하기 위해서는 동맹의 협력이 필요하다. 외교적 방법으로 동맹국의 도움을 이끌어낼 수 있지만, 그 한계가 명확하다고 생각할 때에는 트럼프 대통령처럼 동맹국에 대한 압박과 거래적 접근을 추구할 수도 있다. 이 경우 미래 미국 패권에 동맹이 어떠한 영향을 차지할지, 동맹이 자발적으로 미국의 패권 전략을 지원할지가 관건이 될 것이다.

2025년 미국의 국방 예산은 8,517억 달러로, GDP 대비 3.4퍼센트 수준에 해당한다. 이 가운데 트럼프 대통령이 특히 문제를 제기하는 분야는 유럽 방위에 대한 분야이다. 미국 국방비 중 유럽 방위를 위한 직간접 지출이 상당 부분을 차지하며 독일, 이탈리아, 폴란드 등 NATO 핵심 국가에 주둔 중인 미군 유지비로만 연간 약 300억 달러가 소요된다. NATO 공동 기금 분담에서도 미국은 총 35억 달러 중 약 5억 6,000만 달러(16%)를 부담하고 있다. 미국은 2022년부터 2025년까지 우크라이나를 중심으로 유럽에 약 659억 달러의 군사 원조를 제공했으며, 이는 연간 평균 약 165억 달러 규모에 해당한다. 유럽 안보의 핵심 축으로 기능해 온 이러한 지원은 유럽의 자체 방위력 강화와 비용 분담의 필요성을 더욱 부각시키고 있다.

2024년 기준 유럽 NATO 회원국 전체 GDP는 약 23조 2,000억 달러로 추산된다. 현재 대부분의 유럽 국가들은 GDP 대비 2퍼센트의 국방비 지출 목표를 간신히 충족하거나 여전히 미달한 상태이다. 그러나 만약 유럽 국가들이 국방비 지출을 GDP 대비 3퍼센트로 상향 조정한다면, 연간 약 2,320억 달러의 추가 지출이 발생하게 되며, 이는 미국의 방위 부담을 일정 부분 상쇄할 수 있는 기반이 된다.

유럽의 방위 자립이 실질적으로 진전될 경우, 미국은 유럽 주둔 병력 일부를 인도-태평양으로 재배치할 수 있는 전략적 여유를 확보하게 된다. 예컨대, 현재 514억 달러 규모인 태평양 사령부 예산을 2030년까지 720억 달러로 확대할 수 있는 재정 여건이 조성될 수 있다. 유럽 NATO 회원국이 국방비를 GDP 대비 3퍼센트 수준으로 상향 조정하더라도 미국의 국방비 전체에서 차지하는 비중은 제한적이지만, 중장기적으로 유럽의 군사적 자율성 증대는 미국의 글로벌 전략 재편과 중국 대응 집중을 가능하게 하는 구조적 전환점이 될 수 있다.

유럽의 동맹국들과 마찬가지로 아시아 동맹국들 역시 향후 미국과 어떤 관계를 정립하는가에 따라 미국 패권 전략의 성패를 좌우할 것이다. 유럽과 달리 아시아는 중국이라는 거대한 강대국을 옆에 두고 있기 때문에 미국의 대중국 전략에 영향을 받을 수밖에 없다.

지금 미국은 민주당과 공화당을 막론하고 중국에 대한 견제를 미국 외교 정책의 가장 중요한 도전으로 여기고 있다. 미국의 대중국 정책을 위해 아시아 동맹국들의 중요성은 매우 크다. 그런데도 미국 패권의 경제적 기초 강화를 위해서는 아시아 동맹국들에도 경제적 수단을 활용하여 경제적 이득을 얻고, 방위비 분담을 강요해야 하는 상황이기도 하다. 상반된 두 가지 목적을 어떻게 관리하고 아시아 동맹국과 협력 관계를 유지하는가가 매우 중요하다. 만약 미국이 명확한 대중국 전략의 목표를 수립하지 못하고, 이에 대한 근거를 아시아 동맹국과 공유하지 못할 때, 대중국 전략을 둘러싼 미국과 아시아 동맹국 간의 갈등과 긴장은 높아질 수 있다. 따라서 미국이 대중국 전략을 놓고 아시아 동맹국과 전략적으로 소통하고 공통의 이익을 위한 동맹 관계를 유지해 나갈 때, 미국의 패권적 지도력이 유지될 수 있을 것이다.

미·중 전략 경쟁

미·중 전략 경쟁은 미국의 패권 조정 전략과 필연적인 관계가 있는 것은 아니다. 중국이 미국의 패권에 도전하는 나라로 등장하지 않았어도 미국은 여러 문제로 패권 재조정의 압박에 시달렸을 것이다. 중국의 도전이 미국의 패권 재조정 전략을 더욱 어렵게 만드는 것은 사실이지만, 미·중 전략 경쟁이 미국 패권의 미래에 모든 것을 결정하지는 않는다. 그럼에도 불구하고 미국이 어떠한 대중국 전략을 추구하는가는 매우 중요하다. 무엇보다 군사적 경쟁 관계에서 미국이 지속적으로 군사적 우위를 지탱할 수 있는가가 중요하다. 미국은 빠른 속도로 첨단 군사 기술과 국방비를 증액하고자 하지만 이를 따라오는 중국의 추격도 만만치 않다.

중국의 군사 지출은 공식 발표된 2,250억 달러를 크게 상회하는 약 7,000억 달러 수준으로 추정된다. 이는 구매력 평가purchasing power parity, PPP를 반영한 수치로, 미국과 실질적으로 대등한 군사력 수준에 근접하고 있다. 중국은 2035년까지 해군력 40퍼센트 확장과 핵무기 보유량을 1,500기 이상으로 확대하겠다는 목표를 공개적으로 천명한 상태이다.

2025년 미국 국방비의 예산 구조는 중국과 러시아를 전략적 도전 세력으로 규정하고 이에 대응하기 위한 목적에서 배분되어 있다. 태평양 방어 이니셔티브에는 9억 1,000만 달러가 편성되었으며, 괌과 하와이 등 주요 전략 거점의 방어력 강화를 포함하여 일본, 호주 등 역내 동맹국과의 협력 확대가 핵심 목표로 설정되어 있다.

전문가들은 현재 미국의 국방비 수준만으로는 이러한 중국의 군사 현대화에 대응하기에 충분하지 않다고 평가하고 있다. 연간 실질 국방비 증가율이 최소 2퍼센트에서 3퍼센트 정도는 유지되어야 억지력을 보존할 수 있으며, 특히 극초음속 무기, 인공지능, 자동화 시스템, 우주 전장 기술 등에 추가 투자할 필요성이 강하게 제기되고 있다. 기술 격차는 단순한 전력 우위를 넘어서 전략적 억지력의 핵심 요소로 자리 잡고 있다.

미국 국방부는 위대한 강대국 경쟁Great Power Competition 시대의 도래를 선언하고, 고강도 전쟁에 대한 대비를 전략적 우선순위로 설정하고 있다. 태평양 지역 전력의 구조적 강화와 역내 동맹국과의 연합 억지 태세 구축은 이러한 전략의 핵심 축이다. 2025년 태평양 사령부 예산은 514억 달러이지만, 2030년까지 720억 달러로 확대할 계획이며, 인도-태평양 중심 전환이 점차 국방 예산 구조에 반영되고 있다.

첨단 기술 경쟁은 경제는 물론, 큰 안보적 함의를 가지고 있기 때문에 향후 미·중 전략 경쟁의 향방을 결정할 중요한 변수이다. 미국은 2024년 한 해 동안 중국을 겨냥한 1,244건 이상의 수출 통제 조치를 시행하였다. 미국의 대중국 접근법이 관세 중심의 전통적 무역 정책에서 기술 통제와 안보 중심의 새로운 전선으로 이동했음을 보여

준다. 즉, 경제적 협상이 국가 안보와 직결되는 기술 경쟁의 수단으로 변모하는 것이다. 양국의 기술 경쟁은 단순한 무역 분쟁이 아니라, 전략적 주권과 장기적 생존을 좌우하는 독립된 전장으로 인식되고 있다.

양국은 자국의 이익을 극대화하기 위해 기술 공급망 내 병목 지점을 전략적으로 활용하고 있다. 미국은 반도체 제조 장비, 특히 ASML사의 노광 장비에 대한 수출을 제한하여 중국의 첨단 칩 생산을 차단하였다. 반면 중국은 세계 희토류 정제 능력의 85퍼센트를 점유함으로써 미국의 방위 산업 및 청정 에너지 산업에 대한 의존성을 무기로 삼고 있다.

인공지능 기술 및 소프트웨어 통제, 연구 및 학술 교류에 대한 제한도 강화되고 있다. 중국은 1,430억 달러 규모의 반도체 자립 계획을 추진하고 있으며, 미국은 「반도체 및 과학 법」을 통해 자국 생산에 500억 달러를 투자하고 있다.

기술 전쟁이 격화되면서, 미국과 중국은 각각 자국의 기술적 우위를 확보하고 구조적 취약성을 줄이기 위한 포괄적 전략을 본격화하고 있다. 양국은 단기적 성과를 넘어서 기술 주권과 장기적 경쟁력 확보를 위해 국가 차원의 대응을 강화하고 있다. 중국은 대대적인 기술 자립 캠페인을 전개하고 자국 기술 기업을 육성하기 위해 조세 감면, 공공 조달 우대, 규제 완화 등 각종 제도적 지원을 제공하고 있다.

미국은 자국의 기술적 우위를 유지하고 강화하기 위한 다층적 전략을 시행하고 있다. 인공지능, 양자컴퓨팅, 생명공학 등 신흥 기술에 대한 수출 통제를 대폭 확대하였으며, '칩 4 동맹Chip 4 Alliance'을 통한 동맹국들과의 기술 통제 협력 체계를 구축하여 일본, 한국, 타이완과의 공동 대응을 추진하고 있다. 미국의 접근법은 기존 기술 자산의 방어defensive posture와 국내 기술 역량의 강화proactive investment를 병행하는 투 트랙 전략이다. 미국 전략의 강점은 동맹국과의 연대를 통해 단독으로는 어려운 광범위한 기술 통제 체제를 구축할 수 있다는 점이다. 물론 연대를 유지하기 위해서는 서로 다른 경제적 이해관계 및 안보 우선순위를 지닌 동맹국들과 균형을 조정해야 하는 과제가 있다(Zadeh, 2025).

향후 미·중 전략 경쟁은 무역, 금융과 같은 경제 분야는 물론, 통상 전력과 핵무기의 군사 분야, 정치와 이념의 분야, 그리고 첨단 기술을 둘러싼 기술 경쟁 등 전방위에 걸쳐 벌어질 것이다. 양국 중 어느 한 국가가 패권의 지위를 유지할 수도 있고 양국이 공존하는 미래를 설계할 수도 있다. 무엇보다 중요한 것은 전면전을 막고 양국이 규범과 규칙에 기반한 경쟁을 통해 국제 사회 전반의 발전에 공헌하는 일이다. 현재까지 미국이 어떠한 궁극적인 대중국 전략을 추진하는지에 대한 명확한 밑그림이 그려져 있지 않다. 미국이 중국과 같은 잠재력을 가진 경쟁국을 상대해 본 적이 없을 뿐 아니라, 중국이 비서구 국가의 패권 도전국이기 때문에 경쟁의 양상은 더욱 복잡하다. 향후 동맹 및 국제 사회와 협력하여 중국이 국제 사회에 공헌할 수 있는 강대국이 될 수 있도록 역량을 발휘할 수 있을지가 미국의 패권 유지에도 직접 연결된 문제일 것이다.

6. 미국 패권의 향방과 미래 세계 질서

향후 미국의 미래는 미국이 패권국의 역할을 지속할 것인가에 달려 있다. 앞서 논의한 것처럼 패권국이란 무정부 상태의 국제 정치에 질서를 부여하는 국가로, 모든 국가가 질서 유지를 위해 필요한 국제적 공공재를 제공하는 역할을 한다. 패권국은 단기적으로는 자신의 국력 자원을 투입하여 상당 부분 손해를 감수하지만, 이를 감당할 국력이 있으므로 장기적이고 구조적인 이익을 추구하여 결국 자국의 이익과 위신의 커다란 성과를 거두고자 하는 나라이다.

미국은 지난 80년간 패권국의 지위를 누리며 국제적 공공재를 생산해 왔다. 미국이 패권국의 역할을 하기 어려운 도전들은 단순히 미국의 상대적 힘의 약화에서만 비롯되는 것이 아니라 변화하는 국제정치의 본질에서 비롯된 것이기도 하다. 단기적·중기적으로는 미국 패권의 운용 전략을 놓고 다양한 논쟁과 노선이 있을 것이다. 그러나 장기적으로는 결국 미국이 패권국의 역할을 유지할 수 있을 것인가의 문제로 귀결될 것이다.

현재 트럼프 2기 행정부하에서 미국의 외교 대전략을 놓고 여러 가지 노선들이 등장하고 있다. 보수적이고 전통적인 공화당의 주류에서는 미국이 국력을 더욱 증강시켜 기존 패권국의 역할을 유지, 강화해야 한다고 주장한다. 국방비를 늘리고 동맹과의 협력을 더욱 강화하면서 경제력의 회복을 추구하는 노선이다. 패권 대전략 구도 속에서는 우세론자의 노선이라고 할 수 있다.

이러한 우세론보다는 미국의 핵심 국익을 보호하기 위해 선택적 개입과 우선순위 재조정을 앞세우는 시각도 있다. 앞서 살펴본 헤리티지 재단의 보고서 제목과 같이 미국이 패권의 역할을 유지하되 신중하게 미국의 국익을 선별하여 우선순위를 조정하고 국력 소모를 막으며 동맹국들의 기여를 독려하는 노선이다. 이는 다시 말해 경제적으로 공평하고 호혜적인 무역 질서를 만들어 미국의 무역 적자를 해결하고 점차 미국의 경제적 기반을 강화하고자 하는 노선이다. 패권의 지위는 유지하되 선택적 개입과 후퇴, 전략 지역의 균형을 조합하는 노선이라 할 수 있다.

마지막 노선은 트럼프주의를 실현하는 새로운 노선으로 미국의 국익과 직접 관련이 없는 대외 개입을 최대한 줄이고 미국 우선주의를 앞세워 미국의 이익을 추구하는 노선이다. 역시 후퇴 노선과 역의 균형 전략을 배합하지만, 우선순위 재조정보다는 신고립주의 쪽에 더 가까운 노선을 추구한다. 앞서 밴스 부통령이 제시한 노선과 가깝다고 할 수 있다.

그러나 이러한 노선들이 장기적으로 실현 가능한 대전략으로 귀결될지는 좀 더 두고 보아야 할 일이다. 장기적으로 볼 때 미국의 외교 대전략은 패권을 유지하고자 하는 전략과 사실상 패권국의 지위와 역할을 포기하고 비패권 강대국으로 남는 전략의 두 갈래로 생각해 볼 수 있다.

미국의 패권 역할을 강조하는 노선은 공화당 주류의 우세론자와 민주당이 추구해 온 국제주의적 자유주의 노선이라고 할 수 있다. 양자는 반드시 모순된 노선은 아니다. 21세기 초 부시 행정부는 공격적 자유주의의 노선과 우세론을 합쳐 네오콘의 노선을 추구한 바 있다. 강력한 미국의 군사력을 앞세우고 공세적인 자유주의 노선을 추구하면서 미국의 패권적 지위를 강화하려고 노력했다.

이러한 노선이 가능해지려면 무엇보다 앞서 살펴본 미래 변수 중에서 미국의 국력과 국민들의 동의가 필요하다. 역사학자 니얼 퍼거슨Niall Ferguson은 최근의 보고서에서 퍼거슨의 법칙에 따라 미국이 패권 유지의 커다란 난관에 봉착했다고 분석한 바 있다. 역사적으로 볼 때 패권 국가가 경제적 어려움을 겪으면서 국가 부채가 증가하여 국가 부채의 이자 지출이 군사비를 초과할 때 쇠락의 길로 접어든 사례가 많다. 과거 스페인 합스부르크 왕가나 오스만 제국이 그러한 노선을 걸었고, 영국은 퍼거슨의 법칙에 따른 쇠퇴의 길에 접어들지 않기 위해 최대한 노력했다는 것이다. 미국은 2024년 국방비 지출이 GDP의 3퍼센트에 달했고, 국채 이자 지출이 3.1퍼센트를 넘어서고 있기 때문에 퍼거슨의 법칙이 경고하는 패권 쇠퇴의 영역에 들어서고 있다고 할 수 있다. 따라서 리더십의 선택과 성격에 따라 다른 모습을 나타내겠지만, 미국이 패권 국가의 지위를 유지하기 위한 대안이 시도될 것이다(Ferguson, 2025).

둘째 가능성은 결국 미국이 패권의 지위를 포기하고 강대국으로 남는 경우이다. 세계적 패권을 포기하더라도 최강대국으로 남을 수 있으며, 특히 지역 강대국으로서 자신의 안보와 독자적인 공급망을 추구하는 선진국의 지위를 누릴 수 있다. 미국은 패권적 역할을 포기하더라도 혹은 포기할 때에만 최강대국으로 남을 수 있다고 생각하고 이러한 길을 선택할 수 있다.

문제는 이럴 경우 러시아, 중국 등 다른 강대국들이 자신의 영향권을 설정하여 지역적 패권 국가로 군사력과 경제력을 확장하고자 할 것이라는 점이다. 결국 다극화되어 가는 다권역의 세계가 될 것이다. 다극화되는 세계가 반드시 안정적인 다극 체제를 이루리라는 보장은 없다. 각자의 영역에서 진영을 설정하되 진영 간 관계가 상호 이해와 조정에 의해 평화적이고 안정적으로 유지될 것이라는 보장이 없기 때문이다.

이 경우 19세기 초 유럽 협조 체제처럼 강대국 간 타협과 협력이 이루어질 수도 있지만, 패권 안정 이론이 제시했던 것처럼 진영 간 다툼이 결국 군사적 충돌로 이어질 가능성도 있다. 따라서 미국이 패권의 역할을 포기하고 보통의 초강대국이 됐을 경우 미래 질서가 어떻게 될지는 쉽게 예측하기 어렵다.

향후 국제 질서는 미국의 선택에 영향을 받을 수밖에 없다. 만약 미국이 패권의 지위를 추구한다면 국제 질서는 패권적 운영 원리에 따라 당분간 유지될 것이다. 패권적 운영 원리가 강제적이고 강압적인 방식일 수도 있고, 자유주의적 타협과 규칙 기반 다자주의에 의한 것일 수도 있다. 패권적 질서가 강압적 패권과 시의적 패권 사이에서 일정 부분 진동한 것은 지난 80년의 역사에서 경험한 바 있다. 강압적 패권이라 하더라도 기본적인 다른 국가들의 동의를 얻지 못하면 패권의 유지와 도전국의 공세를 막아내기 어려운 것은 분명하다. 자유주의적 패권의 경우라 하더라도 일방주의와 강압을 온전히 벗어날 수 없다는 것도 근대 국제 정치의 근본적 한계이다. 그러나 궁극적으로 미국이 패권적 지위와 역할을 유지할 수 있다면 미래의 세계 질서는 지난 80년간 경험했던 다자주의 질서의 일정한 변형이 될 것이다.

새로운 도전은 미국이 보통 강대국의 길을 걸을 때 새롭게 도래할 다극화하는 국제 질서이다. 온전한 다극 체제가 마련되지 못한다면 국가 간의 전쟁과 불안정은 물론이고 닥쳐오는 인류 전체의 위기를 슬기롭게 헤쳐 나가지 못할 수도 있다. 미래의 세계 질서는 핵 확산, 기후 변화, 보건 위기, 신기술의 규제 등 많은 문제에 직면할 것이다. 이는 모든 강대국이 공통으로 부딪힐 문제로, 갈등하는 다극 국제 정치의 상황에서는 효과적으로 대처하기 어려운 문제들이다. 갈등적 다극화 세계 속에서 인류 공멸의 위기를 함께 헤쳐 나가지 못한다면 결국 국제 질서는 커다란 위기에 봉착할 것이다.

7. 나가며: 진화된 패권인가, 보통 강대국인가

이 장에서는 현재 국제 질서의 변화와 미래에 가능한 국제 질서의 대안들을 살펴보기 위해 지난 80년간 미국이 수행해 온 패권의 역할에 대해 살펴보았다. 패권 국가는 무정부 상태, 국제 정치의 조직 원리에 질서와 안정을 부여하는 국가로, 세력 균형의 원칙과는 달리 패권적 운영 원리를 가능하게 하는 국가이다.

미국은 지난 80년간 압도적인 국력을 바탕으로 이른바 자유주의 규칙 기반 질서를 유지하는 패권적 임무를 수행해 왔다. 그러나 국제 정치의 변화라는 구조적 요인과 패권의 경제적 기초 약화 및 국민의 동의 저하라는 새로운 변수에 부딪혀 더 이상 패권의 역할을 수행하기 어려운 상황에 봉착해 있다. 더구나 중국의 강대국화로 미·중 전략 경쟁이 본격화해 향후 중국의 도전을 효과적으로 막아내지 못하면 단극 패권 체제를 유지하기 어려운 시대에 접어들고 있다.

향후 미국은 패권적 지위를 유지하며 변화되는 국제 질서에 맞는 새로운 패권 운영 원리를 제시할 것인지, 아니면 패권의 역할을 포기하고 보통의 강대국으로나마 자국의 이익 증진에 최선을 다할 것인지 선택의 갈림길에 서 있다. 단기적·중기적으로는 많은 외교 대전략적 선택에 직면할 것이나, 궁극적으로는 미국의 패권 역할 수행에 국제 질서의 미래가 달려 있다고 볼 수 있다.

미국이 패권국 역할을 유지하기로 한다 해도 급증하는 국제적 공공재의 수요를 생각해 볼 때 한 나라가 패권을 유지하기는 점점 어려워질 것이다. 설사 미국이 새로운 성장 동력을 확보하여 패권 국가가 되더라도 다른 국가들의 도움을 효과적으로 얻어내지 못한다면 급증하는 국제 공공재 수요를 충족하지 못할 뿐 아니라 다른 국가의 협력을 얻어 내기도 어려울 것이다. 미·중 전략 경쟁에서 중국이 승리한다 해도 결과는 마찬가지이다.

결국 지구화되는 국제 정치 속에서 다른 국가의 협력을 효과적으로 얻어 보다 발전된 집합적 지도력을 누가 확보하는가가 가장 중요한 경쟁이 될 것이다. 이는 비단 미래 국제 질서의 변화라는 측면뿐만 아니라 인류의 생존과도 직결된 문제이다.

한국은 제2차 세계 대전 이후 미국 주도의 자유주의 규칙 기반 질서 속에서 성장하며, 오늘날과 같은 국제적 지위를 확보하게 되었다. 앞으로 한국은 집합적 패권의 일원으로서 국제 질서의 재형성 과정에서 보다 힘 있는 목소리를 낼 수 있는 위치에 올라서 있다. 이는 단순히 한·미 관계와 동맹을 강화하는 것에 그치지 않고, 미래 인류의 운명을 결정할 새로운 국제 질서의 형성에 기여한다는 의미이기도 하다.

제2장

중국, 패권의 분산과 다극화의 길

이희옥(성균관대학교 정치외교학과)

1. 들어가며: 중국의 미래 기획

2012년 시진핑 체제가 등장한 이후 '중국의 꿈'은 아편전쟁을 통해 강제로 열린 근대를 극복하고 중화민족의 위대한 부흥을 추구하는 것이었다. 이러한 근대 극복의 과제를 위해, 사회주의 현대화를 거쳐 복수의 현대가 존재할 수 있다는 '중국식 현대화'를 제시했다. 즉, 중국의 국정國情에 기초해 서구와 다른 고유한 중국식 방안Chinese solution으로 인구 대국, 공동 부유, 정신문명과 물질문명의 조화, 자연과 인간의 공생, 평화 발전을 제시했다(이희옥·조영남, 2023: 13). 이뿐만 아니라, '중화민족의 위대한 부흥'을 강조하고 '중국적인 것Chineseness'을 고양하는 등 '역사와의 대화'를 강조하고 있다. 특히 중국의 엘리트 정치에서 공산주의청년단파에 비해 혁명 원로의 자제들로 구성된 태자당 출신들은 상대적으로 사회주의 건국에 대한 자의식이 강했다. 시진핑 주석도 혁명 원로이자 건국 이후 부총리를 역임한 시중쉰习

仲勛의 자제로 이러한 정책적 지향을 공유해 왔다. 시진핑 집권 이후 '타이완 해방을 통한 통일'을 강조해 온 것도 이러한 맥락이다.

그러나 중국은 상대적으로 종합 국력의 한계가 있기 때문에, 단기적으로 단일 패권을 추구하거나 과거 천하 체계를 복원하기보다 힘의 분산diffusion of power에 기반한 다극화를 통해 미국과 공존하는 길을 택했다. 중국과 서구의 갈등도 규칙이나 법률에 대한 서로 다른 이해에서 비롯된 것으로 보았고(王赓武·刘小雪, 2009) 미·중 공동 통치를 의미하는 'G2'도 공식적으로 수용하지 않았다. 사실 중국은 1978년 말 개혁 개방을 추진한 이후에는 서구의 규칙에 융회하고자 했고 실제로 2001년에는 세계무역기구WTO에 가입했다. 이것은 사회주의 정체성을 지닌 국가가 자본주의 국제 경제 질서에 능동적으로 편입한 역사적 전환점이었다. 이후 중국은 서구가 주도하는 자유주의 국제 질서 속에서 행동해 왔고 이를 통해 경제적 부상을 실현해 왔다.

이렇게 보면, 2018년 트럼프 정부 출범 이후 미국이 중국에 관세 전쟁을 시작하기 전까지 중국은 수정주의보다는 개량주의에 가깝게 행동해 왔다. 사회주의의 진영화를 추구하지 않았고, 미국과 서구가 주도하는 자유주의 국제 질서에서 이탈하거나 절연을 시도하지도 않았다. 중국이 자기 정체성을 강화하기 시작한 것은 종합 국력의 신장과 외부로부터의 압박에 따른 강요된 측면이 동시에 작용했다.

또한 중국은 미·중 전략 경쟁이 불러온 '신냉전'적 진영의 등장에 대해서도 부정적이었다. 과거 미·소 냉전은 사회주의와 자본주의라는 독자적 발전 모델과 이데올로기, 배타적이고 진영화된 경제 블록, 상대를 적국으로 간주하는 적대적 동맹 체제에 기반해 유지되었다. 반면 오늘날의 중국은 외부로 수출할 만한 뚜렷한 이데올로기나 발전 모델이 없고 무엇보다 이를 수용할 국가는 제한적이다. 또한 미국을 겨냥한 적대적 동맹 체제 구축을 위해서는 강력한 글로벌 군사력이 필수적이지만 여전히 격차가 뚜렷하고, 독자적 경제 블록을 형성할 만한 효용과 의지 그리고 역량도 부족하다. 따라서 중국은 신냉전을 기회가 아니라 도전으로 인식해 왔고(中华人民共和国外交部, 2020) 미국의 패권을 현실적으로 수용하면서 다극화를 통해 전략적 공간을 확보하고자 했다.

그러나 중국은 2008년 미국발 금융 위기를 계기로 서구의 규범과 가치를 부정적으로 인식하기 시작했다. 특히 미국의 위기를 자본주의의 고유한 모순에서 비롯된 사회적 종합 국면social conjuncture으로 보았다. 상대적으로 중국은 상대적으로 견고한 경제 발전 속에서 체제 자신감이 크게 높아졌고 사회주의 핵심 가치관을 제정하고 중국의 길, 중국 방안, 중국 정신을 적극 고취하기 시작하면서 특정한 가치관과 발전 모델을 일방적으로 강요하는 것은 실패할 것이라고 보았고[1] '문명'과 '야만'이라는 이분법적 구분 대신에 문명형 국가civilizational state라는 개념을 제기하기도 했다(장웨이웨이, 2018: 7~19).

이와 함께 중국의 국가 대전략 방식과 목표도 변하기 시작했다. 특히 전통적 국가 행동 양식에 배태된 천하天下, 화이華夷, 대소大小, 원근遠近, 의리義利의 원리를 현대 중국의 국가 행동 양식으로 재구성했다(이희옥 외, 2013). 이 과정에서 인류 운명 공동체, 정확한 의리관義利觀, 중국 특색 대국 외교, 신형 국제 관계, 글로벌 이니셔티브(안보, 발전, 문명)를 제시하면서 담론력discourse power을 강화해 왔다. 지난 100년 동안 중국이 소극적 관점에서 자아를 엄중하게 비판해 온 흐름이 '중국

1 트럼프 행정부 등장 이후 미국의 패권적 행태는 국제 사회로부터 많은 비판을 받았다. 프랜시스 후쿠야마는 역설적으로 '사회주의가 돌아와야 한다'(Eaton, 2018)라고 밝히기도 했다.

비판检讨中国’ 운동이었다면, 최근의 반성은 ‘중국을 다시 생각하는重思运动’ 운동이자 ‘중국을 다시 세우는重建中国’ 운동이라고 볼 수 있다(자오팅양, 2010: 15).

이제 국제 질서에 대한 중국의 인식이 변화하였다. 중국은 ‘미국이 유지해 왔던 자유주의 국제 질서는 사회주의 국제 질서나 비자유주의 국제 질서illiberal international order의 대립항에서 출발한 것’이라고 본다. 첫째, 냉전기 서구가 주도한 자유주의 국제 질서는 지리적으로 제한적이었고 서방에 국한되었다. 둘째, 미국은 비자유주의 국제 질서에 대응하기 위해 서구 진영 내부의 연대를 강화했다. 셋째, 비자유주의 국제 질서 때문에 자유주의 국제 질서에 속한 국가들이 주권의 일부를 포기하고 미국에 통할권을 위임했다. 넷째, 냉전기 서구가 사용한 ‘국제 질서’ 개념은 동일하지도 보편적이지도 않았다.

이러한 국제 질서의 변화와 중국이 새로운 대응을 모색하는 것은 트럼프 정부가 출범한 이후 전환점을 맞았다. 미국 패권은 시혜적benevolent 패권에서 약탈적predatory 패권으로 성격이 변했고, 자유주의 국제 질서는 강대국 권력 정치와 세력권sphere의 정치로 회귀했다. 즉, 미국이 국제 정치를 보는 인식이 규범이나 도덕에 기반한 이상적 정의가 아니라, 힘의 관점에서 보는 현실 정치realpolitik 사고로 전환한 것이다. 어떤 의미에서는 미국 패권의 힘이 쇠퇴한 것이 아니라 그 목적이 변했다고 볼 수도 있다. 실제로 미국은 여러 강대국이 각 지역에 자리 잡은 다극 세계multipolar world에 놓일 수 있다고 인식한다는 점에서 장기적 국가 목표를 추구하는 것이 어려워졌다(Kirshner, 2024).

이러한 상황에서 중국은 위험을 회피aversion하면서도 미국이 만든 질서에서 단순한 행위자가 되는 것을 거부하고, 미국의 외곽을 때리는 방식으로 장기적 미·중 전략 경쟁에 대비하기 시작했다. 이와 같은 중국의 변화는 국제 사회에서 중국위협론, 중국위험론을 증폭시켰고 미국의 대중국 견제의 틀을 강화하기도 했다. 트럼프 정부가 주창한 '미국을 다시 위대하게Make America Great Again, MAGA'나 미국 우선주의도 미국의 국력에 거의 근접해 온 경쟁국near peer competitor인 중국을 확실하게 저지해서 승리해야 한다는 인식이 깔려 있었다.

이 글은 중국이 보는 패권과 꿈꾸는 미래 질서가 무엇인지를 살펴보는 데 목적이 있다. 이를 위해 중국은 단기, 중기, 장기 로드맵을 만드는 한편 미·중 전략 경쟁의 장기화에 대비해 순응, 적응, 대응 프로젝트를 평가했다. 현 상황에서 중국은 미국에 비해 종합 국력이 취약하고 많은 도전 요인에 직면해 있어 글로벌 강국으로 도약하려는 의지와 이를 실천할 수 있는 수단 사이의 괴리가 있으나, 국제 관계의 민주화라는 인식을 통해 다극화 질서를 구축하고 여기에 기초해 '중화민족의 위대한 부흥'을 실현하고자 하는 목표는 분명하다. 이런 점을 함께 고려해 중국 미래 패권의 가능성과 한계를 동시에 검토하는 한편 한국에 미치는 영향도 함께 살펴본다.

2. 중국의 국가 대전략: 사회주의 현대화 강국

로드맵

중국은 2001년 WTO에 가입한 이후 자본주의 국제 경제 질서에 스스로 편입하며 국가 이익을 추구해 왔다. 그러나 종합 국력의 한계로 말미암아 단기적으로는 미국의 패권을 대체하기 어렵다. 따라서 중국의 국가 행동은 미국의 대중국 정책에 반응하는 방식으로 나타나

그림 2-1 중국의 국가 로드맵

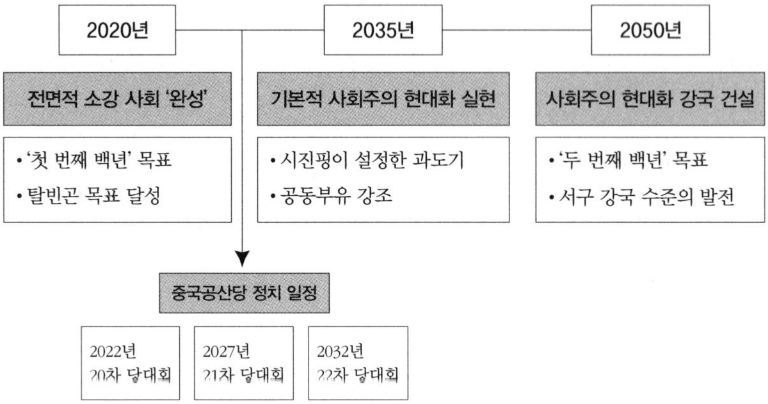

고 있다. 특히 2008년 미국발 금융 위기 이후 상대적으로 고도성장을 유지했으나, 실제로는 미국의 사례와 유사하게 이윤율, 성장률, 자본 축적률이 동시에 하락했다(Li, 2017: 397). 중국은 이런 점에서 체제에 대한 자신감이 있으나 대외 정책을 공세적 현실주의로 전환할 수 있는 객관적 여건은 아니다. 국제 사회는 그동안 중국 부상의 이미지, 발전 추세flow, 그리고 속도에 주목해 왔으나, 중국 부상의 실체, 발전의 축적stock, 발전의 질quality development, 높은 협상 결렬 비용threat value 등은 상대적으로 주목하지 않았다. 중국은 이러한 현실을 고려해 〈그림 2-1〉과 같은 중장기 국가 전략 로드맵을 제시했다.

중국 국가 전략 로드맵의 핵심은 제13차 5개년 규획(2016~2020년)을 발표하면서 제기한 '두 개의 백 년 프로젝트'이다. 즉, 중국공산당 창당 100주년이 되는 2021년까지 '전면적 소강小康 사회'를 완성한다는 것이고(人民日报, 2021), 중화인민공화국 건국 100년(2049년) 무렵인 2050년까지 '사회주의 현대화 강국'을 건설한다는 장기 목표이다. 그리고 이러한 '두 개의 백 년' 사이인 2035년을 설정해 '기본적 사회주의 현대화 건설'을 실현한다는 과도 단계를 두었다. 이러한 장기 목표는 단기 목표를 제시하면서 실행력을 강화하고자 했다. 중국공산당 제20기 중앙위원회 제3차 전체회의에서 「진일보한 전면적 개혁 심화 및 중국식 현대화 추진에 관한 중공중앙의 결정」이라는 문건을 통해 건국 80주년인 2029년까지 심화 개혁deep reform을 완성하겠다고 선언하기도 했다(人民日报, 2024b).

이러한 중국의 국가 전략 로드맵은 경제 발전 전략과 깊이 맞물려 있다. 대표적 사례가 바로 2015년 세계 제조 대국을 세계 제조 강국으로 전환한다는 〈중국 제조 2025〉의 3단계 발전 전략이 그것이다(中华人民共和国国务院, 2025). 이에 따르면 창당 100년 무렵인 2020년까지 기본적으로 공업화를 실현하고, 정보화와 디지털화를 추진하는 한편, 산업 효율성을 높이는 것을 목표로 삼았다. 이어 2025년까지 독일과 일본 수준의 제조 강국 대열에 진입하고, 2035년에는 미국에 다음가는 중간 수준의 제조 강국으로 도약한 뒤, 건국 100년이 되는 2049년에는 혁신을 선도하는 최고 수준의 제조 강국을 건설한다는 것이다. 실제로 현재 중국은 화학, 기계 장비, 생물 약제, 반도체 등 분야에서는 일정한 격차를 보이고 있으나, 세계 최고 수준의 핵 발전 능력을 갖추었고, 전기차와 배터리 분야는 선진국과 대등한 수준에 도달했으며 로봇, 인공지능, 양자컴퓨팅 등 분야에서도 선진 제조국을 추격하고 있다(Atkinson & Tufts, 2023).

이러한 전략적 목표는 중진국 함정을 극복하고 선진국으로 이행하기 위한 정책 로드맵이다. 그리고 이를 달성하기 위해서는 강한 리더십, 강한 국가가 필요하다고 보고 '신형 거국 체제'를 구축하는 한편 '백 년 만에 찾아온 대변국'이라는 위기 담론을 활용해 시진핑 권력 기반을 강화하고자 했다. 실제로 시진핑은 관례로 정착한 총서기

3연임제를 무력화하고 국가주석직 연임 제한 규정도 폐지하는 등 정치 체제의 성격을 집단 지도first among equals에서 일인 우위 체제로 전환했다. 문제는 이러한 중국의 접근법이 단순히 체제 안정을 위한 것이 아니라, 문명사적 전환이라는 장기적 지향성을 내포하고 있다는 점이다.

강국화의 토대, 자본과 무기

중국의 중장기적 목표는 종합 국력의 수준과 관련이 있다. 중국은 2010년에 일본을 제치고 세계 2위의 경제 대국이 되었고 세계 3위권의 군사 대국이 되었다. 그러나 저출산과 고령화 문제, 소프트파워의 한계, 기업과 대학의 자율성 약화로 인한 연구개발의 창의성 부족, 통제와 동원 과정에서 발생하는 사회적 갈등, 권력 승계와 관련한 정치적 리스크, 취약한 에너지 거버넌스, 코로나19를 통해 드러난 위기 관리 능력의 한계 등 구조적 문제에 직면해 있다. 특히 미래의 시대정신은 다양성과 포용성이라는 점에서 당·국가가 주도하는 투자와 혁신 생태계가 과연 지속 가능할 것인가에 대한 의문이 있다. 무엇보다 장기 패권 경쟁의 핵심인 글로벌 군사 투사력Global military reach과 경제의 질에서는 미국과 뚜렷한 격차를 보이고 있다. 실제로 종합 국력을 순Net지표와 총Gross지표로 구분하면 당분간 중국이 미국을 추격하기는 쉽지 않다(이희옥, 2021).

따라서 중국은 '중화민족의 위대한 부흥'이라는 장기 목표를 제시하면서도 종합 국력의 한계를 인정하고 세계 최대의 개발도상국the biggest developing country이라는 '대국 정체성'을 의도적으로 발신해 왔다. 타이완, 신장-위구르, 티베트 등 주권과 영토 문제 그리고 발전권과 같은 핵심 이익core interest에 대해서는 이를 존재론적 안보로 간주해 '맞

대응'하는 반면, 그 외의 영역에서는 경쟁과 타협을 병행하는 전략을 취하고 있다. 그러나 중국은 점차 국력이 신장하면서 이를 투사하려는 의도가 확대되었고 자연스럽게 안보 딜레마도 심화되었다. 실제로 국가 정체성도 개발도상국과 강대국이라는 이중 정체성dual identity을 보이기 시작했고(Yan, 2021) 전략적 교두보를 구축하기 위한 장기 전략으로 자국의 '주변'을 강화하기 시작했으며, 미국의 외교 공백이 나타나고 있는 글로벌 사우스와 저개발 국가들과 연대를 통해 외교적 공간을 확대하고 있다. 이렇게 보면 향후 미·중 전략 경쟁의 관건은 과학기술 혁신과 미래 산업이 창출하는 경제력과 이를 물리적으로 유지할 수 있는 군사력에 달려 있다.

우선 경제력이다. 중국의 경제 발전은 과거 미·소 냉전기 미국 GDP의 약 40퍼센트 수준이었던 소련과는 다르다. 중국은 세계 최대 시장의 하나이자 강력한 신산업 제조 기반을 갖추고 있으며, 미래 혁신의 실험장으로 평가받고 있다. 2018년 1인당 평균 GDP가 1만 달러를 돌파한 이후, 2024년 1만 2,969달러(실질 구매력 2만 6,310달러, IMF 기준)로 점차 중진국 함정을 벗어나고 있으며, 이런 추세라면 2050년까지 일본을 추월할 것으로 보인다. 문제는 중국이 2008년 미국발 금융 위기 이후 고도성장을 지속하며 체제 자신감을 높였으나, 경제성장률, 자본축적률, 이윤율이 동시에 하락하기 시작했다는 점이다(Li, 2017: 396). 경제성장률 하락은 수출 지향적 산업 구조에서 해외 수요 감소에 기인한 것이고, 자본축적률과 이윤율의 감소는 부채 의존적 성장과 정책 금리 인하를 통한 팽창적 통화 정책의 결과이다. 특히 중공업 부문과 사회 간접 자본 시설 투자를 통해 인위적으로 성장률을 끌어올려 만성적 실업 위기를 줄이고자 했다. 실제로 잠재성장률은 2010~2019년 7.7퍼센트, 2020~2029년 4.2퍼센트, 2030~2039

그림 2-2 미국과 중국의 경제력 추이

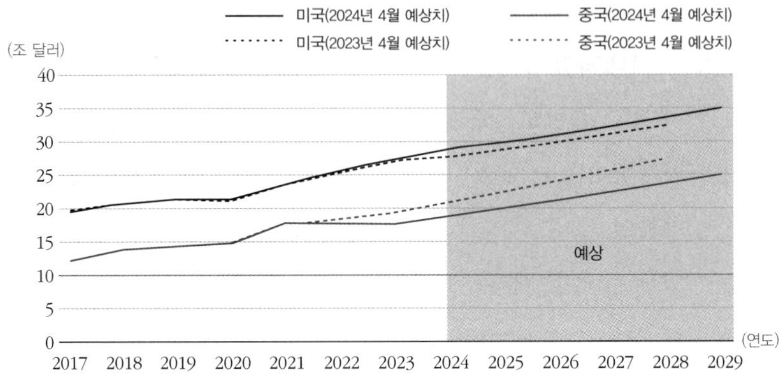

IMF는 중국의 성장세가 높긴 하지만, 미국의 빠른 성장세에는 뒤처져서 격차를 좁힐 수 없을 것으로 전망한다. IMF의 전망에 따르면, 미국의 GDP가 2030년에 약 37조 달러에 이르는데, 이는 중국의 GDP 25조 8,000억 달러를 훨씬 웃도는 수치이다.

출처: Center for Strategic and International Studies(CSIS) China Power project(2022, updated 2025).

년 2.5퍼센트, 2040~2049년 1.6퍼센트, 2050~2059년 1.1퍼센트, 2060~2069년 0.9퍼센트, 2070~2079년에는 0.5퍼센트로 단계적으로 둔화될 것으로 보인다(Goldman Sachs, 2022). 이렇게 보면 〈그림 2-2〉와 같이 중국 경제가 미국을 추월할 수 있다는 전망도 낙관적이지 않다. 실제로 중국의 명목 GDP는 2021년에 미국의 75퍼센트 수준에 도달했으나, 이후 지속적으로 하락해 2024년에는 65퍼센트 수준으로 떨어졌다. 이는 미국의 패권이 쇠퇴하고 있으나, 중국이 당분간 이를 대체하기는 어렵다는 것을 의미한다.

또 하나는 군사력이다. 중국의 군비 지출 규모와 증가 속도가 매우 빠르다. 2025년 중국의 국방비는 약 2,490억 달러로, 전년 대비 7.2퍼센트 증가했으나 실제로는 공식 예산보다 40~90퍼센트 많은 3,300억 달러에서 4,500억 달러를 지출하는 것으로 평가되고 있다(Hille, 2024). 미국 국방부의 「중국 군사력 보고서」에 따르면, 중국은 2024년 기준 600기의 핵탄두를 보유하고 있고 2030년까지 1,000기 이상을 보유할 것으로 추정되며 적어도 2035년까지 핵 능력이 향상되어 미·중 간 핵 균형을 이룰 것으로 예상된다(U.S. Department of Defense, 2024).

특히 중국은 타이완의 독립 의지에 비례해 군사적 압박도 강화하고 있다. 타이완 해협에 해군 함정을 배치하고, 중간선이나 방공 식별 구역Air Defense Identification Zone, ADIZ을 침범하며, 대규모 군사 훈련을 실시하는 등 이 해협에 존재하던 기존의 규범을 약화시키고 있다. 또한 중국은 세계 최대의 조선 제조국으로 건함 능력도 갖추었고 무인항공기Unmanned Aerial Vehicle, UAV, 휴대용 방공 시스템Man-Portable Air Defense System, MANPADS, 잠수함, 해군 수상함, 지대공 미사일 시스템, 전투기 등 거의 모든 재래식 무기 체계를 제조 및 수출하면서 미국, 프랑스, 러시아에 이어 세계 4위의 무기 수출국이 되었다.

그럼에도 불구하고 중국의 글로벌 군사 투사력의 한계는 분명하다. 팍스 아메리카나를 유지하는 핵심이 군사력이라는 점에서 미국은 세계 최강의 군사력을 가지고 있고 실제로 군사력 지수는 0.0744로 타 국가들을 압도하고 있다.[2] 특히 핵 잠수함, 항공모함, 수륙 양용 전함, 공격용 헬기, 군사 위성 등 지구 공역 통제command of the commons 등에서 당분간 중국이 미국을 추격하기는 어렵다(Brooks & Wohlforth, 2016: 21; 이희옥, 2021: 57~58). 2024년 전 세계 국방비 지출 총 2조 7,180억 달러 중에서 미국 국방비가 9,970억 달러로 약 37퍼센트를

2 군사력 지수는 0으로 수렴할수록 높다. 미국에 이어 세계 최대의 핵무기 보유국이자 육군력을 가진 러시아와 빠른 해군력 강화와 경제적 영향력을 가진 중국이 각각 0.0788로 추격하고 있다(Global Firepower, 2025).

그림 2-3 중국의 글로벌 국방비 지출 비중

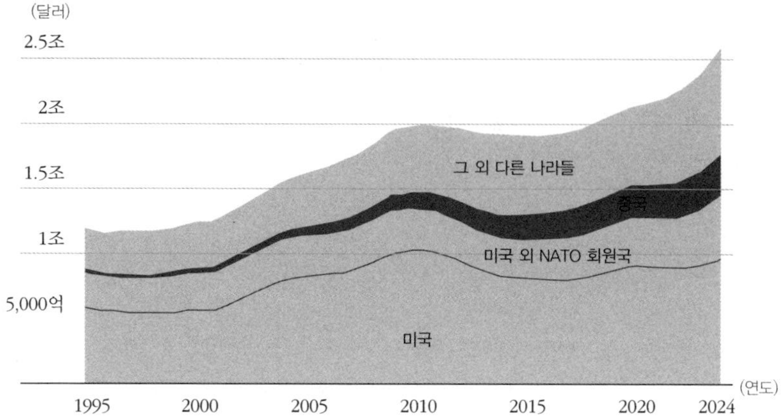

전 세계 국방비 지출에서 중국이 차지하는 비중이 증가했지만, 여전히 미국의 3분의 1 수준에 불과하다.

출처: Center for Strategic and International Studies(CSIS, 2025).

차지한 반면 중국 국방비는 3,140억 달러로 전 세계 국방비의 약 12퍼센트에 불과하며(SIPRI, 2025) 인공지능 등 미래 첨단 군사력도 미국이 중국을 압도하고 있다(그림 2-3).

3. 미·중 전략 경쟁과 주변 지역의 재발견

전략 경쟁 속 중국의 길

트럼프 2기 정부는 중국의 약탈적 행위로부터 미국을 보호해야 한다는 정책 목표를 가지고 있으며(Glaser, 2019; Rubio, 2024) '지금 여기서' 중국의 추격을 뿌리치지 못하면 더 많은 기회비용을 치르게 될 것이라고 보고 있다. 따라서 미국은 자국 제조업을 보호, 육성하기 위해 관세를 수단으로 삼아 온쇼어링을 추진하고 있다.

표 2-1 미국의 대중국 정책 유형

	수용 (Accommodation)	집단적 균형 (Collective Balancing)	포괄적 압력 (Comprehensive Pressure)	체제 전환 (Regime Change)
전제	• 중국은 자제적이고 리스크 회피 • 미국은 우위 쇠퇴 • 미·중 협력 연대 가능	• 중국은 수정주의. 단, 리스크 회피 • 지역 국가의 대중국 균형 시도 • 반균형 연합을 통한 중국 억지	• 중국, 수정주의와 리스크 수용 • 중국 강국화와 지역 국가의 중국 의존 • 중국이 쇠퇴할 때만 미국 지위 유지	• 중국, 수정주의와 리스크 수용 • 미국 우위 무의미 • 핵전쟁 없이 중국 공산당 전복 가능
목표	중국이 강대해지기 전 거래 시도	반균형 연합을 통한 중국의 행동 유연화	중국의 지역과 세계 질서 변경 약체화 시도	조기에 공산당 타도
핵심 요인	미·중 관계의 질	미·중 관계에 대한 지역 국가의 입장	미·중 상대적 힘의 균형	공산당 권력 장악

출처: Brands & Cooper(2019: 71).

과거 미국 외교는 비관주의적 현실주의와 낙관주의적 자유주의의 두 축이 현실주의, 자유주의, 구성주의의 핵심 요소를 선택적으로 수용하면서 중국을 견제하거나 포용해 왔다. 이런 점에서 공화당과 민주당의 대중국 정책은 접근법이나 외교적 태도manner의 차이에도 불구하고 일정한 수렴 현상을 보여 왔다. 〈표 2-1〉과 같이 미국이 미·소 냉전기 군비 경쟁이나 동맹국을 동원하는 방식으로 중국의 체제 전환을 유도하기는 어렵지만, 포괄적 압박comprehensive pressure을 강화해야 한다는 점에 대해서는 넓은 합의가 있다.

특히 트럼프 2기 정부가 출범한 이후 미·중 관계는 협력, 경쟁, 대결 구도 중에서 기후와 환경, 테러 등 비전통적 안보 분야에서의 협력 공간이 상대적으로 위축되고 있다. 예컨대 트럼프 정부는 글로벌

그림 2-4 미국인의 중국 호감도 추이

미국인의 4분의 3 이상이 중국에 대해 부정적으로 느낀다고 응답하였다.

출처: Christine Huang et al.(2025: 10).

기후 변화 논의를 비판하면서 신재생 에너지에 대한 자금 지원을 중단했고 석유와 가스 등 전통적 에너지원에 대한 지원을 재개했다. 글로벌 공공재 제공을 위한 다자주의적 접근도 크게 후퇴했다. 그리고 공화당과 민주당 지지자들을 막론하고 미국인의 중국에 대한 비호감도가 높아, 행정부와 의회에서도 중국에 대한 부정적 인식이 높아졌고 그 결과 인적 교류도 위축되었다. 미국인들의 대중국 비호감도는 〈그림 2-4〉와 같이 2017년 트럼프 1기 출범 이후부터 높아졌고 이후 최근 5년간 약 70~80퍼센트의 높은 수준을 유지하고 있다. 따라서 미국의 대중국 압박은 이러한 국내 정치 지형의 변화에 따라 트럼프 정부 이후나 그 이후에도 크게 변하지 않을 것으로 보인다.

이러한 상황에서 중국도 미국발 불확실성에 대비하기 시작했다. 우선 군사 현대화를 통한 핵심 이익 방어, 지속적 경제 발전, 남중국해와 타이완에서 발생할 수 있는 우발적 군사 충돌을 방지하기 위해 적극적인 정책을 전개하고 있다. 이와 함께 미국의 동맹국이나 동류

그림 2-5 미국과 중국의 무역 규모

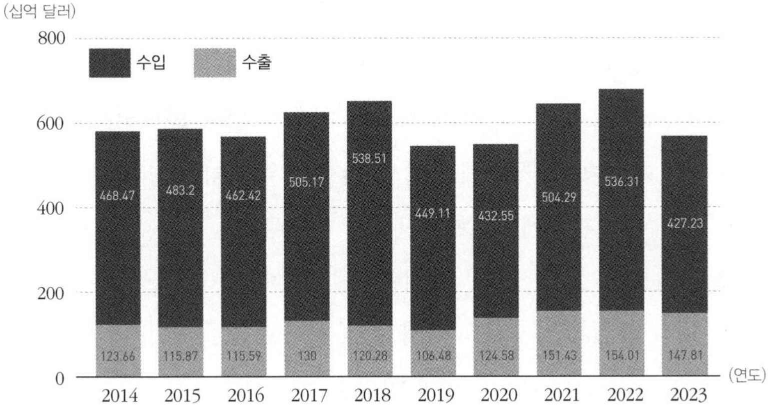

출처: Ma(2025), 미국 상무부 등의 통계를 참고해 작성.

국가들like-minded countries과 전략적으로 협력하면서 미국에서 오는 압력을 최대한 분산시키고자 한다. 그러나 중국은 미·중 패권전이가 현실화되기 어렵다고 보면서 장기전에 대비하고 있다. 〈그림 2-5〉와 같이 2024년 미·중 양국 간 상품 무역액은 5,825억 달러, 중국의 대미 흑자도 2,956억 달러에 이른다.[3] 비록 미·중 양국의 무역 규모와 상호 의존도는 줄어들고 있으나, 상대적으로 중국의 대아세안 교역이 2015년 12.2퍼센트에서 2024년에는 17.1퍼센트로 증가하는 등 우회 수출이 늘고 있다. 이것은 미·중 간 경제적 상호 의존의 무기화 현상은 당분간 지속될 수밖에 없다는 것을 의미한다.

사실 중국은 트럼프 1기 정부부터 미국의 압력을 분산하고 장기전

3 중국 측 통계는 홍콩과 마카오 등을 통한 교역을 합해 산정하는데 이 경우 무역 규모는 약 6,883억 달러, 무역 흑자는 3,610억 달러에 달하며, 전체 무역 중 대미 무역 비중은 15퍼센트, 무역 흑자의 36퍼센트를 차지한다.

에 대비하기 위해 대미 의존도를 줄이고[4] 미래 질서의 재편에 대비해 체제, 제도, 이념 경쟁을 시도하고 '중국의 길'을 추구하면서 독자성을 강화해 왔다. 이와 함께 미국 주도의 자유주의 국제 질서의 쇠퇴와 세계무역기구 등 다자주의 후퇴를 메우기 위해 의도적으로 유엔 중심의 국제 체제, 국제법에 기반한 국제 질서, UN 헌장의 목표와 방향에 따른 국제관계에 기초한 진정한 다자주의true multilateralism를 강조해 왔다(习近平, 2021). 이것은 개발도상국과의 연대, 국가 주권의 강조, 공평한 협력을 중시하는 다자 외교 전략으로 21세기 국제 질서의 주도권을 둘러싼 일종의 규범과 가치 경쟁의 일환이다. 그리고 2023년 9월 중국 정부가 「글로벌 거버넌스 변혁과 건설에 대한 중국 방안」을 통해 글로벌 거버넌스 체제 개혁과 건설에 적극 참여하겠다고 밝힌 것도 이러한 변화의 일환이다(人民日报, 2023).

'외곽'을 통한 중심 포위

향후 미·중 관계는 전략 경쟁이 일단락될 때까지 '협력 속 갈등'보다 '갈등 속 협력'이 전개될 것이다. 중국 외교 정책의 우선순위는 미·중 관계를 안정적으로 관리하는 한편 전 세계를 무대로 삼아 경쟁과 압력을 줄여 나가기 위해 지구전持久戰을 준비하고 있다. 이것은 트럼프 2기 정부가 출범한 직후 중국의 대응에서도 잘 나타나 있다.

첫째, 트럼프 2기 정부는 동맹 정책, 기후 변화, 에너지 정책 등 분야에서 유럽과 정책적 차이를 드러내면서 미-유럽 간 공조가 약화되고 있다. 유럽연합EU은 그동안 미국의 대중국 정책에 동조해 왔

4 중국은 2019년 향후 6년 내, 즉 2024년까지 미국산 상품을 대량 구매해 대미 무역 흑자를 제로로 만들 수 있다고 밝히기도 했다(이길성, 2019: 《블룸버그*Bloomberg*》 2019년 1월 18일 자 기사 재인용).

고 관세 정책은 물론 희토류 등 대중국 의존도가 높은 품목을 중심으로「필수 원자재법」을 제정해 수입 다변화를 추진해 왔다. 그러나 EU는 미국의 외교 정책이 변화함에 따라 자구책을 마련하기 위해 대중국 리커플링Re-coupling 가능성도 모색하고 있다. 왜냐하면 장기 저성장 늪에 빠진 EU는 중국의 거대 시장을 활용하고 중국의 유럽 투자를 유치할 필요성이 있기 때문이다. 예컨대 독일은 대중국 정책에 독자적 접근 방식을 바탕으로 수정된 대중국 전략, 경제 협력을 위한 양자협력 프레임워크를 수립했다(Zenglein & Huotari, 2025: 10). 한편, 중국도 미국과 유럽의 대서양 동맹을 약화시키기 위한 전략의 일환으로 에너지 전환과 디지털 전환기에 부합하는 맞춤형 협력을 통해 중국과 EU 관계를 재구축하고 있다. 특히 2025년은 중국과 EU 관계 정상화 50주년이 되는 해로, EU 주요 국가의 지도자들이 중국을 방문했고, 시진핑 주석도 EU를 방문해 미국의 보호 무역을 비판하면서 중국-EU의 협력 필요성을 역설하기도 했다. 향후 중국과 EU는 러시아-우크라이나 전쟁 휴전 이후 우크라이나 재건 사업에서 유럽이 주도하고 중국 기업이 참여하는 방식의 협력을 모색할 수도 있을 것이다. 2024년 말 기준, 중국은 EU의 최대 수입 파트너(유럽 수입의 21.3퍼센트)이자 주요 수출 파트너(유럽 수출의 8.3퍼센트)로 지난 10년간 EU의 대중국 수입은 101.9퍼센트, 수출은 47퍼센트 증가했다(Eurostat, 2025).

둘째, 장기적인 미·중 전략 경쟁에 대비하기 위해 중국은 자국의 '주변'에서 거점을 구축하고자 한다. 특히 아시아-태평양 지역 내 미국의 주요 동맹국과의 관계를 발전시키고자 했다. 중국은 미국의 인도-태평양 전략의 주요 국가이자 4자 안보 대화Quadrilateral Security Dialogue, QUAD의 일원인 인도와 관계 복원을 추진해 왔다. 이를 위해 히말라야

접경 지역에서 인도와 중국의 병력을 철수해 국경 대치 상황을 해소했고 국경 지역의 실질 통제선Line of Actual Control, LAC을 따라 순찰을 재개하기로 합의했으며, 브릭스BRICS에서 양국 정상회담을 개최한 데 이어 양국의 직항편 복원과 상호 비자를 간소화하기로 했다(Rajesh & Jamkhandikar, 2024). 또한 코로나19 진원지 논쟁을 벌이면서 무역 보복을 가했던 호주와의 관계도 복원했다. 호주의 노동당 정권이 출범하면서 기존의 대중국 강경 정책을 관리 모드로 전환했고, 중국도 호주산 와인과 랍스터 수입을 재개하는 등 양국 무역 관계를 정상화했다. 중·일 관계도 일본 이시바 시게루 정권이 출범한 직후 미래 지향적 양자 관계 발전의 모멘텀을 찾기도 했다. 후쿠시마 원전 오염수 문제로 수입을 중단한 일본산 수산물에 대해 중국이 전향적 조치를 검토했고, 일본인의 중국 관광에 대해 한시적 비자 면제 정책을 추진하기도 했다. 한편, 한·중 관계도 2024년 5월 제9차 한·중·일 정상회의를 계기로 양국 정상 회의를 개최하는 등 양국 관계 모멘텀을 찾았다. 이러한 중국의 주변 외교는 양자 관계 발전의 차원을 넘어 미국의 대중국 압력을 분산하기 위한 전략적 포석의 일환이었다.

셋째, 중국은 미국의 패권을 약화시키고 다극화 기반을 구축하기 위해 브릭스 국가와 연대하고 상하이협력기구Shanghai Cooperation Organisation, SCO의 외연을 확대하기 시작했다. 이러한 플랫폼을 활용해 중국 모델의 수출, 조기 수확early harvest 프로그램 발굴, 일대일로 혁신을 통해 정책 효능감을 높이고자 했다. 2009년에 출범한 브릭스 정상 회의는 2024년에 이집트, 에티오피아, 이란, 아랍에미리트, 2025년에는 인도네시아를 가입시켜 '브릭스 플러스BRICS+' 모델로 확장했다.[5] 이러

5 브릭스 플러스의 글로벌 총생산은 36.5퍼센트로 성장했다. 다만 이집트와 에티오피아

한 협력 기제를 통해 중국은 디지털 경제, 공급망 안정, 식량·기술·금융 부문 협력, 반부패 및 백신 공동 연구 등 실질 협력을 강화했다. 향후 중국은 브릭스를 경제 협력뿐만 아니라 외교·안보 플랫폼으로 활용해 서구 중심의 질서에 맞서는 대안으로 포지셔닝하고 있다. 장기적으로는 중·러 간 원유 대금 결제에 자국 통화를 활용하는 등 국제 결제 통화를 달러 대신 위안화를 사용하면서 미국 주도의 질서를 벗어나고자 하는 구상도 가지고 있다.

한편, 중앙아시아의 안정과 지역 협력 증진을 목표로 창설한 상하이협력기구는 1996년 상하이 파이브Shanghai 5를 모태로 2001년에 창설된 정부 간 안보 및 경제 협력 기구이다. 2025년 현재 가입국은 10개국으로 확대되었고 그 사무국은 베이징에 두고 있다. 출범 초기에는 주로 반테러와 분리주의에 대한 공동 대응을 목표로 했으나, 현재는 중국과 러시아가 중심이 된 반서방 블록의 성격이 강화되었다. 즉, 에너지·환경·안보 대화 강화, 역내 지역 협력 심화로 전략적 네트워크를 구축해 서구 중심 질서에 대한 대안을 제시하고, 경제 및 안보 연대로 자국의 전략 목표를 달성하고자 한다(Reuters, 2024). 이것은 러시아–우크라이나 전쟁을 종식한 뒤, 러시아와 연합해 중국을 포위하려는 미국의 역닉슨 전략Reverse Nixon Strategy에 대한 대응의 측면도 있다(Yang, 2025). 중국은 북·중·러 삼각 협력에 참여하지 않으면서도 중·러 관계를 안정적으로 관리해 미·러 관계가 중·러 관계를 압도하지 않도록 관리하고 있다. 이에 대해 러시아도 일단 중국의 전략 구도에 호응했다. 푸틴 대통령은 "우리와 중국의 우정은 미국을 포함한

의 대립, 사우디아라비아와 다른 중동 국가 간 대립 등 회원국 간 이슈별로 서로 다른 입장이 있어 응집력은 떨어지고 있다.

어떤 제3국도 겨냥하지 않는다. 미국이 (러시아와 연합해 중국에 대항하자는) 제안하지 않을 것이라고 믿는다. 이러한 제안은 현실에 부합하지 않는다. 중·러 관계는 전례 없는 수준의 상호 신뢰, 협력과 우의에 도달했다"(人民日报, 2024a)라고 밝히기도 했다.

넷째, 중국은 글로벌 사우스에 주목하고 있다. 2024년 11월, G20 정상 회의에서 중국은 글로벌 발전 지원을 위한 여덟 가지 행동 계획을 발표했다. 여기에는 고품질 '일대일로' 건설, 글로벌 발전 이니셔티브 구현 및 글로벌 사우스 연구 센터 건설, 높은 수준의 대외 개방 시스템과 메커니즘 개선, 극빈 저개발 국가에 대한 일방적 시장 개방 확대 등의 내용이 포함되었다. 중국이 글로벌 사우스에 주목한 배경은 경제 발전을 위한 외부 시장을 확보하고, 미국의 대중국 디커플링에 대비하는 한편 글로벌 사우스 국가들과의 관계를 학습/수용 관계convergence가 아닌 독립적 대안적 발전 모델을 구축하고자 한 것이다. 이것은 과거 워싱턴 컨센서스와는 다른 경로를 추구하는 것이었다(McNicol, 2024). 실제로 글로벌 사우스 국가는 전략적 자율성이 높아져 UN의 대러시아 제재 결의안 채택 반대, 이스라엘-하마스 전쟁 휴전 촉구 결의안 찬성, 민주주의 정상 회의 공동 선언 서명을 반대하기도 했다. 이처럼 중국은 글로벌 사우스를 자국의 발전권 확보, 우호 세력 확대, 글로벌 거버넌스 체제 개혁의 주요한 협력 대상으로 간주하고 있다. 물론 중국이 글로벌 사우스 국가인가에 대한 정체성 논란, 이를 주도할 인도와의 경쟁, 명확한 협력 기제와 규범 그리고 규칙을 갖추지 못한 상태에서의 응집력 약화, 구성 국가 내부의 대중국 견제 흐름, 발전권 확보와 글로벌 사우스 외교와의 부조화, 발전권 확보 필요성이 오히려 경제적 비용을 증가시킨다는 점 등이 남아 있다.

다섯째, 중국은 2024년 12월부터 아프리카 33개국을 포함한 외교 관계를 맺은 최빈국에 대해 100퍼센트 무관세 대우를 적용했다. 비非아프리카 국가 중에는 방글라데시, 아프가니스탄, 캄보디아, 라오스, 미얀마, 네팔, 동티모르, 예멘, 키리바시, 솔로몬 제도 등이 포함되었다(中华華人民共和国中央人民政部, 2024). 이것은 무역의 편리화, 초국경 전자 상거래 지원, 아프리카 국가의 중국 박람회 참가 지원 등 아프리카의 무역 수준과 능력을 제고하기 위한 것이다. 그 목적은 첫째, 경제 성장 및 빈곤 완화의 지원이다. 이 지역 내 농산물과 수공예품 등을 중국으로 수출할 판로를 확보해 제조 기반을 강화하는 것이다. 둘째, 개발 협력을 무역 협력의 축으로 이동시키는 것이다. 과거 대출 중심 일대일로 투자에서, 실제 수출 무역을 통한 구조적 경제 지원으로 전환해 채무 위기 반복을 방지하면서 중국의 지속 가능 협력 이미지를 높이고자 한 것이다. 셋째, 지정학적 전략이다. 미국과 EU도 최빈국에 대한 무관세 정책을 추진한 바 있으나, 중국의 실질적 이행과 확장 의지를 부각시켜 영향력을 선점하고자 했다. 넷째, 글로벌 사우스에 대한 리더십 제고이다. 중국은 단순 원조보다 무역을 통한 개발 지원을 통해 다극 질서 내에서 '실리 중심' 글로벌 남·남 협력의 중심으로 자리매김하려는 전략이다. 이러한 중국의 저개발 국가에 대한 관세 정책은 트럼프 정부의 고관세 정책, 기후 변화에 대한 정책적 후퇴 등과 대비시키는 매력 공세의 차원으로 고려한 것은 당연하다.

4. 중국의 미래 구상과 담론력 확산

일대일로 이니셔티브

시진핑 주석은 2013년 카자흐스탄과 인도네시아를 순방하면서 일대일로 이니셔티브를 처음 제안했다. 일대일로는 중국의 중장기 국가 대전략의 일환으로 중국 서부, 중앙아시아, 러시아, 유럽을 잇는 '실크로드 경제 벨트'와 중국 남부, 동남아시아, 중동, 아프리카, 유럽을 연결하는 '21세기 해상 실크로드' 건설이다. 중국이 일대일로를 추진한 배경은 2012년 시진핑 체제 등장 이후 주변 국가와 선린 외교를 강화할 필요성이 증대했기 때문이다. 그동안 중국의 경제적 부상이 본격화되면서 동남아 국가의 위기의식도 상대적으로 높아졌다. 실제로 남중국해에서 영토 분쟁으로 중국과 동남아 국가 간 갈등이 나타났고, 이 와중에 미국이 아시아 재균형 정책을 본격적으로 추진하는 등 새로운 변화가 나타났다.

이런 상황에서 중국은 일대일로를 통해 외교정책의 중심을 미국에서 유라시아로 돌리고자 했다. 즉, 인프라 건설을 통해 동아시아와 유럽을 연결하고 그 중간 지대를 발전시킨다는 것이었다. 여기에는 재정 지출에 의존한 내수 발전 모델이 한계에 직면하면서 과잉 생산능력과 건설을 외부로 이전해야 하는 현실적 필요도 있었다(Brands & Cooper, 2019). 이를 위해 중국은 원활한 정책 소통, 효율적 시설 연결, 무역 원활화, 자금 융통, 민심 상통이라는 '오통五通'을 표방한 일대일로를 추진했다. 일대일로를 시작한 이후 최근 10년 동안 150여 개 국가와 30개의 국제기구가 여기에 참여했고, 완성된 사업 규모는 1조 3,000억 달러, 중국과 참여국 간 상호 투자는 누적 3,800억 달러에 달하는 등 초대형 글로벌 프로젝트로 발전했다.

그리고 중국은 일대일로 구상을 추진하기 위해 실크로드 기금을 조성하고 아시아인프라투자은행Asian Infrastructure Investment Bank, AIIB, 브릭스 신개발은행New Development Bank, NDB 등의 출범을 주도하는 등 미국 중심의 세계 금융 질서를 약화시키고 글로벌 금융 시장에서 위안화의 영향력을 확대하고자 했다. 중국은 일대일로 20개 파트너 국가와 통화 스와프 협정을 체결했고, 17개 국가와 위안화 청산 협약을 맺었다. 실제로 중국은 2022년에 파키스탄 카롯 수력발전소를 완공하고, 스리랑카 함반토타 항만을 건설하는 대가로 이용권을 확보하는 등 일대일로를 내세운 대규모 기반 시설 건설을 주도하며 거점을 확대한 바 있다.

이후 2023년 10월, 중국 국무원은 일대일로 추진 10주년을 계기로 「일대일로 공동 건설: 인류 운명공동체 구축을 위한 주요 실천」 백서를 발표하는 한편 제3회 일대일로 국제 협력 정상 포럼을 개최해 방향 전환에 나섰다(中华人民共和国国务務院新闻办公室, 2023b). 특히 '작고 아름다운small and beautiful 프로그램' 등 혁신 과제 등을 제시해 효능감을 높이고자 했다. 왜냐하면 그동안 일대일로 추진 과정에서 주변 국가를 부채의 함정에 빠뜨렸다는 국제 사회의 비판이 있었고, 미·중 전략 경쟁이 본격화되면서 일대일로가 미·중 관계에 중요한 쟁점이 되었기 때문이다. 이런 점에서 중국은 추진 과정에서 발생하는 문제를 해결하는 데 집중해 효능감을 높이고자 했다.

글로벌 이니셔티브

중국은 스스로를 세계 최대의 개발도상국으로 간주하고 (사회주의) 강국화를 일종의 장기적 목표 체계로 설정한 바 있다. 그러나 중국의 부상이 본격화되면서 공식적으로 '강대국'이라는 용어를 사용하지는 않지만, 현실적으로는 강대국화, 강대국 정체성을 강화하고 있다. 이것은 시진핑 시기 신형 대국 관계를 제시하면서 본격화되었다. 신형 대국 관계는 엄밀하게 보면 '강대국으로서의 외교'와 '주요 강대국과의 외교'를 동시에 추구하는 것이었다. 이와 함께 인류 운명 공동체를 제시하면서 중국식 세계화의 목표를 제시했으며, 2021년부터 2023년 사이에 글로벌 공공재를 제공한다는 취지로 글로벌 발전 이니셔티브, 글로벌 안보 이니셔티브, 글로벌 문명 이니셔티브를 연이어 발표했다. 그리고 2025년 9월 상하이협력기구SCO 정상 회의를 계기로 글로벌 거버넌스 이니셔티브를 발표하기도 했다. 이것은 중국이 미국이 만든 규칙에 순응하면서 발전하는 것이 아니라, 체제, 제도, 담론 경쟁을 시작하면서 대안의 규칙을 만들기 시작했다는 것을 의미한다.

과거 중국은 미국이 만든 판에서 하나의 중요한 행위자로 기능하는 질서의 수용자rule follower였지만 현재는 부분적으로 국제 질서의 규칙을 제정하는 규칙 제정자rule setter의 역할을 강조하고 있다. 다만 리더십과 팔로어십의 불일치로 인해 국제 사회에서 영향력과 소구력은 여전히 약하다. 그러나 미국 외교가 자국 중심주의를 강화하고 '힘을 통한 거래주의'가 작동하면서 수용국의 태도에도 변화가 나타나고 있다. 상대적으로 중국이 글로벌 사우스와 개발도상국을 대상으로 매력 공세를 강화하면서, 유럽과 미국의 동맹국을 제외한 지역에서는 미·중 호감도가 역전되기도 했다. 실제로 2024년 중국에 대한 아세안 국가의 호감도도 2023년 38.9퍼센트에서 50.5퍼센트로 늘었고, 미국에 대한 호감도는 61.1퍼센트에서 49.5퍼센트로 줄었다(Seah et al., 2024).

① **글로벌 발전 이니셔티브** 2021년 9월 제76차 UN 총회에서 중

국은 글로벌 발전 이니셔티브를 공식적으로 제안했다. 이는 UN이 제안한 「2030 지속 가능 개발 의제」를 중국식으로 추진해 온 경험을 바탕으로 한 구상이다. 주로 빈곤 퇴치, 식량 안보, 전염병 대응 및 백신, 개발 자금 조달, 기후 변화와 지속 가능한 개발, 산업화, 디지털 경제 및 디지털 연결성 등 여덟 개 분야에서의 개발 협력을 포함하고 있다. 글로벌 발전 이니셔티브를 제기한 시기는 중국이 코로나 팬데믹에서 벗어나 경제 회복 국면이 나타나고 미·중 전략 경쟁 속에서 개발도상국과 글로벌 사우스를 둘러싼 영향력 경쟁이 본격화되었으며,[6] 신흥 시장에 대한 지원 방식을 둘러싸고 중국과 국제통화기금IMF과 세계은행의 견해차가 나타난 때이다.

글로벌 발전 이니셔티브의 목표는 개발도상국에 '중국식 현대화'의 가능성을 시현하려는 의도를 내포하고 있다. 주로 자유 무역과 금융 자유화, 자본주의적 자유 시장 경제를 통해 경제 발전을 촉진하고자 했던 워싱턴 컨센서스와는 달리 시장에 대한 국가의 개입, 정치적 안정, 대외 불간섭주의, 혼합 경제 등을 강조했다(Zhao, 2010). 그리고 이를 위해 다양한 국제 협력 기구와 회의체를 활용했다. 중국-UN 평화 발전 기금, 브릭스 협력 메커니즘, 남-남 협력 지원금, UN의 식량·에너지·금융에 관한 글로벌 위기 대응 그룹Global Crisis Response Group, GCRG 등 기존의 다자 개발 기구에 적극 참여했고 더 나아가 '글로벌 발전 이니셔티브 우호 그룹'을 출범시키기도 했다(Ministry of Foreign Affairs of PRC, 2022; 中国国际发展知识中心, 2023). 과거 일대일로 이니셔티브가 주로 중국이 인접국과 양자 형태의 개발 협력

6 G7의 글로벌 인프라 및 투자 파트너십(Partnership for Global Infrastructure and Investment, PGII)이 출범하면서, 일대일로에 대한 국제 사회의 비판과 논란에 대응할 필요성이 있었다.

프로젝트에 초점을 두었다면, 글로벌 발전 이니셔티브는 다자 개발 파트너십을 강조하는 등 협력의 범위를 확장하고 협력의 내용을 확대한 것이다.

② **글로벌 안보 이니셔티브** 2022년 4월 보아오 포럼 연례 회의에서 시진핑 주석은 글로벌 안보 이니셔티브를 제시했다(Xinhua, 2022). 이 구상은 「글로벌 안보 이니셔티브 개념 문건」을 통해 구체화되었다. 이에 따르면 평화, 발전, 안보 및 거버넌스의 결핍을 해결하기 위해 국제 갈등의 근본 원인을 제거하고 글로벌 안보 거버넌스 개선, 글로벌 안정성 증대, 지속 가능한 세계 평화와 발전의 실현을 목표로 했다(新华社, 2023). 구체적으로 여섯 가지 약속을 제시했는데, '공동적·포괄적·협력적·지속 가능한 안보' 비전을 추구하고, 주권과 영토 보전을 존중하며, UN 헌장의 목적과 원칙을 준수하고, 모든 국가의 정당한 안보 우려를 진지하게 수용하며, 국가 간 갈등과 분쟁을 대화와 협의를 통해 평화적으로 해결하고, 전통적 영역과 비전통적 영역 모두 안보를 유지한다는 것이다.

이것은 1990년대 중반에 중국이 제시한 '신안보관'에 나타난 주권과 영토 보전 존중, UN 및 UN 헌장의 중심성 강조, 분쟁의 평화적 해결, 비전통적 안보 강조(Ministry of Foreign Affairs of the PRC, 2002) 등을 새롭게 제기한 것이다. 이처럼 중국이 담론력을 확산하려는 것은 기존 국제 질서에 대한 타파가 아니라, 중국식 국제 안보 개념을 통합해 글로벌 안보 거버넌스를 개혁하기 위한 것이었다. 중국은 현재 국제 질서를 패권 국가가 다른 국가의 안보 이익을 희생시키고 자국의 절대적 안보를 추구하면서 형성된 것으로 보고, 중국은 이와 달리 모든 국가의 안보 이익을 존중하고 이를 기반으로 대화와 협의를 통해 분쟁을 해결해야 한다고 인식하고 있다.

중국의 글로벌 안보 이니셔티브는 UN과 세계보건기구WHO 등 기존의 국제기구, 아세안ASEAN과 같은 지역 기구, 거버넌스 체계가 확립되지 않은 비전통 안보 분야를 포괄하고 있다. 2023년 9월, 중국은 UN 총회에서 글로벌 거버넌스의 개혁 및 발전을 위한 중국의 제안서를 다시 발표했다(中华人民共和国外交部, 2023) 문제는 글로벌 안보 이니셔티브가 미국에 대한 비판을 제외하면 그 내용이 광범위하고 모호하다는 점에서 '주변에서 중심을 포위하는 전략'(Haenle & Sher, 2023)의 일환으로 볼 수 있다. 즉, 미국과 동맹 네트워크에 직접적으로 대항하기보다는 미국의 영향력이 미치지 않는 회색지대를 중심으로 행동 반경을 넓히고 미국의 영향력을 제약하고자 하는 것이다(Doshi, 2001: 5).

③ **글로벌 문명 이니셔티브** 2023년 3월, 시진핑 주석은 중국공산당-세계 정당 고위급 대화를 계기로 글로벌 문명 이니셔티브를 제시했다. 중국은 스스로를 문명과 국민 국가를 결합한 문명형 국가로 간주하는 한편, 국제적으로는 문명의 다양성을 존중하고 문명 교류를 촉진하고자 했으며, 다양한 공공 외교 수단을 통해 소프트파워를 증진하기 위한 목적이었다. 글로벌 문명 이니셔티브의 원칙은 '같은 것을 추구하지 않고 협력과 화합을 강조하는 화이부동和而不同'에 두었다. 즉, 제도와 체제 그리고 문화적 차이를 존중하는 한편 정치 체제와 무관한 평화, 발전, 평등, 상호 학습, 대화, 포용, 정의와 같은 공통의 가치를 강조했다.

실제로 중국은 이 이니셔티브를 "하나의 체제나 문명을 다른 것으로 대체하려는 것이 아니라 서로 다른 체제, 이념, 역사, 문화 및 발전 수준을 가진 국가들이 글로벌 문제에서 공유된 이익과 권리 및 책임을 함께 추구하고 증진하기 위해 화합하는 것"(中华人民共和国国务院新闻办公室, 2023a)으로 규정했다. 이것은 복수의 근대가 존재할 수 있다는 중국식 현대화를 원용한 것으로, 미국이 보호주의를 통해 협력과 연대가 약화되고 인종과 이민자에 대한 포용성이 줄어드는 상황에서 국가 간 다양성을 목표로 한다고 강조하면서 차별화했다.

또한 글로벌 문명 이니셔티브는 미·중 전략 경쟁의 방식에 대해서도 미국은 근접한 경쟁자인 중국의 추격을 확실하게 뿌리 뽑아야 한다는 점에서 승리주의적 관점을 지니고 있지만, 중국은 다극화와 국제 관계의 민주화를 추구하면서 다양한 문명 간 장기 공존을 촉진하고자 한다고 주장하면서 새로운 담론 경쟁을 시작했다.

④ **글로벌 거버넌스 이니셔티브** 2025년 9월 1일, 시진핑 국가주석은 상하이협력기구 톈진 정상 회의에서 글로벌 거버넌스 이니셔티브를 제안했다. 이에 따르면 주권 평등, 국제 법치의 준수, 다자주의 실행, 인본주의 주창, 행동 지향성을 강조했다(中华人民共和国外交部, 2025) 이것은 기존의 글로벌 발전, 안보, 문명 이니셔티브를 새롭게 결합한 의미를 지니고 있다. 특히 다양한 국제조직이나 국제기구에서의 개발도상국 대표성 부족, UN 체제와 여기에 기초한 국제법의 구속력이 급격하게 약화되는 현상을 극복하고자 했다. 사실 미국이 글로벌 공공재를 제공하는 것을 포기하고 징벌적 관세 부과, 공급망 재편 등 미국 우선주의에 모든 외교적 역량을 집중하면서 권력의 공백이 나타났고 이를 중국이 파고든 것이다. 그러나 중국은 여전히 미국에 비해 종합 국력의 한계가 분명하기 때문에 '서방 대 반서방'보다 '서방 대 비서방' 구도를 설정하고 장기적인 질서 경쟁을 시작한

것으로 볼 수 있다.

무엇보다 중국은 기후 변화, 디지털 격차, 인공지능, 우주 공간에 대한 거버넌스 등 새로운 글로벌 이슈에 대한 국제 협력 시스템이 필요하다고 보았다. 특히 과학기술과 미래 산업 경쟁이 미·중 간 게임 체인저로 등장한 상황에서 글로벌 사우스와 개발도상국에 과학기술 외교를 투사하면서 장기 거점을 만들고 거버넌스의 주도권을 장악할 필요가 있었기 때문이었다. 중국이 글로벌 거버넌스 이니셔티브를 주장하면서 '실천적 행동 지향'과 '인본주의'를 강조한 것도, 세계 인구의 80퍼센트 이상을 차지하는 글로벌 사우스, 개발도상국의 실질적 문제 해결에 나서겠다는 것도 이러한 맥락이었다.

향후 중국은 글로벌 거버넌스 이니셔티브를 통해 기존 UN 체제의 실행력과 효율성을 강화하는 한편 상하이협력기구, 브릭스 등을 확장하는 등 결속력을 강화할 것이다. 중국은 2025년 세계무역기구 협상에서 개발도상국에 부여되는 특별 대우를 더 이상 추구하지 않겠다고 선언했으나(人民日报, 2025b), 글로벌 사우스에서 지위를 확보하기 위해 개발도상국 정체성을 유지한 이유도 여기에 있다.

5. 미래 패권의 게임 체인저

데이터 플랫폼 전략

중국은 향후 미·중 간 게임 체인저는 디지털 플랫폼 경쟁에서 결정될 것으로 보고 반도체와 인공지능 등 미래 산업의 육성, 광물 등 공급망 관리, 전력 수요에 대비한 에너지 믹스를 결합해 종합적인 대응 전략을 마련하고 있다. 특히 미국의 대중국 기술 및 공급망 디커

그림 2-6 중국의 데이터 플랫폼 체계도

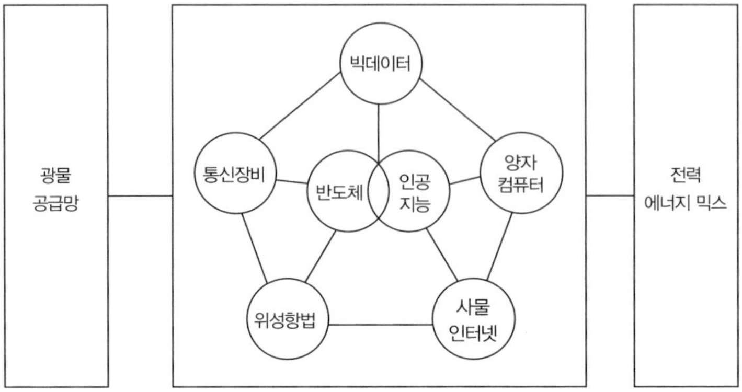

플링이 장기적이고 체계적으로 전개될 것으로 보고 이에 선제적으로 대비하고 있다.

이를 위해 우선 제4차 산업혁명을 이끌고 있는 인공지능, 양자 컴퓨팅, 빅데이터, 5G 등 통신장비, 사물인터넷IoT, 위성항법 장치 등을 집중적으로 육성해 왔다. 그 결과 상당히 많은 분야의 산업과 기술에서 미국에 근접했고 일부 분야는 미국을 추월하기도 했다. 특히 중국형 생성형 인공지능인 딥시크DeepSeek의 출시는 '미국식 혁신'에 경종을 울리고 있다. 과거 미국은 초기 단계에서 혁신의 선점, 혁신 생태계 구축, 플랫폼이 만들어 내는 서비스 시장을 장악해 왔다. 이를 위해 트럼프 2기 정부 출범 이후 전략 산업과 과학기술에 대한 대중국 디커플링을 본격적으로 시도했다. 특히 인공지능 영역에서 미국은 중국과의 격차를 벌리기 위해 스타게이트 같은 거대 프로젝트를 추진했다.

그러나 이러한 미국의 시도는 중국의 강력한 추격과 도전에 직면해 있다. 민주주의, 인권, 사생활 보호에 대한 기회비용을 최소화할 수 있는 중국의 권위주의 체제는 방대한 빅데이터를 수집하고 이를 디지털 혁신에 활용하는 한편, 정부 투자를 집중해 미국의 기술 주도권을 위협하고 있다. 실제로 미래 산업의 영역 중에서 반도체 분야를 제외하고 전기자동차, 로봇, 드론 산업은 중국이 미국과의 격차를 벌려 나가고 있다(최필수 외, 2020).

뿐만 아니라, 중국은 미래 산업에서 필수 불가결한 희토류와 이트륨, 리튬, 코발트, 갈륨 등 핵심 광물의 공급망을 무기화하고 있다. 물질을 구성하는 118개 원소 주기율표상에서 중국이 주요 생산국인 원소는 30종에 이르고, 주요 정제국의 공급 원소는 34종에 달한다(이현익, 2025). 미·중 간 관세 및 무역 전쟁에서 중국이 버티는 이유도 이러한 희토류 등의 생산과 정제 능력에 달려 있다. 예컨대 희토류를 비롯한 핵심 광물의 공급 부족은 미국 제조업에 타격을 줄 수 있고 인공지능 연산 능력의 관건인 반도체 산업의 경쟁력 저하로 이어질 수 있다. 공급 위험도, 무역 의존도, 경제적 취약성 등을 고려해 미국도 제조업과 국가 안보에 핵심적 광물 54종 중에서 36종을 고위험군으로 분류했다. 이 가운데 66퍼센트에 달하는 24종의 주요 생산국이 중국이다. 실제로 2023년 6월 중국은 미·중 무역 전쟁의 와중에 반도체용 희귀 금속인 갈륨과 게르마늄 수출을 통제했고 2024년 4월에는 핵 원자로, TV 화면, 광섬유 등에 필요한 중重희토류 수출을 중단하면서 미국을 압박하기도 했다.

또한 중국은 폭증하는 전력 수요에 대비하기 위해 〈표 2-2〉와 같이 에너지 믹스 전략을 조정해 왔다. 전력원 중에서 풍력과 수력, 원자력의 발전 속도는 빠르지만, 석탄과 수력의 비중은 점차 줄고 있다. 특히 2024년 기준, 중국에서 가동되는 원전은 총 57기이고 총발전용량은 약 5,976만 킬로와트로 미국, 프랑스에 이어 세계 3위이다.

표 2-2 중국의 전력 생산 비중

에너지원	전력 생산 비중	주요 특징
석탄	58.2%	주력 에너지원이지만 감축 노력 중
바이오	1.9%	농촌 중심으로 점진적 성장 중
천연가스	3%	비교적 청정한 화석 연료로, 수입 및 사용 증가 추세
수력	13.5%	최대 재생에너지원으로, 싼샤댐 등 대형 프로젝트 보유
풍력	9.8%	북부 및 해안 지역 중심으로 급성장
태양광	8.3%	세계 최대 설치 용량 보유
원자력	4.4%	저탄소 기반 전원으로 확대 중
기타	0.8%	석유 등은 운송용

출처: Ember(2025)를 필자가 재구성.

원자력을 이용한 전력 생산 비중은 2024년 4.4퍼센트에서 2040년까지 약 10퍼센트로 확대될 것으로 보인다. 이미 중국은 동남 연해 지역에 신규 원자로 10기(발전 용량 1,200만 킬로와트)를 건설하는 데 약 2,000억 위안(약 39조 원)을 투자하는 프로젝트를 승인했다. 추진 중인 원전이 완공되어 모두 가동될 경우, 2030년까지 중국의 원전 발전 용량은 미국을 제치고 세계 1위에 오를 전망이다(日本經濟新聞, 2025). 이러한 원전 확대 정책은 2060년까지 탄소 중립 목표 달성을 위해 대기 오염을 저감하고 에너지 안보를 강화하는 측면이 있지만, 제4차 산업 혁명에 필수적인 안정적 전력 공급을 확보하려는 전략적 고려도 반영한 것이다.

반도체와 인공지능 전략

미국과 미국의 우호국들이 주도하고 있는 반도체 산업에서 중국은 설계, 메모리, 파운드리, 패키징 등 제 분야에서 비교 열위에 있다. 특히 인공지능의 수월성을 확보하기 위해서는 고사양 반도체의 안정적인 공급은 필수적이지만, 현재 미국의 강력한 수출통제의 제약을 받고 있다. 더 나아가 미국은 반도체 분야의 기술적 우위를 유지하고 공급망을 재편하기 위해 「반도체 및 과학 법」 제정을 통해 온쇼어링을 추진하고 있다. 여기에 중국이 우회적인 방식으로 반도체 기술을 확보하자, 첨단 반도체뿐 아니라 범용 기술도 통제하고 있다. 문제는 이러한 정책이 체계적이고 구조적으로 전개될 것이라는 점에서 중국도 미국의 선의를 기대하기보다 '자립화 전략'을 추진하고 있다(Farrell & Newman, 2019; Beaumier & Cartwright, 2024; Hamdani & Belfencha, 2024). 말하자면 미국의 강력한 제재가 오히려 중국의 기술 자립을 강화하는, 제재의 역설이 나타나고 있는 것이다. 엔비디아 CEO인 젠슨 황도 "(미국의) 수출 통제는 실패했다. 잊지 말아야 할 점은 세계에서 가장 크고 강력한 기술 기업의 하나인 화웨이가 빠르게 혁신하고 있다는 것이고, 그들은 우리가 중국에 돌아오지 않길 바란다"(Financial Times, 2025)라고 말하면서 미국의 대중국 반도체 수출 통제를 비판하기도 했다.

중국은 국내 내수 시장 중심의 내부 순환과, 글로벌 공급망과 무역을 통한 성장을 지속하는 외부 순환을 결합한 쌍순환 전략dual circulation을 추진하기 시작했다.[7] 이것은 미국의 디커플링 속에서 내수 순환을 중심으로 하고, 외부 순환을 보조 수단으로 병행하기 위한 전략적 재편이었다. 주요 반도체 기업들도 독자적 기술 확보와 공급망

7 쌍순환 전략은 2020년 제시한 중국의 제14차 5개년 규획(2021~2025년)의 핵심 전략이었다(中华人民共和国中央人民政部, 2020).

그림 2-7 중국의 연구 개발 투자

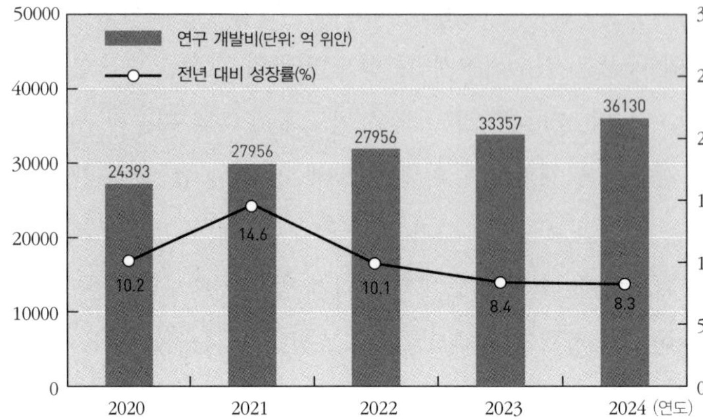

2020년부터 2024년까지 중국이 R&D에 지출하는 비용은 꾸준히 증가하여, 2024년에는 전년 대비 8.3퍼센트 증가한, 3조 6,130억 위안을 지출하였다. 이는 중국 GDP의 2.68퍼센트에 달하는 수치이다.

출처: National Bureau of Statistics of China(2025).

내부화를 통해 산업 생태계를 형성하는 지원 체계를 구축하고 있다. 그 결과 제조 공정의 혁신과 기술 우회로를 개척해 범용 공정 중심의 내수 대응 투자를 강화하는 등 공급망 현지화에서 성과를 거두었다.[8] 요컨대 중국은 데이터 플랫폼의 '핵심의 핵심'인 반도체와 인공지능 분야에서 거대 시장을 기반으로 공격적 투자, 핵심 인재의 양성, 강력한 정책 의지를 집중적으로 투사하고 있다(이희옥 외, 2025).

첫째, 공격적 투자이다. 중국은 2019년 상하이 증권 거래소에 혁

8 이러한 전략의 결과 화웨이사는 7나노미터 크기의 칩을 장착한 휴대 전화를 출시한 바 있고, 부분적으로는 자체 극자외선(extreme ultraviolet, EUV) 노광기 개발을 추진하기 시작했으며, 미국의 제재 리스크에 올라가 있는 SMIC사는 공정 미세화보다 성숙 공정의 생산 능력 확대에 주력했다. 그리고 YMTC사가 개발한 낸드(NAND) 플래시 시제품은 세계 최고 수준의 적층 기술력을 가진 것으로 평가받고 있다.

신 기업 전용 주식 시장인 '커촹반科创板'을 만들어 신기술을 표방한 혁신 기업들의 자본 조달 창구로 활용하며 첨단 기술 생태계를 조성했다. 2023년 말 기준 약 600여 개 기업이 커촹반에 상장했는데 기업공개Initial Public Offering, IPO를 통해 9,100억 위안, 추가 자금 조달 방식으로 1,620억 위안을 조달했다. 이들 혁신 기업의 해외 매출액은 4,000억 위안, 연평균 해외 매출 증가율은 16퍼센트에 달했다. 중국 정부도 반도체 자립화를 위해 빅펀드를 조성했다. 2024년 조성한 3기 빅펀드는 3,440억 위안이며 운영 기간도 길게 15년으로 설정하는 등 강력한 기술 강국 전략의 의지를 드러냈다. 2025년 제14기 전국인민대표대회 3차 회의에서 결정한 연구 개발R&D 지출은 약 3조 위안으로 지방 정부의 투자까지 포함하면 약 800조 원에 달한다(성균중국연구소, 2025).

둘째, 핵심 인재의 양성이다. 특히 중국은 국가자본주의 속성을 활용해 산·관·학 협력을 강화하고 있다. 딥시크의 출현은 높은 수준의 연산 능력과 데이터 처리 능력이 필수적이라는 점에서 융합형 인재 육성의 필요성을 보여준다. 그 결과 중국의 주요 대학마다 〈인공지능 인재 국제 양성 계획〉을 추진하고 있고 대학 구조 조정을 통해 매년 4만 3,000여 명의 인공지능 인력을 배출하고 있다. 글로벌 인공지능 연구자의 47퍼센트가 중국의 대학 출신인데, 여기에 미국이 중국 고급 엔지니어의 미국 유학을 막고 중국인 과학자에 대한 정보 접근을 제한하면서 핵심 인재들의 역유입 현상도 가속화되고 있다. 중국 과학기술자의 귀국률도 75퍼센트에 달한다(SCCEI, 2024). 민영 기업도 천재 소년 영입 프로젝트를 추진하면서 파격적 조건을 제시하는 등 핵심 인재 초빙에 주력하고 있다.

셋째, 강력한 정책 의지이다. 중국은 정층 설계top level design를 통해 전략적으로 산업 정책을 전개하면서 과학기술 흥국興國 전략을 본격적으로 추진하고 있다. 이를 통해 규모의 시장을 통한 혁신 생태계를 구축해 '홍색 공급망Red supply chain'을 확보하는 한편 규제를 줄이고 시장의 실험을 넓게 허용했다. 2024년 12월 중앙경제공작회의에서는 「인터넷 플러스 행동 계획」을 발표하고, 2025년 3월 중국 양회(전국인민대표대회와 전국인민정치협상회의)에서도 관련 정책을 지원하는 법안을 구체화했다. 특히 신형 거국 체제의 일환으로 민간과 군의 협력을 강화하기 위해 이미 2017년에 '민군융합발전위원회'를 구성하고 시진핑 주석이 직접 주임을 맡기도 했다. 또한 제15차 5개년 규획(2026~2030년)에서도 미래 7대 산업[9] 육성에 대한 청사진을 발표하고, 이러한 과학기술을 교육, 농업, 보건 의료 등의 산업에 접목해 상업화를 추진하고 있다. 이러한 산업의 성패는 얼마나 빠르게 세계 시장으로 확산되어 기술 주도권을 확보하는가에 달려 있다. 이런 점에서 중국은 인공지능 실크로드 구상을 통해 글로벌 사우스나 저개발국에 중국 표준을 전파해 '외곽에서 중심을 때리는' 전략도 전개하고 있다.

그 결과 중국은 미국의 예상보다 빨리 기술 생태계를 구축했으며, 부분적으로 대미 기술 종속에서 벗어나고 있다. 반도체 자급률의 경우 「제조중국 2025」에서 제시한 75퍼센트 목표는 달성하지 못했지만, 메모리, 팹리스fabless 분야에서는 대체 기술을 개발해 내수 수요를 견인하고 있고, 국내에서는 휴머노이드, 로봇, 사물인터넷, 자율자동차용 마이크로 컨트롤러MCU 등에 대한 시장 수요를 창출했다. 향후 중

9 ① 차세대 정보 기술, ② 바이오 기술 및 바이오 경제, ③ 신에너지 및 에너지 저장, ④ 신소재, ⑤ 고급 장비 및 스마트 제조, ⑥ 신에너지 차량 및 친환경 운송, ⑦ 디지털 창작 및 문화 산업.

국은 오픈소스를 제공하여 일종의 소프트파워를 통한 기술 민주화를 추구하고, 비용을 혁신하고, 글로벌 시장을 재편하는 등 미국 바깥에서 글로벌 협력의 틀을 만들고자 할 것이다.

미국과 중국은 미래 전략의 관건인 인공지능과 인공지능 생태계에 대한 주도권을 서로 양보하기 어렵기 때문에, 집중적 정책 투자를 통한 혁신 경쟁으로 서로를 배제하고자 할 것이다. 특히 미국은 중국이 이념과 체제를 달리하는 사회주의 국가라는 점에서 협력의 공간이 제한적이라고 보고 있다. 혁신 엔진을 공동으로 개발하지는 않을 것이고, 무엇보다 양국의 인공지능 기술이 군사 부문과 연계되어 있기 때문에 이러한 분리는 강화될 것이다. 이런 점에서 중국도 기술을 공유하는 국가가 필요하고 이를 위해 글로벌 사우스, 브릭스 국가와의 협력을 강화할 것이다. 또한 산업과 과학기술에서 선도적 혁신을 통해 글로벌 리더십을 확보하고자 하고 있다. 다만 인공지능과 군사 기술은 미국과 중국의 공진co-evolution 영역이라는 점에서, 중국은 과학기술에 대한 인문주의적 통제, 기후 변화와 인공지능을 결합하는 방안을 제시하면서 새로운 글로벌 표준 전략을 추진하고 있다.

6. 중국 국가 대전략의 난관들

중국의 미래 시나리오

중국의 미래에는 많은 난관이 기다리고 있다. 이런 점 때문에 몇 단계에 걸쳐 중국붕괴론, 중국정점론Peak China 등이 제기되었다. 제1단계에서는 1989년 천안문 사건 이후 중국이 밑으로부터 정치적 압력을 견디지 못하고 민주화되거나 붕괴될 것으로 보았다. 그러나 중국이

표 2-3 중국위협론과 중국붕괴론의 여러 단계

	제1단계	제2단계	제3단계	제4단계
시점	1989년 천안문 사건 이후	1997년 아시아 금융 위기 이후	2008년 글로벌 금융 위기 이후	시진핑 집권 이후
상황	자유민주주의로 이행	WTO 가입 충격으로 10년 내 붕괴	재스민 혁명의 중국 유입	정치 개혁 부재와 시진핑의 억압 정책의 후과
예상	중국 민주화로 중국공산당이 10년 내 몰락	경제 발전으로 중산층이 증가하고, 정치 개혁을 요구하여 민주주의 체제로 전환	민주화 운동으로 중국공산당 일당 독재가 해체	경제 발전에도 정치 개혁이 부재하고 통제가 강화되면서, 이에 대한 반발로 중국공산당 통치 종식

덩샤오핑이 1992년 남순강화南巡講話를 통해 심화 개혁deep reform을 추진하고 사회주의 시장 경제를 도입하면서 이 논의는 수면 아래로 잠복했다(김상문·이희옥, 2025).

제2단계 논의에서는 1997년 아시아 금융 위기 이후 중국 경제가 지속적으로 발전하면서 정부가 민주개혁을 부분적으로 수용할 것이라고 보았다. 그러나 중국은 10퍼센트에 달하는 고도성장을 기록하며 중국의 부상을 지속하면서 업적 정당화를 강화했다. 제3단계는 2008년 아랍 국가의 민주화 이후 중국도 이러한 변화를 수용할 것이라고 보았으나, 중국은 미국발 금융 위기를 극복하는 한편 '중국의 길'을 강조하면서 체제의 자신감을 고양했다.

제4단계는 시진핑 집권 이후 위로부터의 강력한 통제 및 봉쇄와 대중의 저항 사이에 모순이 격화될 것이라고 보고 있다. 실제로 미국의 디커플링, 산업 구조 조정 과정의 사회적 갈등, 체제에 대한 신념의 위기가 나타났고, 코로나19를 전후해 공산당이 사회 영역에 대한 지배력을 강화하면서 경성 권위주의가 강화되었다. 그러나 지식인,

그림 2-8 중국의 정부 신뢰도

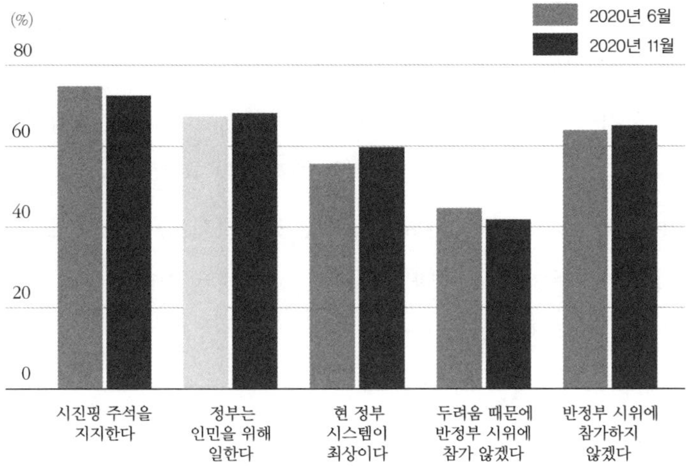

출처: Carter et al.(2024: 809), 신경진(2024).

기업인, 여론 주도층의 불만과 비판적 인식에도 불구하고 시진핑 체제에 대한 대중의 지지는 비교적 안정적으로 유지되고 있다(Carter et al., 2024: 809). 따라서 위기와 붕괴 사이의 인과성은 약하다.

이러한 중국의 미래에 대해서는 협력적 중국, 공세적 중국, 성공

표 2-4 미래 중국 시나리오

유형	특징	변수
흔들리는 중국	시진핑 3기 집권 초 추세 반영	경제 회복 관건
대립적 중국	중국과 서방의 극심한 분열	타이완 문제, 군사 충돌
성공적 중국	시진핑 주석의 주요 목표 달성	서구 위기에 근거
억제된 중국	중국 내부 약점, 외부 견제 심화	중국의 제한된 노력
개혁적 중국	개혁개방 노선(덩샤오핑 노선 회귀)	서방과 대립 축소

출처: Mercator Institue for China Studies(MERICS, 2023: 12).

의 역설이 나타날 것이라는 평가가 있고 신권위주의, 경성 권위주의, 연성 권위주의, 반半민주주의 차원에서도 전망이 사로 다르다(Shambaugh, 2016: 1~5). 그러나 2035년 사회주의 현대화 기초를 마련하는 시기까지는 민주주의 체제로 전환하거나 붕괴와 경착륙보다는 수축atrophy과 적응adaptation을 통해 이럭저럭 버틸muddling through 가능성이 높다(Shambaugh, 2008). 시진핑 3기 체제 등장 이후에는 〈표 2-5〉와 같이 '대립적 중국'과 '흔들리는shaky 중국'이라는 시나리오가 상대적으로 주목받고 있다.

피크차이나

중국위기론의 또 다른 이름인 '피크차이나'론은 중국의 성장 추세가 꺾이고 있다는 전제에서 출발한다. 중국은 호의적 국제 환경, 과감한 대외 개방, 세련된 전제 정치, 생산성에 최적화된 인구 구조, 풍

그림 2-9 중국, 미국, 한국의 총요소생산성 추이

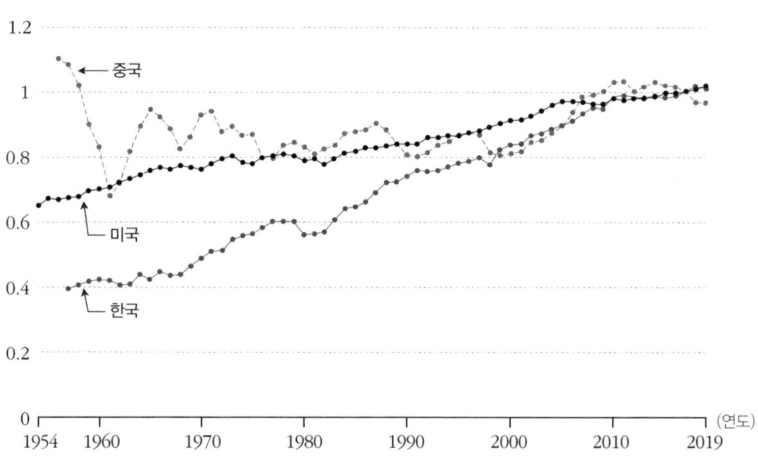

출처: Our World in Data[Feenstra et al.(2015), Penn World Table(2021)에서 수집]

부한 자원에 기초해 성장해 왔으나, 중국 부상을 이끌었던 자산이 이제는 도리어 부채가 되는 것이다. 즉, 인구 재앙, 자원 감소, 제도 붕괴, 적대적 지정학 환경, 중국 경제의 구조적 한계가 중국을 위기로 몰아가고 있다(베클리·브랜즈, 2023: 63~100). 이런 점에서 중국이 복합 리스크에 직면했다는 평가도 있다(Ma & Adams, 2013; 이희옥 외, 2018: 29~39).

① **노동 생산성 저하** 중국 경제는 임금 상승에 따른 노동생산성 저하, 자본생산성 하락, 기술 혁신과 제도 개혁 부진에 따라 총요소생산성Total Factor Productivity, TFP이 하락하고 있다. 총요소생산성은 노동이나 자본과 같은 생산요소를 늘리지 않고도 효율적으로 부가가치를 창출해 경제 성장에 기여하는 것을 의미한다. 다시 말해 현재 중국은 노동과 자본 이외에 기술 개발, 노사 관계, 경영 혁신, 교육 훈련 등 무형의 자원들이 효율적으로 배분되지 않으면 성장이 한계에 직면할 수 있다는 것이다. 1978년에서 2022년까지 중국의 총요소생산성은 2.38퍼센트로 경제 성장에 약 30퍼센트 정도 기여했으나, 〈그림 2-9〉와 같이 2008년을 기점으로 총요소생산성이 추세적으로 꺾이고 있다(Deng 외, 2024: 29~31).

② **인구 문제** 2024년 말 중국 인구는 14억 828만 명, 2024년 출생 인구수는 954만 명으로 출생률은 0.677퍼센트, 자연증가율은 139만 명 감소했다. 합계출산율은 저출산 기준선인 1.3명을 기록한 뒤 2023년에는 1.0명까지 감소했다. 이러한 현상은 출산과 양육, 취업과 교육의 부담에 따른 결혼관, 생활 관념, 가치관 등이 변하고 그 결과 구매력 저하, 부동산 시장 부진, 노동 비용 상승을 가져올 수 있다.

그림 2-10 중국의 인구 추이

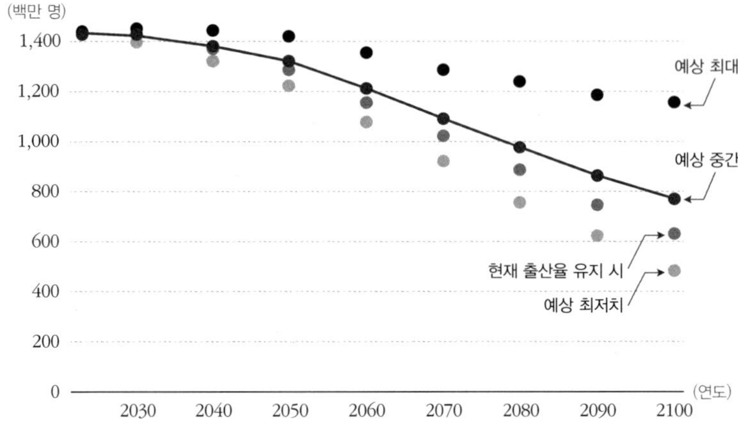

출처: China Power Team(2023a).

이러한 추세로 보면 사회주의 현대화 강국을 목표로 하는 2050년 무렵 중국 인구는 약 500만 명이 감소하고, 현재 68퍼센트인 노동 가능 인구(15~64세)도 50.1퍼센트로 줄어들 것으로 보인다. 중국은 2024년 65세 이상 노인 인구 비중이 15.64퍼센트에 달해 고령화 사회aging society를 넘어 고령 사회aged society로 진입했고, 2032년을 전후해 초고령 사회로 진입할 전망이다. 이러한 고령화 사회는 다른 선진국들도 겪은 일이지만, 더구나 중국은 복지 시스템이 취약한 상태에서 저축률이 높고 개인의 복지 부담이 늘어나는 등 가처분 소득이 줄어 사회 안전망을 위협하고 있다.

③ **부동산 위기** 부동산 시장은 중국 GDP 성장에 중요한 역할을 해 왔다. 부동산 시장의 침체가 지속되자 건설업, 금융업 등 관련 산업에도 충격을 주면서 중국 경제 전반에 영향을 미쳤다. 부동산 산업의 부가 가치는 6퍼센트(2024년)에 달하지만, 관련 시장의 침체, 과도

그림 2-11 중국 부동산 산업의 침체

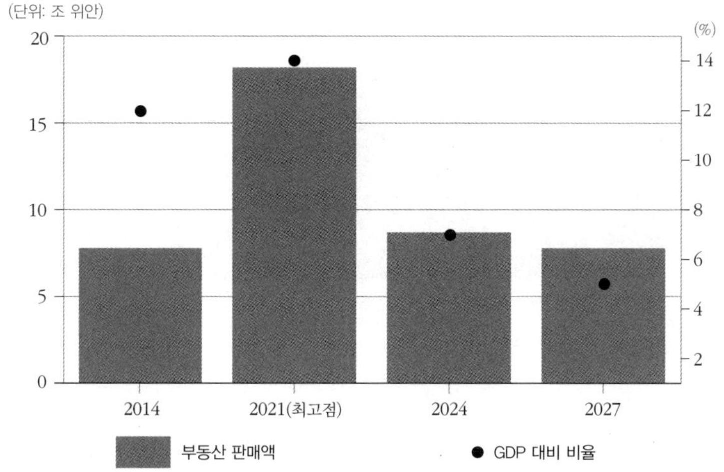

출처: Goldman Sachs(2024).

한 부채 문제로 장기 침체의 위험이 있다. 중국의 부동산 개발은 부채를 통해 빠르게 성장해 왔으나, 대형 부동산 개발 업체들이 채무 불이행 사태를 겪으면서 시장 전체가 불안정해졌다. 여기에 부동산 토지 개발을 통해 재정을 충당하는 지방 정부의 재정 상황도 악화되었다.

소도시나 농촌 지역에서는 공급 과잉이 되어 부동산 가격이 폭락하고 미분양 사태도 발생했지만, 고급 주택과 상업용 부동산은 가격이 폭등하여 중산층과 저소득층에게 주거 불안을 초래하기도 했다. 이런 점 때문에 중국 정부는 부동산 시장의 과열을 억제하고 부동산 가격을 안정시키기 위한 다양한 정책을 추진하고 있으나, 이러한 개입이 시장을 왜곡시킬 수 있고, 정책의 불확실성은 시장에 대한 신뢰를 약화시키기에, 정부 개입의 딜레마가 심화되고 있다.

그림 2-12 중국의 지방 정부 부채

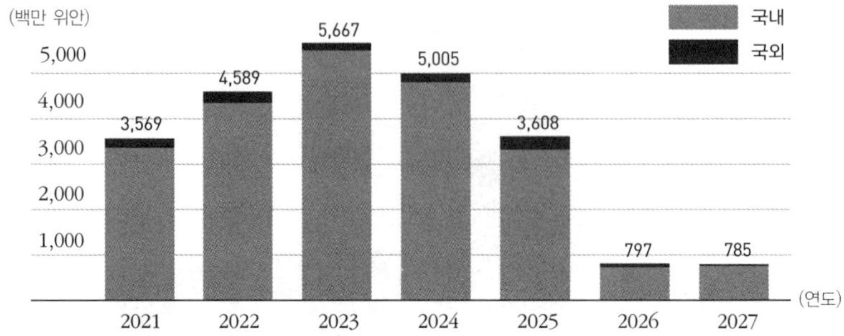

출처: Reuters(2023).

④ **정부와 지방 정부 부채** 2008년 미국발 금융 위기 이후 순수출과 소비의 공백을 대규모 투자로 메우면서 재정 건전성이 위협받고 있다. 2024년 정부 부채 규모는 82조 1,100억 위안으로 GDP 대비 60.9퍼센트이며, 이 중 중앙 정부 부채는 34조 5,724억 위안으로 GDP의 25.6퍼센트, 지방 정부 부채는 47조 5,371억 위안으로 GDP의 35.2퍼센트를 차지했다(中华人民共和国财政部, 2025). 특히 지방 정부 융자 플랫폼Local Government Financing Vehicles, LGFV을 통해 사회 간접 자본 투자, 산업 단지 조성, 부동산 개발 등에 경쟁적으로 투자하면서 투자 효율성을 악화시켰고 수익성이 낮은 산업에 투자하기도 했다. 여기에 코로나19를 극복하기 위한 재난 비용 재원을 대부분 지방 정부가 부담하면서 지방 정부 부채는 2022년에 11조 6,000억 위안을 기록했다(Financial Times, 2023).

하지만 LGFV는 공식 통계에 잡히지 않는 문제가 있으므로, 숨은 부채도 7조~11조 달러로 추정하고 있다. 따라서 중국은 GDP 대비 국방비 지출 7.2퍼센트보다 많은 채무 변제에 8.9퍼센트를 사용하고 있다(China Power Team, 2023b). 여기에 부채 규모뿐만 아니라 〈그림

그림 2-13 중국, 미국, 유럽연합의 GDP 대비 부채 비중

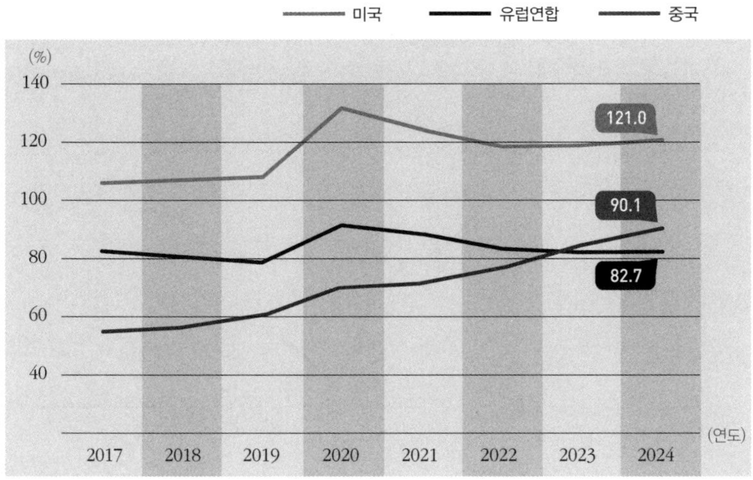

출처: Fleck(2024).

2-12〉와 같이 속도도 빨라지고 있다. 이런 상황에서 지방 정부는 급여 체불, 과도한 벌금 부과, 복지 혜택 축소로 인해 사회 안전망이 흔들리고 있고 여기에 불만을 지닌 대중의 반발도 빈발하고 있다.

⑤ **사회적 격차와 소득 격차** 중국의 사회적 격차는 불균형 성장의 결과로 파생된 동부 연해 지역과 서부 내륙 지역의 차이, 도시와 농촌의 격차, 소득의 차이, 최근 정보 혁명에 따른 정보 접근의 차이 등으로 나타났다. 후룬연구원胡潤研究院의 보고서에 따르면 2024년 기준 자산 600만 위안(82만 4,000달러)을 초과한 512만 가구의 자산 총액은 약 150조 위안(7조 달러 이상)이었고, 이 중 상위 13만 가구가 전체 자산의 58퍼센트를 차지했다(Business Standard, 2025). 불평등을 나타내는 지니계수도 〈그림 2-14〉와 같이 2023년 0.467이었다가 2024년에 0.462로 소폭 개선되었으나 여전히 국제적으로 위험 수위로 판단

그림 2-14 중국의 지니계수

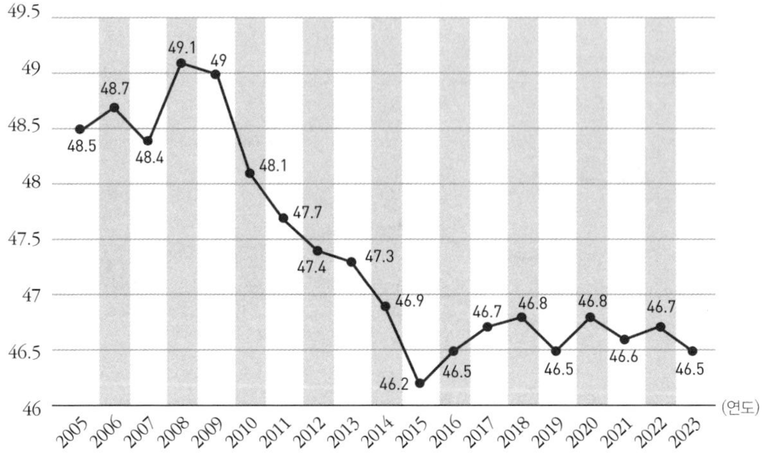

출처: Statista(2025b).

하는 0.4를 넘었다.

그리고 2024년 동부 연해 지역의 1인당 가처분 소득은 12만 위안이지만 서부 지역은 6만 위안이다. 상하이, 베이징, 선전 등 1선 도시의 평균 임금은 1만 5,000위안, 3선과 4선 도시는 5,000위안에 불과하다. 그리고 상하이시를 비롯해 8만 위안을 초과한 지역은 대부분 동부와 남동부 연해 지역이고, 최하위 지역은 북서부 간쑤성으로 2만 511위안(약 470만 원)보다 약 3.4배 높다.

한편, 도시와 농촌의 격차를 보면, 2024년 도시의 1인당 가처분 소득은 5만 7,839위안이고 농촌의 1인당 가처분 소득은 2만 1,456위안이다. 2015년 2.9배 차이에서 2024년 2.71배 차이로 소폭 줄었으나 근본적 상황은 개선되지 않았다(不执著财事, 2025).

위험 구간의 평가

중국이 기회의 창이 닫히고 취약성의 창이 열리는 위험 구간Danger zone에 진입하면서 현상을 타파하기 위한 공세적 외교를 추진할 것이라는 주장이 있다. 이 논리는 다음과 같다. "신흥 강대국은 '상승'하지만 경제 침체, 전략적 포위와 같은 '하락'을 동시에 겪는다. 신흥 강대국이 위험하고 적대적 행동을 일으키는 원인은 상승세로 인한 낙관주의가 아니라, 하락하고 있다는 사실에 대한 두려움에 있다. 따라서 어느 국가가 절정기가 지나가면 (지역적) 패권을 쟁취할 기회의 창이 닫히고 취약성의 창이 열리기 시작한다. 성장이 둔화하면 불안감에서 비롯된 공세적 정책이 뒤따른다. 현상을 타파하려는 강대국은 너무 늦기 전에 무엇이든 하려는 충동을 느끼기 때문에 더 공격적이고 예측 불가능하게 행동한다. 제1차 세계 대전 당시 독일이 더 늦기 전에 행동한 사례와 일본이 '눈 감고 뛰어내리기 전략'을 구사한 제2차 세계 대전의 사례도 이와 유사하다."(베클리·브랜즈, 2023: 143~144)

그러나 다양한 난관에도 불구하고 중국의 미래는 예상과 다를 수 있다. 무엇보다 자원 동원 능력을 최대한 활용하면서 위기를 돌파하고 있고, 중국 국민의 정권에 대한 지지도도 일정하게 유지되고 있다. 특히 미국의 대중국 수출 통제 등 강요된 자립화 속에서 혁신 능력의 강화, 인적 자본 개선, 자원 배분의 효율성 제고, 개방 확대 정책을 추진하는 등 대응 전략을 정교화하여(刘俏, 2024) 지정학적 리스크가 중국의 영향력 감소로 이어지지 않을 것이라는 전망도 있다(Medeiros, 2024). 실제로 중국은 세계 제조업 생산량의 약 30퍼센트를 차지하는 등 비교우위가 있고, 미국 기업 중 80퍼센트 이상이 중국 내에서 수익을 내고 있으며, 약 60퍼센트의 기업이 중국 시장을 신뢰하고 있다(Shen, 2023).

첫째, 총요소생산성TFP은 중국이 디지털 경제로 방향을 전환하고 고품질 경제, 신질新質 생산력을 강조하면서 회복하기 시작했다. 시진핑 시기인 2013년부터 2022년까지 '피 묻은 GDP'를 버리고 자원 절약형 발전, 혁신 주도형 발전 전략, 기술 인력의 육성과 재배치, 기술 혁신을 지속적으로 추진하면서 TFP 기여율도 24.34퍼센트로 반등했다. 미국은 지난 20년 동안 TFP 성장률이 0.5퍼센트에 그치면서 경제 성장률도 1.5~2퍼센트 수준에 머물렀지만, 중국은 여전히 2퍼센트 정도의 TFP 성장률을 회복할 것으로 보기도 한다(刘俏, 2024). 향후 관건은 '강요된 자립화' 전략을 위한 제도, 산업 구조 조정, 기술 혁신이 얼마나 성과를 낼 수 있는가에 달려 있다. 또한 중국에 대한 미국의 투자는 줄고 있으나, EU 등 다른 선진국의 투자는 늘고 있다. 예컨대 프랑스와 스웨덴의 대중국 투자는 각각 25배와 11배 증가했고 독일과 호주 그리고 싱가포르의 대중국 투자도 각각 212퍼센트, 186퍼센트, 77퍼센트 증가했다.

둘째, 중국의 인구 취약성이 있으나, 도시화 수준이 2023년 기준 66퍼센트에 불과해 과잉 농업 노동력을 질서 있게 흡수할 공간이 있다(Statista, 2025a). 특히 인구와 경제 성장의 상관관계가 뚜렷하지 않다는 평가도 있다. 예컨대 중국의 생산 가능 인구 성장률은 2010~2019년 0.1퍼센트에서 2023~2050년에는 −0.9퍼센트, 2051~2070년에는 −1.14퍼센트로 감소하지만, 2010~2019년 성장률에 비해 2023~2050년에는 중국의 평균 GDP 성장률은 0.6퍼센트포인트, 2051~2070년에는 0.9퍼센트포인트 감소할 것으로 추정하기도 한다. 즉, 노동력 감소가 중국의 미래 성장 잠재력을 급격하게 감소시키지 않을 수도 있다는 것이다(Lee & Song, 2025: 14~15). 또한 중국의 인구 정책이 인구 배당이 아니라 '인재 배당' 방식으로 전환하고 고등 교육과 기술 혁신으로 노동력 감소를 보완하기 위해 건강과 노인 보호 등 신산업을 육성하고 있다. 실제로 도시 평균 실업률이 5.2퍼센트로 낮고 다양한 고용 촉진 정책, 전자 상거래, 라이브 스트리밍 등 유연한 일자리는 늘고 있다.

셋째, 중국은 중앙 집권 체제로 지방 정부의 부채는 지방세원의 적극적 발굴, 중앙 정부의 세제 개혁을 통해 관리할 수 있다. 2025년 제14기 전국인민대표대회 3차 회의에서 4조 4,000억 위안의 지방 정부 채권을 발행해 지방 재정의 취약성을 개선하기 시작했다. 이 과정에서 지방 재정 건전화를 위해 지방 스스로 자율적으로 필요한 곳에 투자할 수 있도록 허용하기도 했다(성균중국연구소, 2025: 12). 또한 부동산 위기도 일부 과장되어 있다. 즉, 중국 GDP에서 차지하는 부동산 비중은 부동산 연관 산업을 모두 포함해 30퍼센트 수준에 달한다는 평가와는 달리, 약 12퍼센트에 불과하다는 주장도 있고, 지급 유예 사태를 겪었던 헝다그룹이나 비구이위안그룹의 차입금 대출은 은행 총대출의 각각 0.26퍼센트, 0.07퍼센트 수준이다. 그리고 중국 은행은 대부분 국유 은행이어서 은행 부실을 정부가 책임지는 구조이고, 유동성을 파악할 수 있으며, 파생 상품이나 레버리지 상품도 없다. 또한 외환 시장이나 금융 시장이 개방되어 있지 않아, 금융 부실에도 불구하고 외국인의 자본 유출로 인한 채무 지불 유예가 발생하기 어렵다.

위기가 개별 사안별로 발생할 경우에는 중국 정부의 위기관리 거버넌스가 효과적으로 작동할 수 있으나, 복합 위기가 동시에 병목 구간을 통과해야 할 경우 현재의 위기를 극복하는 데 상당한 어려움에 직면할 것이다. 중국의 병목현상은 전통적으로 실업과 빈곤 그리고 사회적 혼란, 부패의 경제적 영향, 에이즈 등 전염병, 물 부족과 오염, 에너지 소모와 가격 상승, 취약한 금융 체제와 국유 기업의 문제, 해외 직접 투자의 하락 가능성, 타이완 해협과 기타 지역적 충돌 등이 있다(이희옥, 2005; RAND, 2002; Swaine & Tellis, 2003). 최근 들어 지정학적 리스크, 경제 성장 동력의 한계, 해외 직접 투자의 감소, 부동산 거품, 실업, 정부 신뢰 부족이라는 새로운 변수도 등장했다(Wang, 2024).

7. 나가며: 중국의 미래 기획과 한반도

트럼프 2기 정부 이후 미국 외교는 '현실 정치'의 귀환, 외교 정책으로서의 국내 정치, 전통적 공화당 외교 노선으로의 귀환, 신흥 민족주의와 보호주의 대 전통적 매파와 국제주의 세력이라는 특징이 있다(Ashford, 2025). 즉, 미국은 현실주의로 돌아가 미국 우선주의를 실현하며, 이러한 외교 정책을 중국에 집중적으로 투사하고자 했다.

우선 미국은 격변의 축axis of upheaval인 북·중·러의 연대를 약화시켜 중국을 견제하고자 한다. 이를 위해 러시아-우크라이나 전쟁을 중재해 미·러 관계 개선을 통해 중국을 견제하는 '역닉슨 전략'도 추진하고자 할 것이다. 그리고 이란과 핵협상 과정에서 이란 석유를 수입하는 중국 기업을 제재하는 한편, 북한 비핵화 해법에 대해서도 새로운 접근법을 통해 북·중 관계를 더 멀어지게 하고자 할 것이다. 이러한 정책 목표는 2025년 3월 「임시 국가 방어 전략 지침Interim National Defense Guidance」에도 나타났다. 미국은 중국을 '추격하는 위협pacing threat'으로 간주하고 본토 방위와 함께 중국의 타이완 점령 저지를 최우선 과제로 설정했다. 또한 북한의 위협 억지를 위해 한국이 대부분 역할을 담당할 수 있도록 방위비 증액을 요구했다. 이를 위해 미국과 일본은 기존의 동중국해, 남중국해, 한반도를 하나의 전쟁 구역one theater으로 설정해 한국, 미국, 일본, 호주, 필리핀과 방위 협력을 강화하고자 했다(Horton & Natanson, 2025).

중국은 이러한 미국의 변화에 대응하면서 장기적으로 미래를 기획하고 있다. 비록 동맹국에 안보 비용을 전가하고는 있으나 그 핵심은 중국을 견제하는 틀이 구조화될 것으로 보고 있다. 따라서 단기적으로는 종합 국력의 격차가 분명한 상태에서, 미·중 전략 경쟁의 전선이 다른 지역과 영역으로 확산되지 않도록 관리하면서 외교적 부담을 줄이고자 할 것이다. 즉, 미국 패권이 지속적으로 쇠퇴해 '중화민족의 위대한 부흥'이 가시화되기 전까지는 다극화에 기초한 세력 균형을 추구할 것이다. 정책 수단도 '강 대 강' 또는 팃포탯Tit for Tat 대신, 힘의 분산diffusion of power을 통해 중국의 외교적 공간을 최대한 확보하려고 할 것이다.

이러한 상황에서 중국은 우선 '강국은 주변에서 시작한다'는 전략을 통해 이 지역에서 영향력을 안정적으로 확보하고자 하고 있다(人民日报, 2025a; 宋效峰, 2019; 林利民, 2013: 42; 中华人民共和国中央人民政部, 2017). 중국의 주변 지역은 경제적·안보적으로 중요하고 이들 국가의 지지 없이는 강대국화의 한계가 명확하기 때문이다. 2013년 10월에 '주변 외교 공작 좌담회'를 개최해 주변을 운명 공동체로 간주하고 대국 외교를 탈피하고자 했으며, 이는 당시 추진 중이던 일대일로를 확산하기 위한 외교 방향이었다. 이어 2025년 4월에 '중앙 주변 공작 회의'를 개최해 이를 심화시켰다(人民日报, 2025a). 즉, 주변 외교를 단순 부문이 아닌 전략 중심축으로 격상시켰고, 아시아형 안보 모델, 중국 모델의 글로벌 보급을 통해 국제 사회에서 영향력을 증대시키고자 했다. 특히 '외교'의 영역을 넘어 일종의 '대전략'을 설계한 것은 미·중 관계 판의 변화에 역동적으로 대응하기 위한 것이었다. 특히 주변의 범주를 확대했다. 중국에는 열네 개 육상 인접국과 여덟 개 해상 인접국이 있으나, 지리적 범주를 기능적·전략적 의미를 포괄하는 '대주변'의 개념으로 확장했다. 즉 내환內環, 중환中環, 외환外環의 층위에서 아시아, 아프리카, 유럽, 아메리카, 심지어 극지까지 포함했다(袁鹏, 2013: 30~31). 이런 점에서 중국의 새로운 주변 지역 전략은 지역의 안정을 넘어, 유라시아 대륙 전체에 걸친 영향력 확보와 새로운 지역 질서를 재편하려는 의도를 포함한 것이다.

또 하나는 양안 통일의 과제이다. 현재 타이완인 대부분은 타이완 정체성을 지니고 있다.[10] 특히 타이완 독립과 두 개의 국가론兩國論을 강조하는 민주진보당이 연속으로 집권하면서 이러한 현상이 강화되고 있다. 그러나 현실적으로 중국에 대한 경제적 의존도가 약 30퍼센트에 달하고 있는 상황에서, 통일도 독립도 원하지 않고 현상 유지status quo를 선호하고 있다는 것이 총통 선거와 지방 선거에서도 나타나고 있다. 이런 상황에서 중국은 타이완의 현상 변경 시도를 막는 데 초점을 두고 있다. 이를 위해 강력한 군사적 시위를 벌여 압박을 강화하는 한편, 타이완 정부와 주민을 분리 지배divide and rule하기 위해 인지전과 샤프파워를 통한 통일 전선 전략도 동시에 강화하고 있다. 물론 2027년 중국인민해방군 창군 100주년을 계기로 무력을 동원해 통일을 시도한다는 시나리오가 있다(Lauge & Murray, 2021). 타이완해협에서 위기가 발생할 경우 중국의 행동 시나리오는 다음과 같다. 우

10 2024년 기준 타이완인은 타이완 정체성(63.4%), 중국 정체성(2.4%), 타이완과 중국의 이중 정체성(31.9%)을 가지고 있다. 추세적으로 타이완 정체성 비중이 늘고 있고 이중 정체성 비중은 줄고 있다(國立政治大學 選擧硏究中心, n.d.).

선 타이완에 속한 주변 도서를 해상에서 봉쇄하고, 중국 해안선에 위치한 진먼다오金門島를 공격하며, 이어 타이완을 압박하기 위해 해상을 봉쇄하고 중국 연안에서 미사일과 군사 공격을 감행하며, 마지막으로는 미국이 증원군을 파견하지 않는 상황에서 전면적 침공을 한다는 것이다.

그러나 중국이 이를 실제로 전개할 가능성은 높지 않다(Lin et al., 2024: 8쪽). 우선 미국도 사활적vital 이익이 아닌 타이완해협에 대해 중국과 타협할 방안을 모색할 가능성이 있다.[11] 무엇보다 시진핑 체제는 타이완에 대한 군사적 공격의 성공 여부는 불확실하지만 군사적·경제적·외교적으로 중국이 지불해야 할 비용은 막대하기 때문이다. 따라서 타이완이 공식적으로 독립 선언에 준하는 행동만 하지 않으면 타이완과 미국과의 전쟁을 피하고자 할 것이다.[12] 다만 중국의 구조적 위기가 표면화되면서 이를 외부 요인으로 돌릴 필요가 있거나, 미국과 전략 경쟁이 심화되면서 협상판을 바꾸기 위해 군사적 공격을 감행하는 것도 배제할 수 없다.

이러한 미·중 전략 경쟁과 중국의 주변 전략 강화는 동북아시아, 특히 한반도 질서에 큰 영향을 주고 있다. 우선 주한 미군의 역할이

11 미국에서는 나륵 시내 현상이 나타난다는 점에서 개별 국가나 지역의 이슈가 미국의 이익이 아니라는 현실주의 방향으로 이전할 수도 있다(Swaine, 2025).

12 중국은 "타이완이 독립을 선언하는 경우, 즉 타이완이 공식적으로 '중화민국'이 아닌 '타이완 공화국' 등으로 독립을 선언하거나 헌법 개정 등을 통해 독립을 명문화하는 경우, 타이완이 분열을 초래하는 중대한 사건을 일으킨 경우, 독립을 향한 실질적이고 돌이킬 수 없는 행동(예: 국민투표를 통한 독립, 국제기구 가입 등), 평화 통일의 가능성이 완전히 상실된 경우 즉, 중국이 판단하기에 평화적으로 타이완을 통일할 수 있는 모든 방법이 무의미해졌거나 불가능해졌다고 간주될 때"는 비평화적 방식을 사용할 수 있는 「반분열국가법(反分裂国家法)」을 가지고 있다(中华人民共和国中央人民政部, 2005).

북한 억제에서 중국 견제로 이동하면서 한국의 정책 선택 딜레마를 가중시킬 것이고, 북한도 기존의 북·중 관계와 북·러 관계에 북·미 관계와 남북 관계를 결합하는 복합 해법을 모색할 것이다(Lee & Cho, 2024). 중국도 한·중 관계를 재구성하는 등 새로운 한반도 세력 균형을 추구할 가능성이 높다. 공화당과 민주당을 막론하고 북한 비핵화에 대한 회의론이 높은 상태이고 특히 트럼프 행정부가 북한을 핵국가nuclear power로 간주하는 상황에서 북핵 동결 후 UN 안전보장이사회 제재 완화를 연계하면서 '사실상de facto' 핵군축을 논의로 발전하는 등 한반도 안보 지형이 크게 흔들릴 것이다. 이것은 기존의 한·미 동맹, 다자주의, 양자 관계를 통해 한반도 문제의 해법을 찾기 어렵다는 것을 의미한다.

이런 점에서 미·중 전략 경쟁의 심화 등 새로운 변화를 장기적이고 구조적으로 보는 것이 필요하다. 우선 미·중 전략 경쟁이 '협력 속 갈등'보다 '갈등 속 부분적 협력'으로 나타날 가능성이 높다는 점에서 한국이 미·중 갈등의 최전선이 되는 것을 방지할 필요가 있다. 둘째, 미국의 패권이 쇠퇴하고 상대적으로 주변에서 중국의 영향력이 확대되면서 한·미·일과 북·중·러가 모두 참여하는 역내 안보 협력 체제나 이슈별 다양한 소다자 기획과 같은 다양한 선택지를 마련해야 한다. 셋째, 중국이 점차 개발도상국 정체성을 버리고 강대국 정체성을 강화하는 과정에서 공세적 현실주의 경향이 나타날 수 있다는 점에서 필요한 경우 제한적 손상limited damage에도 불구하고 대중국 정책의 원칙과 방향을 정립할 필요가 있다. 넷째, 외적 균형을 추구하고 억지에 필요한 군사적 자강을 강화하는 한편 잠정적으로 평화적 두 국가론을 안정적으로 관리하면서 한반도 평화와 안정을 위해 대화와 협상을 유지할 필요가 있다.

제3장

일본의 대전략, 성공할 수 있을까

점증하는 미·중 압박, 쇠퇴하는 국내 지지

손열(연세대학교 국제학대학원)

1. 들어가며: 대외적 격변과 국내적 적응

세계는 트럼프 쇼크에 빠져 있다. 트럼프 대통령이 취임 직후 캐나다, 멕시코, 중국에 관세 폭탄의 포문을 열면서, 동맹국들은 극도의 불안, 불확실성, 혼돈을 느끼고 보복 심리가 일어나고 있다. 트럼프가 정조준한 무역 상대국은 자동차, 철강, 알루미늄, 반도체를 수출하는 미국의 동맹국들이다. 미국은 동맹국들을 방어하지만 그들은 미국을 방어할 필요가 없는 편무片務적인 거래 관계라 비판하면서 유럽의 NATO 회원국들에 대해 스스로 방위하도록 요구하는 한편, 인도-태평양 동맹국들에는 중국의 도전에 대항하여 미국과의 동맹 강화를 향한 더 큰 기여를 압박하고 있다. 경제면에서도 동맹국들이 막대한 무역 흑자를 기록하며 미국 제조업의 붕괴를 초래하고 있다고 비난하면서 관세 부과를 무기로 무역 불균형의 시정과 대미 직접 투자를 강력하게 요구하고 있다.

그 중심에는 일본이 있다. 미국의 핵심 동맹국이자 아시아 외교의 초석인 동시에 막대한 무역 흑자를 기록하고 있는 국가이다. 트럼프 정부는 일본에 주일 미군 방위 분담금 증액, 군사비 증강 특히 대중국 전력 강화, 대미국 무역 흑자 축소와 직접 투자 확대, 대중국 기술 통제 등 여러 요구를 쏟아내고 있다. 이들은 사실상 기존 미·일 관계의 근간을 뒤흔드는 요구이다. 일본은 유례없는 미국의 도전에 대응하는 전략을 마련하고 있는가? 일본은 유효한 대전략grand strategy을 가지고 있는가? 과연 이 전략은 일본의 미래 안정, 평화, 번영을 가져다 줄 수 있는가?

국가 대전략이란 국가가 장기적인 국가 이익(목표)을 추구하기 위해 여러 수단을 배치하고 활용하는 통치술 혹은 책략statecraft이라 정의할 수 있다. 이는 대체로 외교 대전략을 의미한다. 많은 국가들이 대전략을 이야기하지만 실제로 책정하는 경우는 많지 않고, 실행에 옮기다가 커다란 실수를 범하기도 한다. 대전략은 첫째, 세워진 국가적 목표들이 상호 배치되지 않고, 둘째, 목표를 성취할 수단(군사력, 경제력, 외교력, 매력 등)이 자국이 보유한 능력과 일치해야 하며, 셋째, 이를 지탱하는 국내 정치의 효과적인 관리가 이루어질 때 성공할 수 있다.

일본의 대전략은 대외 질서의 성격과 이에 대응하는 집권 세력의 특징과 정책이란 두 가지 요소에 의해 결정된다. 국제적 세력 균형의 근본적인 변화가 일어났을 때 일본의 집권 엘리트는 대외 변화에 민감하게 반응하면서 전통적 가치와 문화를 담은 전략적 선택을 해 왔다.[1] 이 글은 일본의 대전략이 강대국이 주도한 국제 질서에 순응하

1 대표적으로 케네스 파일(Kenneth Pyle)의 *Japan Rising*(2007, 한국에는 『강대국 일본의 부활』로 번역)에 소개되어 있다.

여 보수 엘리트를 중심으로 적응한 결과임을 보여주고, 이 전략이 21세기 거대한 국제 질서 변화 속에서 일본의 안녕과 번영을 가져다줄 수 있는지 판단해 본다.

19세기 중반 일본이 서양 근대 국제 질서에 편입된 이래 거대한 도전과 위기를 맞이하였을 때 집권 세력은 세 차례에 걸친 대전략 수립으로 대응하였다. 1853년 미국 매슈 페리Matthew Perry 제독의 흑선이 도래하여 국난의 위기를 맞았을 때 15년에 걸친 치열한 내부 토론과 경합, 갈등을 거쳐 메이지 유신을 이루고 이른바 '서양화'라는 혁명적 대전략을 추구하였다. 두 번째, 1945년 패전 이후 미군정 6년간 일본은 새로운 국가 건설을 모색하여 미·일 동맹으로 안보를 미국에 위임하고 경제 성장에 진력하는 대전략을 마련하였고, 1960년 이른바 '소득 배가 운동'을 시작하여 경제대국을 이루었다. 1997년 일본은 금융 위기로 성장 신화에 종지부를 찍었고, 장기 불황과 탈냉전기 안보 노선 표류, 자유민주당(자민당) 장기 집권 체제 붕괴 등을 거쳐 2012년 아베 신조 집권기에 이르러 세 번째 대전략을 마련하게 되었다.

요컨대, 일본은 외부 질서의 도전과 국내적 대응 사이에 십여 년의 적응 과정을 통해서 국제 질서를 주도한 강대국에 편승하는 전략을 마련하였다. 19세기 말 영국이 주도한 국제 질서와 20세기 미국이 주도한 국제 질서에 적응하여 생존과 평화, 발전을 이룩하였다. 일본은 기성 질서 속에서 모범생이고 우등생이었던 것이다. 1931~1945년 일본을 장악한 국가사회주의(혹은 군국주의) 세력이 일본을 장악한 시기가 예외적이었는데, 이때 일본은 동아신질서와 대동아공영권 건설이란 대전략을 내걸고 미국과 충돌하면서 패망하였다.

2025년 트럼프 2기의 도전 속에서 일본은 강대국 편승 전략과 기성 질서 편승 전략의 모순에 직면해 있다. 강대국 미국이 패권으로서 역할을 방기하는 형국이기 때문이다. 본래 패권국이란 국제 질서를 건축하고 유지하는 세력을 의미한다. 패권국은 압도적인 경제적·군사적 능력을 갖추고, 질서 건축과 유지를 담당하겠다는 의지를 가지며, 순응하고 지지하는 팔로어(추종 국가)들을 보유할 때 성립된다. 제2차 세계 대전 종식 후 이 세 요소를 구비한 미국은 자국 이익을 보장하는 이른바 자유주의 국제 질서를 구축하고 규칙 제정자로서 특권을 누렸다. 동맹국은 이 질서를 지지하는 팔로어 역할을 담당했고, 그 대가로 미국으로부터 안보 공여와 시장 개방이란 혜택을 입었다(Ikenberry, 2004; Ikenberry, 2011).

그러나 21세기 미국은 국력의 장기적 쇠퇴 속에서 패권국으로서 질서 유지의 역할을 감당하기 어려운 지점에 도달하였다. 패권적 지위가 주는 특혜privilege는 계속 누리고자 하는 반면, 패권국으로서의 책무, 즉 자유주의 국제 질서 유지를 위해 제공해야 할 공공재 부담이 증가하는 현실, 반대로 기존 질서 속에서 자국의 장기 경쟁력이 상대적으로 하락하고 중국이 상승하여 지전략적 경쟁국으로 등장한 현실을 감당하기 어렵게 되었다. 즉, 패권으로서의 능력과 의지가 감퇴하는 가운데 일어난 미국 외교 정책의 변화는 트럼프 1기, 바이든, 트럼프 2기 10년을 거치며 거대한 외교적 실험으로 나타나고 있다.

일본은 지난 10년 아베 신조 정부에 의해 팔로어이자 모범생으로부터, 규칙 제정자이자 패권의 조력자로서의 역할 변경을 시도하여 중국과 미국의 변화에 대응하고 있다. 그러나 이러한 전략을 추진하는 데 있어 국내적 관리에 어려움을 겪고 있다. 자민당 일극一極 체제는 장기 집권에 따른 정치적 책임성의 약화, 불투명한 금권정치, 정권 담당 능력의 하락으로 대전략의 국내적 기반 약화를 초래하고 있으며 정책의 안정성과 일관성이 쇠퇴하는 현상을 보이고 있다. 이 글은 2020년대 일본의 대전략이 직면한 국내외적 도전의 본질을 분석하고 대전략의 미래를 전망하는 것으로 마무리한다.

2. 대전략의 역사: 세 차례의 도전과 적응

19세기 대전략, 서양화

일본 최초의 대전략은 19세기 중반 사무라이 계급으로 구성된 지배층이 당시 최강 영국이 주도한 구미歐美 국제 질서에 전면적으로 적응하는 과정에서 나왔다. 일본은 중국 중심의 위계질서인 '천하'라는 전통 국제 질서에서 구미 제국주의 세력이 전파한 근대 국제 질서로의 전환을 요구받았다. 주나라 때 시작되어 청나라에 이르기까지 장구한 세월 동안 지속되어 온 이른바 '중화 질서'는 중국의 천자天子를 중심으로 두고 주변국이 조공과 책봉을 매개로 불평등 관계를 구성하는 것을 기본으로 하였다. 이를 표현하는 핵심 원리는 '큰 것을 섬기고 작은 것을 어여삐 여긴다'는 뜻의 '사대자소事大字小'로, 유교 문명권에서 대국과 소국의 관계를 규율하는 규범이었다. 이 전통 질서의 변방에 있었던 일본은 1853년 미국의 개항 요구에 직면하였는데, 단지 항구를 개방하여 무역 관계를 수립하는 것이 아니라 기존의 중화 질서를 버리고 서양의 국제 질서, 즉 주권 국가를 단위로 하여 군사력과 경제력에 기반한 국제 관계의 체제를 수용하라는 압력이었다.

당시 중국(청)이나 한국(조선)과 마찬가지로 구미 질서 수용을 거부하는 결정은 곧 영국을 비롯한 제국주의 세력에 의한 식민지화의 위기를 감수한다는 뜻이었다. 그래서 일본 국내에서는 치열한 논쟁과 대립, 심지어 내전까지 일어났고, 그 결과 도쿠가와 막부가 무너지

그림 3-1 일본의 서양화

일본은 메이지 정부 수립 이후, 서양의 제도와 문물을 적극적으로 수용하였다. 요슈 치카노부(楊洲周延)의 목판화 〈고귀한 연극 관람(高貴演劇遊覽ノ図)〉(1887)에는 천황 부부와 고위층의 여성들이 서양식 옷을 입고 연극을 관람하는 모습이 묘사되어 있다.

소장: 와세다대학도서관(早稲田大学図書館) 등 다수.

고 메이지 정부가 등장하였다. 새 정부는 서양화西洋化가 일본의 독립을 확립할 유일한 길임을 명확히 하고 서양에 이와쿠라 사절단岩倉使節団을 파견하여 서양식 문명개화를 추구하였다. 당시 정권의 핵심 인물인 이노우에 가오루井上馨는 "(일본이) 생존할 수 있는 유일한 길은 제국과 국민을 유럽과 같은 국가로 전환하는 것, 즉 동양에 새로운 유럽식 제국을 건설하는 일"이라 선언하였다(Pyle, 2007).

대전략 제1호는 '서양화'라는 전략적 목표를 설정하고, 부국강병을 매개로 한 주권 국가를 건설하는 것이었다. 메이지 정부는 중앙집권화, 신분제 철폐, 징병제, 의무교육제, 산업 정책(식산흥업) 등 부국강병책을 성공적으로 추진하여 구미 국가들과 맺었던 불평등 조약을 개정하고, 청일전쟁과 러일전쟁에서 승리하여 조선을 식민지화함으로써 제국주의 열강의 반열에 올랐다(Duus, 1998).

브루스 커밍스Bruce Cumings의 표현에 따르면 일본의 20세기는 '패권'

이란 이름의 '미국의 게임' 속에서 미국과 상호작용하며 성장하고 진화한 역사적 과정이다. 미국 패권은 일본의 "행위에 외적 경계outer limit를 설정"하되 "이 패권적 영역을 충분히 넓게 설정하여 (일본이) 재능을 충분히 발휘할 수 있게 하는 동시에 탈퇴 의지를 강력하게 제어"하는 기술력과 산업력에 기반한 것이다(Cumings, 1997: 137~138). 미국은 패권의 무대를 태평양이라 명명하여 아시아만의(아시아 국가 간) 독자 공간을 거부하였다. 미국은 태평양 국가로서 지역 질서를 주도하겠다는 의지의 표현으로 이 지역 개념을 사용하였고, 이 개념을 통해 미국 중심의 패권 질서를 구축하고자 하였다.

1919년 제1차 세계 대전 종식 후 동아시아에 등장한 워싱턴 회의Washington Conference 체제는 미국의 우드로 윌슨Woodrow Wilson 대통령이 주창한 자유주의 개념, 즉 자유와 문호 개방, 민족 자결, 주권 존중 등에 기반한 국제 질서를 지향하였다. 이는 19세기 세력 균형과 제국주의로 이루어진 국제 질서를 극복하려는 시도였다. 일본에게 이 체제는, 제국주의 질서에 성공적으로 적응하여 타이완과 조선 등의 식민지를 승인받으면서도, 제1차 세계 대전 중 중국에서 확보한 권익을 포기하고 중국 정부의 주권 인정, 안정과 유지, 개방을 지지하는 것을 의미하였다.

주지하다시피 미국은 당시 군사적·경제적 최강국으로서 새로운 질서를 구축할 능력을 갖추었지만 이를 수행하려는 미국 내 의지는 부족했다. 이런 가운데 일본 정부 및 군부 일각은 기성 체제에 강한 불만을 표시하며 미국 패권이 자국에 설정한 외적 경계를 넘어서서 만주와 북중국으로 제국을 확장하고자 하였다. 일본은 메이지 이래 추구해 온 서양화를 포기하고 국력을 총동원하여 영미 질서에 정면 도전하였으나 처참한 패배를 맛보았다(Iriye, 1982).

전후 일본의 대전략, 요시다 독트린

대전략 제2호는 1945년 이후 미국 주도 국제 질서에 대한 적응으로 나왔다. 미국은 1919년 제1차 세계 대전 때와는 달리 명실공히 능력과 의지를 겸비한 지구적 패권국으로 등장하였다. 미국이 추구한 국제 질서는 이른바 자유주의 규칙 기반 국제 질서이다. 이는 국가의 생존과 이익을 넘어 개인의 자유, 인권, 법의 지배 등 자유주의적 가치 보호를 중시하고 시장 논리에 기초한 자유와 개방 원칙, 협상과 타협에 기초한 분쟁의 평화적 해결, 다자주의 중시, 국제법과 국제제도 등을 내용으로 하는 국제 질서이다. 구체적으로 미국은 국제통화기금과 세계은행, GATT 설립 등 지구 공공재를 제공하여 개방된 국제 경제 질서를 구축하고 유지하는 책임을 수행하는 한편 이를 자국의 냉전적 목표를 성취하는 데 활용하였다(Ikenberry, 2001). 미국의 지정학적 지위와 핵심 가치를 수호하는 데 세계 경제의 안정이 대단히 중요함을 인식하였기 때문에, 동맹국들에 경제 원조와 시장 개방 등 경제적 유인을 제공하였다. 유럽에 마셜플랜을 제공하였고, 아시아의 일본, 한국, 타이완 등 냉전 최전선에 위치한 국가들에 대한 경제 지원과 비대칭적 시장 개방을 통해 전략적 이익, 즉 소련의 봉쇄와 서방 진영의 안정과 결속을 꾀하였다. 이러한 냉전의 거래 이면에는 미국의 권력을 지속적으로 정당화하려는 의도, 즉 강력한 군사력과 경제력, 압도적인 기술 혁신 능력, 양자주의적 경제 결속을 통해 안보 파트너 국가들로부터 불균형 권력unequal power 질서에 대한 정당성을 확보하고자 하는 노력이 있었다.

일본은 미국의 패권 질서인 자유주의 국제 질서를 전면 수용하였다. 미국이 제공한 안보 체제와 광범위한 자유주의적 다자 질서 아래에서 자국의 경제 발전을 위해 중상주의적 경제 통상 정책을 추진하

그림 3-2 요시다 시게루

미군정 아래에서 요시다 총리는 미국과의 외교를 통해 일본의 경제 발전에 집중하는 정책을 펼쳤다.

였다. 이러한 전략은 당시 총리였던 요시다 시게루吉田茂의 이름을 따 '요시다 독트린(요시다 노선)'으로 부른다. 고사카 마사타카高坂正堯나 케네스 파일 등의 해석에 따르면 요시다 독트린은 미국을 추수追隨하는 수동적이고 상태 의존적인 외교 정책이 아니라, 미국의 안보 제공을 활용하여 경제 부흥을 이끈 경무장-경제 중시 '대전략'이다(高坂正堯, 2006).

1960년 이케다 하야토池田勇人 정부에 의해 '소득 배가 노선'이란 경제 우선 전략이 본격화되었고 일본은 거듭된 두 자릿수 GDP 성장으로 세계 제2의 경제 대국으로 발돋움하였다. 일본의 경이로운 성공은 첫째로 냉전 체제가 제공한 안보 무임승차라는 안보적 배경, 둘째로는 개방적 국제 경제 체제라는 배경 아래에서 수출 주도형 산업화를 이룰 수 있었던 데 있다. 일본은 이른바 발전 국가developmental state 모델, 즉 발전 지향형 엘리트 관료가 주축이 되어 민간과 긴밀한 협조하에 산업 정책을 효과적으로 수행하는 경제 성장 모델을 구축하여 자국뿐 아니라 주위 동아시아 국가들의 고도성장을 이끌었다

(Johnson, 1982). 요컨대, "일본 부상Japan Rising"은 "미국의 세기American Century" 속에서 가능했다(Pyle, 2007; Pyle, 2018).

신자유주의적 세계화에 대한 반발

냉전 구도가 해체되자 자유주의 국제 질서는 신자유주의 이념에 기반한 세계화와 함께 진화한다. 냉전의 승리자가 된 미국은 정치적으로 자유민주주의, 경제적으로는 시장자본주의의 가치를 바탕으로 자유주의 국제 질서를 강화하고자 했다. 조지 H. W. 부시 대통령이 "열린 국경, 열린 무역, 열린 마음"을 강조하고 빌 클린턴 대통령이 시장 민주주의 공동체를 주창한 것처럼 미국의 전략의 중심은 상품, 서비스, 자본의 자유로운 이동이 모두에게 이득이 된다는 자유 시장 이념과 가치를 전 세계에 전파하는 것이었다. 냉전기 자유주의 질서가 대외적으로 자유와 개방의 다자 경제 질서를 추구하는 한편 국내적으로는 사회 안전망과 복지를 향한 국가의 개입을 용인하는 '내장된 자유주의' 타협에 기초하고 있었다면, 탈냉전기 국제 질서는 신자유주의적 세계화에 의한 사회 안전망 및 복지 축소, 탈규제, 민영화 등 국가개입 축소를 강조하였다. 지구 공간에서 그 첨병은 세계은행과 국제통화기금 등 국제기구였고 지역적으로는 아시아-태평양 개념에 기초한 아시아 태평양 경제 협력체Asia-Pacific Economic Cooperation, APEC였다.

자유주의 질서 속에서 일본형 자본주의 모델인 발전 국가 모델을 이룩한 일본은 신자유주의적 세계화란 슬로건하에 미국이 미국식 가치와 원칙을 강요하는 데 위화감을 표출했다. 미국은 일본과의 무역 불균형을 시정하기 위해 시장 자유화를 압박하였고, 미·일 반도체 협정이나 자동차 협정처럼 전략 부문에서 일본의 기술력과 생산력이 패권의 지위를 위협한다고 느꼈을 때 보복 조치를 꺼내 들었다. 이 과정에서 미국은 일본의 관리 무역이 근본적으로 비시장적이고 비자유주의적인 제도와 관행에서 비롯되기 때문에 일본 자본주의 제도 자체의 개혁이 이루어져야 한다는 주장을 제기하였다. 무역 마찰의 궁극적인 해소는 일본의 정치경제 모델을 '워싱턴 컨센서스'라 부르는 신자유주의적 세계화 모델에 조화되고 수렴되도록 개혁해야 한다는 담론이었다.

일본의 보수 주류는 일본적 가치와 정신이 내장된 자본주의에 대한 문화적 비판으로 받아들이고 강력히 반발하였다. 비근한 예로 일본의 경제학자 무라카미 야스스케村上泰亮는 미국의 가치와 제도로의 수렴을 강조하는 세계화 수렴론을 비판하고, 서로 다른 종류의 자본주의의 합리성을 시위하는 "반고전의 정치경제학"을 제시한 바 있다(村上泰亮, 1992). 세계화 수렴론은 1997년 아시아 외환 위기 직후 최고조에 달하였으나, 곧바로 중국의 부상과 아시아의 동반 부상이 가시화되면서 미래 세계 질서가 문화적 가치의 다양성을 포용해야 한다는 담론, 대표적으로 '자본주의의 다양성varieties of capitalism'론이 등장했다(Hall & Soskice, 2001). 자유 시장 경제Liberal Market Economy와 조정 시장 경제Coordinated Market Economy로 대별되는 자본주의 체제는 세계화의 추세 속에서 서로 다른 경제적 성과, 경영 행위, 노동 시장 제도를 만들어 내었는데, 일본과 독일 등 대표적인 조정 시장 경제 사례를 보면 고유의 제도와 영미식 시장 제도의 혼종hybrid을 생산하는 진화의 길을 보여 주고 있다는 것이다(Yamamura & Streeck, 2003; Streeck & Thelen, 2005). 일본은 이러한 이론적 논의를 배경으로 미국식 자본주의로의 수렴에 저항하였다.

마찬가지로 일본의 보수 지도자들은 미국이 전파하는 보편적 도덕

률에 대해서도 유보적이었다. 전후 개혁에서 보듯이 일본은 미국의 자유주의 가치 체계와 제도를 수용하였지만 미국식 개인주의, 인권, 성 평등 가치를 실천하는 것과는 일정하게 거리를 두면서 자국의 독특한 사회 규범과 행위 유형을 지켜 왔다. 일본의 보수 세력이 한국 및 중국과의 역사 문제에 대해 보편적 인권 기준을 적용하는 행위에 불쾌감을 표시하는 것도 이런 까닭이다.

동맹의 미래

냉전 종식은 안보 차원에서도 일본에 심각한 고민을 안겨주었다. 미·일 군사 동맹의 존재 이유였던 소련 등 공산권이 해체되자 동맹의 지위와 기능, 나아가 탈냉전기 안보 정책의 방향성을 둘러싼 논의와 논쟁이 심화되었다. MIT 교수인 리처드 새뮤얼스Richard Samuels는 이를 두 가지 쟁점으로 요약하였다(Samuels, 2007).

첫째는 '동맹 대 자주'의 선택지이다. 일본은 미국과의 동맹이 초래하는 리스크, 즉 연루entrapment와 방기abandonment의 리스크에 대해 고민하는 것이다. 소련의 해체로 일본의 군사적 위협이 사라진 가운데 일본이 미·일 동맹에 따른 불필요한 전략적 연루 혹은 방기의 위험을 감수할 필요가 있는가라는 의문이었다. 일본 내 치열한 논의에서 선택지는 자위대 능력의 강화를 통한 군사적 독립론과 미·일 동맹의 유지 및 강화론으로 대립하였다.

둘째는 '평화 국가 대 보통 국가'의 선택지였다. 일본의 선택지는 기존의 평화 국가 노선 혹은 요시다 독트린의 연장선상에서 경제 외교와 소프트파워 외교를 중심으로 국제 사회에 영향력을 투사하여야 한다는 입장과, 군사적 수단의 강화와 세력 균형 외교를 수행하는 보통 국가 노선으로 대립되었다. 새뮤얼스는 이상과 같은 두 가지 기준에 따라 네 가지 옵션을 제시한 후, 향후 일본은 서서히 미·일 동맹을 유지하면서 보통 국가의 길로 향할 것이란 전망을 내렸다. 독자적 군사력 강화를 통한 자주 옵션은 일본 경제의 장래에 대한 불확실성(장기 불황), 중국과 북한의 군사적 위협 증대, 평화 헌법 개정이란 국내 정치 변수 등을 고려할 때 현실적이지 않으며, 경제력과 소프트파워에 기반하여 지역 협력 외교를 중심으로 하는 평화 노선 역시 역내 패권 경쟁, 역내 국가들의 민족주의nationalism 부상과 경쟁, 지역주의를 견제하는 미국의 행보 등을 고려할 때 가능성이 낮다고 보았다. 결국 일본의 안보를 보장해 줄 국가는 미국이며, 미·일 동맹의 비대칭적 틀을 교정하여 보다 대등한 동맹으로 진화하는 옵션을 선택할 것이라는 전망이었다.

3. 21세기 대전환과 일본의 재부상 모색: 아베 신조의 대전략

전략 환경의 변화

1990년대 세계화의 진전과 탈냉전 세계의 도래가 불러온 '단극의 순간unipolar moment'은 일본이 기존에 추구했던 대전략이 한계에 다다랐음을 보여주었지만, 일본의 지도자들은 변화를 향한 전략적 결단을 내리지 못하였다. 국내적으로 "잃어버린 10년"이라고 불리는 장기 불황이 지속되면서 일본 사회의 활력이 저하되고, 정치 불안으로 리더십 교체가 빈발하면서 주요 결단을 뒤로 미루는 정치 쇠퇴 현상으로 인한 것이었다(Pyle, 2007). 이런 가운데 21세기 세계는 지구 규모의 세력 배분 구조가 변화하면서 일본에 거대한 전략적 과제를 안겨 주었다. 21세기 변화는 다음과 같은 세 가지 추세로 요약할 수 있다.

첫째, 중국의 경제적 부상이 일본을 포함한 주변국에 불안감을 확산시킨 점이다. 1997년 아시아 외환 위기를 겪으면서 중국의 상대적 부상, 그리고 일본의 상대적 쇠퇴가 확연하게 드러났다. 1990년대 장기 불황을 겪은 일본과 대조적으로 중국은 고도성장을 거듭하며 일본과 어깨를 나란히 하며 지역 질서 주도권 경쟁을 전개하였다. 2007~2008년 세계 금융 위기를 계기로 중국은 다시 한번 도약하여 2010년 GDP 규모에서 일본을 추월하였다. 2000년 일본 GDP의 40퍼센트에 불과했던 중국 경제는 10년 동안 일본을 따라잡았고, 그로부터 10년 후인 2020년에는 일본 GDP가 중국의 40퍼센트가 되었다. 이러한 극적인 변화는 일본의 정책 결정자뿐만 아니라 일반 국민들에게 중국의 부상과 자국의 쇠락에 대한 심리적 충격과 상처를 주었다. 근대 세계가 도래한 이래 일본은 중국을 쇠락한 대국 또는 개발도상국으로 취급해왔으나, 이제 국력의 급격한 역전과 함께 중국이 대국 외교로 전환함에 따라 전략적 경쟁국으로 상대하게 되었다.

중국은 세계 제2의 경제 대국으로 올라선 이후 외교 정책 기조를 크게 전환하였다. 이제까지 중국 외교 및 안보의 최우선 과제는 안정된 국제 환경을 확보하여 자국의 경제 성장을 지속해 가는 것이었고, 이를 위해 능력을 숨기고 시기가 도래하기를 기다리는 이른바 '도광양회韜光養晦'와, 평화적인 부상을 이루는 '화평굴기和平屈起'를 추구하는 것이었다. 그러나 2009년 이후 중국 정부는 대국 외교로 전환하여 주장적인 외교 정책을 본격적으로 펼쳤고, 국가의 생존이 걸린 이익으로서 핵심 이익의 범위를 확장적으로 정의하기 시작하였다. 영유권 분쟁 중인 남중국해를 핵심 이익으로 간주하여 국제법적 분쟁 해결 절차나 분쟁 당사국들과의 다자적 협의를 거부하고 일방적이고 강압적으로 행동하였다. 동중국해에서는 센카쿠제도尖閣諸島에서 일본과의 대립 등을 거치면서 국제 사회에 기성 질서를 수정하는 국가란 인상을 강하게 남겼다. 특히 2013년 등장한 시진핑 정부는 개혁개방 시대의 정치 체제에서 강화된 권위주의 체제로 전환하며 공산당 지배 체제의 정통성을 유지하기 위해 '중화민족의 위대한 부흥'이란 슬로건을 내걸며 민족주의를 강화했고, 동시에 일련의 지역 비전을 내어놓으며 본격적으로 지역 질서 주도권 장악에 나섰다. 중국의 경제력을 활용하여 인프라 개발 원조와 투자에 중점을 두는 일대일로 구상과 아시아인프라투자은행AIIB 설립, 그리고 '아시아인을 위한 아시아의 안전 보장 확보'라는 신아시아 안보관을 제시하여 지역 질서를 주도하겠다는 의도를 명확히 하였다.

둘째는 이러한 중국의 부상과 대조되는 미국의 상대적 쇠퇴이다. 〈그림 3-3〉에서 보듯이 세계 경제의 약 30퍼센트를 차지하던 미국의 비중은 2000년을 기점으로 지속적인 하락세이다. 이러한 구조적 쇠퇴를 상징하는 사건이 2008년 세계 금융 위기이다. 이는 월스트리트로 상징되는 미국 금융 자본주의의 위기, 나아가 신자유주의적 세계화 모델의 위기라 할 수 있다. 위기 상황은 미국을 넘어 전 세계로 퍼져 나갔으며 영국 시티오브런던으로부터 유로존과 동유럽, 러시아, 동아시아까지 뒤흔들었다. 이는 미국이 지탱해 온 전후 자유주의 국제 경제 질서의 위기를 의미했다(Tooze, 2018). 위기의 진앙이었던 미국은 스스로 기성 질서의 안정과 회복을 가져올 능력이 부족하였으므로 세계 제2의 경제 대국으로 부상하는 중국의 협조를 이끌어내고자 하였다. 중국을 포함한 G20이 부상한 것은 기존 서방 중심의 G7이 더 이상 세계 경제를 관리할 능력이 없기 때문이다. 위기의 먹구름 속에서 열린 G20 정상 회의의 스포트라이트는 미국 GDP의 40퍼센트에 이르는 세계 2위의 경제 대국 중국에 집중되었다. 미국 국무

그림 3-3 세계 GDP 점유율의 추이와 예측

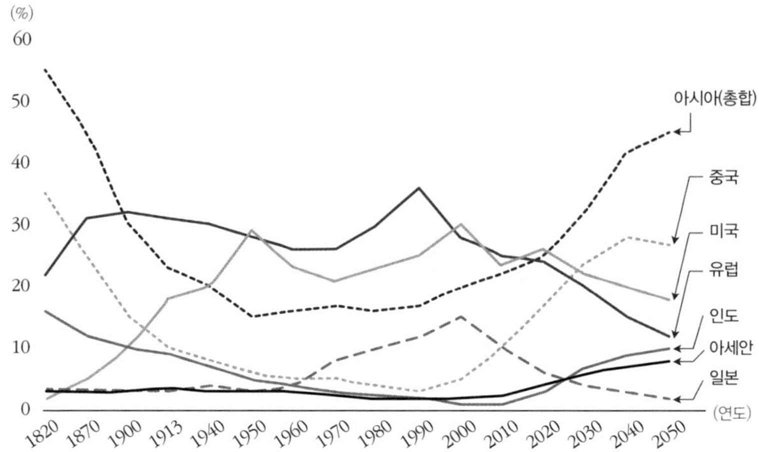

출처: 国土交通省(2020) 자료 편집.

부 차관이었고 세계은행 총재를 지낸 로버트 젤릭Robert Zoellick의 표현대로 중국은 이제 '책임 있는 이해관계자responsible stakeholder'를 넘어서 미·중 협력, 즉 G2의 파트너로 지위가 격상되었다.

2008년 위기 국면에서 출범한 오바마 정부는 경제 문제뿐만 아니라 기후 변화, 이란 핵문제 등 지구적 사안을 처리하기 위해 미·중 공동 거버넌스를 고려했고, 이에 따라 미·중 전략 경제 대화Strategic and Economic Dialogue, S&ED 의제를 확대하고 차관급 전략 대화도 신설하는 등 중국과의 파트너십을 강조하였으며, 상호 핵심 이익을 존중한다고 천명하였다. 한편, 미국은 아시아-태평양 지역에서 경제적 영향력을 상실하여 미군 주둔에 따른 안보 제공의 존재로만 남을 수 있다는 우려를 가졌고, 이에 따라 아시아로의 피봇pivot 혹은 아시아-태평양 재균형이란 외교 전략을 내걸었고 역내 경제적 주도권을 되찾아 오기 위해 환태평양 경제 동반자 협정Trans-Pacific Strategic Economic Partnership, TPP이란 무역 전략을 추진했다(Donilon, 2013).

그럼에도 불구하고 미국 내에서는 제조업의 쇠퇴와 중산층 일자리 감소가 현저하게 드러남에 따라 세계화와 자유 무역에 대한 비판이 확산되었다. 세계화의 수혜는 미국 내 일부 상류층에 집중되고 제조업 일자리가 중국으로 이전되면서 중산층 노동자가 몰락하고 있다는 주장이다. 2016년 대선에서 트럼프 후보는 이를 정확히 공략하여 집권에 성공하였다. 트럼프 대통령의 TPP 탈퇴 선언은 한편으로 기존 자유주의 경제 질서를 거부하는 것인 동시에 패권국으로서 미국의 위신을 실추시키는, 즉 미국 패권의 쇠퇴를 상징하는 사건이라 할 수 있다.

세 번째 변화는 인도의 부상이다. 인도는 14억 명의 인구 대국으로서 거대한 중산층을 가지고 있으며 25세 이하가 6억 명 이상인 세계 최대 청년 대국이다. 이 점에서 이미 고령화 추세에 접어든 중국과 대비되는 경제적 잠재력을 보유하고 있다. 세계 최대의 민주주의 국가인 동시에 경제 자유화로 연 7퍼센트대 고도성장을 이어가면서 인도는 2017년 구매력 평가PPP 기준 세계 3위의 경제 대국으로 발돋움하였고, 명목 GDP 기준으로 프랑스를 뛰어넘었으며, 앞으로 미국, 중국과 함께 3대 경제 대국이 될 것으로 조명을 받고 있다.

또한 인도는 핵보유국이며 경제력 상승에 걸맞게 군사력을 증강하여 지역 군사 대국으로 자리매김하였다. 인접 경쟁국인 파키스탄이 내부에서 테러와 폭동, 경제 위기와 에너지 위기에 시달리고, 중국과 국경 분쟁 중인 상황이지만, 부상하는 인도에 이들은 심각한 존재론적 위협이 되지 못한다.

인도의 국제적 위상은 중국이 급속하게 부상하고 이에 대한 주요국들의 경계감이 상승함에 따라 함께 상승하게 된다. 특히 나렌드라 모디Narendra Modi 정부는 서방 국가들과의 파트너십을 확대하여 민주주의 연대에 참여하고, '룩 이스트Look East'에서 '액트 이스트Act East'로의 변화를 선언하면서 동남아시아, 호주, 일본과의 무역, 안보, 외교 관계를 확대하고 강화하였다. 4자 안보 대화QUAD에 적극 참여하면서도 군사적 측면에서 중국 견제는 회피하고, 중국이 주도하는 상하이 협력기구SCO에도 참여함으로써 지정학적·전략적 자율성을 추구하는 아시아 대국으로서 위상을 정립하고 있다.

이렇듯 서방 세계와 중국 모두에 관여 확대를 통한 영향력을 확보함으로써 글로벌 사우스의 대표 지위를 추구한다. 즉, 냉전기 비동맹non-alignment을 추구하는 것이 아닌 다중 연계, 다중 동맹을 지향하는 것이다. 이런 맥락에서 일본의 아베 정부는 아시아 최대 민주주의 국가인 양국이 파트너십을 강화해야 한다는 입장을 견지했다. 미국 역시 한반도, 동중국해와 남중국해 등 서태평양에 기울였던 전략적 관심을 인도양으로 확대하여 중국의 영향력을 제어하고자 하였고, 이런 차원에서 인도와의 협력을 중시했다.

아베 신조 정부의 등장과 대전략의 전환

이제 일본 외교가 마주한 최대 과제는 이러한 세 가지 거대 추세에 대응하는 일이었다. 미·일 동맹은 일본 외교의 초석cornerstone인 만큼 미국의 쇠퇴는 일본의 안보뿐만 아니라 외교 전체에 심대한 우려와 고민을 안겨 주었다. 일본의 번영과 평화를 이끈 전후戰後 자유주의 국제 질서가 미국 패권에 의존하였기 때문에 미국의 쇠퇴는 곧 패권 질서의 쇠퇴라 할 수 있다. 일본 외교 정책의 근간을 새롭게 모색해야 하는 상황이 도래한 것이다.

더욱이 미국의 쇠퇴와 함께 중국의 부상은 일본에 심대한 경계감을 가져다주었다. 앞서 기술한 것처럼 근대 세계가 열린 이래 일본은 강력한 중국과 마주한 적이 없다. 청일전쟁 패배로 종이호랑이로 전락한 중국을 경략의 대상이자 지원의 대상으로 보았던 일본은, 이제 자국의 경제 침체와 정치 혼란으로 국제적 위신의 하락을 경험하면서 중국에 대한 경계감을 높였다. 중국의 경제적 성공에 세계가 주목하자 지역에서 리더십 확보를 모색하던 일본은 커다란 심리적 충격을 받았다. 중국 경제의 거대한 규모, 국가 목표에 대한 불확실성과 불안, 권위주의 정치 체제, 반일 민족주의의 부상, 환경오염의 지역적 확산 등으로 일본의 불안감과 경쟁 의식은 점증하였다.

이미 일본은 1997년 아시아 외환 위기를 거치면서 자국이 보유했던 지역적 리더십이 크게 동요함을 절감하였다. 아시아 최대 경제 대국인 일본이 아시아 외환 위기를 관리하고 극복하는 데 주도적인 역할을 하지 못하는 대신, 중국이 '책임대국론'을 내걸면서 영향력을 확장하는 것을 지켜봐야 했다. 일본은 비판이 집중된 IMF 기능을 보완하는 '아시아통화기금Asian Monetary Fund, AMF' 구상을 제시했으나 기존 IMF 체제를 수호하는 미국의 반대로 무산되었고, 오히려 자국이 은행 위기를 겪으면서 위기 속의 아시아 국가들 지원에 적극적으로 나설 만한 여유가 없었다. 마하티르 빈 모하맛 총리 재임기의 말레이시아를 비롯하여 아세안 국가들이 아시아 외환 위기를 기존 미국 중심 경제 질서의 구조적 모순에서 비롯되었다고 인식하면서, '동아시아 공동체'와 같은 새로운 동아시아 질서를 주창하였지만, 일본은 미·일 동맹 중심의 대외 전략 기조 속에서 신질서 모색에 적극 동참하지 못했다. 중국이 적극적으로 주도권을 장악하려는 노력을 지켜보면서, 일본은 자국 경제의 배후지로 여겼던 아세안 지역에 대한 영향력이 축소되고 있다고 우려하였다.

2000년대에 들어서 일본은 동아시아라는 전략 공간을 아세안 10개국과 한·중·일ASEAN+3로 잡는 경우 중국의 지배력을 제어하기 어렵다고 판단하고, 인도와 호주, 뉴질랜드를 포함하는 확대된 공간 구상을 제시하여 중국의 영향력을 희석하고자 했다. 일본은 공간의 정체성을 구성하는 요소로 보편 가치(자유, 민주, 법치, 시장 경제, 인권 등) 개념을 동원하였다. 이러한 가치를 공유하는 인도, 호주, 뉴질랜드를 편입하여 공간 확대를 정당화하기 위해서였다(Sohn, 2010). 그러나 이러한 전략은 중국의 영향력을 부분적으로 억제하는 정도의 효과를 기하는 것이지 새로운 질서를 조성하는 시도는 아니었다.

앞서 기술하였듯이 2008년 세계 금융 위기를 계기로 세계의 이목이 중국으로 집중되고, 2000년 일본의 40퍼센트에 불과했던 중국의 GDP가 불과 10년 만에 일본을 따라잡자 일본 사회는 커다란 심리적 충격에 사로잡혔다. 같은 시기인 2010년과 2012년 센카쿠제도(혹은 다오위다오) 해역 충돌 이래 중국은 일본의 안보 경쟁국이 되었다. 중국에 대해 전력을 증가시키며 경쟁 관계를 이루게 된 것이다.

반면 경제적 측면에서 중국은 일본의 최대 수출 시장인 동시에 생산 면에서 일본 기업의 글로벌 공급망에서 주요 부분을 점유하는 경제적으로 가장 중요한 파트너이다. 따라서 일본은 중국과 안보적으로 경쟁하는 동시에 경제 교류를 제한하고 경제적 희생을 초래하는 선택을 피해야 하는 어려운 정책적 현실을 맞았다. 경제 협력과 안보 경쟁의 적절한 균형점을 찾아야 하는 과제이다.

이러한 난관 속에서 일본 정치권에서 부상한 정치 세력은 아베 신조安倍晋三로 대표되는 우익 민족주의 세력이다. 자민당 내 우익 그룹인 아베파와 민간 조직인 닛폰카이기日本会議 등은 미국이 수립한 전후 질서, 즉 강요된 헌법, 자유주의 가치, 패권적 동맹, 그리고 승자의 정의에 따른 역사관 등을 거부하고, 전통적 가치에 기반한 정치 체제, 헌법 개정, 애국주의 교육, 강력한 군사력, 그리고 긍정적 역사관의 수립을 주장한다. 아베는 "전후 질서로부터 탈각, 독립의 회복"이란 레토릭을 제시하고 이를 위한 핵심 과제로 헌법 개정을 꼽았다. 헌법 개정이란 단순히 헌법 제9조 평화 조항을 현실에 맞게 개정한다는 차원이 아니라, 미국적 가치와 원칙 등 패권 질서에 종속을 탈피하여 전통 가치에 기반한 새로운 국가 정체성을 구축하는 상징이란 것이다.

2006년 총리가 된 아베 신조는 재임 1년만인 2007년에 퇴진한 후 2012년 12월 재기하여 2020년 8월까지 장기 집권하면서 정치적 안정을 바탕으로 21세기 일본의 대전략을 수립하였다. 핵심 목표는 첫째, 이념적으로 미국에 의존하는 수동적이고 일국 평화주의적, 경제 수단 중심 외교로부터 군사력을 신장하고 대외 개입의 범위를 확장하는 '대국 외교'로 전환하는 것이다. 둘째 목표는 중국의 도전과 미국의 쇠퇴에 따른 전략 환경의 변화에 대해 일본의 평화와 안정, 번영

그림 3-4 아베 신조의 재등장

2012년 일본 자유민주당은 "일본을 되찾자"라는 문구와 함께 아베 신조 총재를 내세운 포스터를 공개했다.

출처: 일본 자유민주당(自由民主党)

을 지키는 것이다(Green, 2022).

문제는 일본이 보유한 능력에 한계가 있다는 점이다. 1990년대 GDP가 미국의 70퍼센트에 육박했던 일본은 2010년 중국에 추월당해 세계 3위로 밀려났고 2025년에는 인도, 독일에 이어 5위로 밀려날 것으로 보인다. 1인당 GDP는 타이완과 한국 수준이 되었다. 일본 경제는 1990년대 초 이른바 거품 경기 붕괴 후 장기 불황에 진입하였고, 1990년대 후반부터 2010년대 전반까지 만성적인 디플레이션으로 경기가 위축되었고 정책 개혁과 시장의 구조 조정이 이루어지지 않아 "잃어버린 30년"을 경험하였다. 이렇듯 성장률이 저하한 주요 이유는 노동 생산성이 주요 선진국에 비해 낮지 않음에도 불구하고 노동 투입량 감소, 즉 노동력이 감소하는 데 있다(坂本貴志, 2024). 일본은 저출산에 따라 노동력 인구(경제 활동 인구)가 감소하고 고령화율이 높아 사회 보장 제도의 유지에 어려움을 겪고 있다. 경제 구조 개혁과 사회 보장/연금개혁을 단행하려면 정치의 결단이 필요하나 일본은 정치 체제의 문제, 즉 잦은 정권 불안정과 정치 마비 현상에서 벗어나지 못하였다. 따라서 일본 스스로 중국과 견줄 만한 강대국으로 성장하는 것은 쉽지 않다. 자강의 노력과 함께 미·일 동맹을 새로운 차원으로 격상하여 미국과 결속력을 높이는 한편, 외교 다변화를 통한 영향력 확대가 필요했다. 아베 정부는 다음과 같은 세 가지 전략 과제를 설정하였다.

① **미·일 동맹의 강화** 아베 정부의 최우선 과제는 비록 상대적 쇠퇴 추세이기는 하나 여전히 세계 최대 경제 대국이자 압도적 군사 대국인 미국과의 안보 결속력을 강화하는 것이다. 이는 과거 일본의 외교 안보 정책을 통제하고 지역의 안정을 위해 미군 주둔을 유지하

는 수단으로서의 동맹인 패권적 동맹hegemonic alliance을 탈피하여 보다 상호적인 동맹으로 전환하는 의미를 갖는다. 미군 전력의 상대적 쇠퇴를 일본이 보완하여 지역 내 군사력 균형을 유지하는 데 기여하겠다는 것이다. 그 첫 단계로 아베 정부는 중국의 도전 및 북한의 핵 능력 및 미사일 능력 강화 등 미국과 공통의 전략 목표를 합의하였다. 일본은 동맹의 연루entrapment 우려 없이 상호 전력의 극대화와 통합, 상호 운용성과 전략 조정 기능 향상 등을 추진할 수 있게 되었다.

두 번째 단계로 아베 정부는 제도적 정비에 나섰다. 2014년 집단 자위권의 행사가 가능하도록 하여, 헌법 개정을 하지 않고도 미·일 동맹의 틀에서 일본의 군사적 개입의 범위를 파격적으로 확장할 수 있도록 제도적 조치를 취했다. 그간 일본은 평화 헌법 제9조('국제 분쟁을 해결하는 수단으로써 국권이 발동되는 전쟁과 무력에 의한 위협 또는 무력행사를 영구히 포기한다')에 따라 '집단 자위권을 인정하되 행사하지 않는다'는 원칙을 바꾸어, 일본과 밀접한 관계에 있는 타국에 대한 무력 공격이 발생하여 일본의 존립이 위협받고 국민의 생명, 자유, 행복 추구의 권리가 근저로부터 뒤집히는 명백한 위험이 있는 경우, 이를 배제할 적당한 다른 수단이 없고, 필요 최소한의 실력 행사에 그칠 경우, 집단 자위권을 행사하여 타국에 무력을 행사할 수 있도록 해 놓았다. 이러한 '혁명적' 조치로 마침내 미·일 동맹은 상호적이란 의미에서 '고전적 동맹classic alliance'의 성격을 갖게 되었다.

셋째, 일본은 동맹 강화를 위해 군사력을 대폭 증강하였다. 대표적으로 2022년 12월, 기시다 후미오岸田文雄 정부는『국가안전보장전략』 개정판을 내어 중국을 전략적 도전 세력으로 명시하고, 중국에 대한 전략적 균형을 위해 향후 5년간 43조 엔(약 430조 원)이란 막대한 방위비 투자를 단행하였다. 현행 GDP 대비 1퍼센트의 방위비를 2퍼센트로 급격히 증대하여 남서 지역, 즉 중국의 해양 진출과 마주하는 난세이제도南西諸島의 방위 강화에 집중 투자하고자 한다. 이른바 '반격 능력' 혹은 '적 기지 공격 능력'의 보유는 북한 미사일보다는 중국의 침투(상륙 작전) 대비에 초점이 맞추어져 있다. 한 걸음 나아가 일본은 중국 견제를 위해 전쟁 수행의 다양한 영역과 갈등 국면의 스펙트럼을 촘촘히seamless 연결하는 등 미국과 통합 억제integrated deterrence 능력을 향상하고자 한다.

② **동지국들과 연합** 일본은 과거 영·일 동맹의 일방적 파기(1924년)를 경험하였듯이 미·일 동맹이 영원하지 않음을 알고 있다. 또한 미·일 동맹의 일체화만으로 일본의 안정과 번영이 유지되기 어렵다는 것도 알고 있다. 미·일 동맹의 강화와 함께 주요 파트너국들과의 연계와 협력을 추진하고 있다. 그 핵심 파트너는 인도와 호주이고, 미국을 포함하여 이를 통칭하는 4자 안보 대화QUAD이다.

아베 총리는 일찍이 인도와의 관계 강화에 역점을 두었다. 그는 2007년 8월 인도를 방문하여 "두 해양의 합류Confluence of the two seas"라는 제목의 의회 연설에서 인도양과 태평양이 자유와 번영의 바다로서 동적인 결합을 이루어야 한다는 지역 개념을 발신하고 "확대 아시아broader Asia"를 위한 양국 협력을 강조했다.

> 현재 (양국은) 역사적으로 지리적으로 (…) '두 해양의 합류'가 태어나고 있는 시점에 있습니다. 태평양과 인도양은 이제 자유의 바다, 번영의 바다로서 하나의 역동적인 결합을 이루고 있습니다. 과거 지리적 경계를 넘는 '확대 아시아'가 명료한 형태로 나타나고 있습니다. 양국은 이를 넓고 열린, 투명한 바다로 풍요롭게 키워 나갈 능력과 책임

이 있습니다(安倍晋三, 2007).

아베 총리는 중국과의 전략적 경쟁 속에서 인도양과 태평양을 연결하는 공간 지평의 확대를 통해 보편적 가치를 공유하는 해양 국가 인도와의 전략적 동반자 관계를 구축하고, 나아가 미국과 호주를 연결하는 네트워크 확대를 꾀하였다. 아베 총리는 2006년 12월 인도와 전략적 글로벌 파트너십에 합의하여 해양 안보 등에서 교류와 협력을 강화하고자 하였고, 2007년 3월 호주와 「안전 보장 협력에 관한 일·호 공동 선언」을 발표하여 "민주주의 가치 및 인권, 자유, 법의 지배에 대한 헌신"과 "공통의 안보 이익"에 기초한 전략적 파트너십을 맺었다. 이어서 5월 미국, 일본, 호주, 인도 4개국의 전략 대화인 QUAD 결성을 주도하였고, 이를 '아시아 민주주의의 호Asian Arc of Democracy'로 명명하였다.

2010년대 들어와 센카쿠제도(다오위다오) 해역에서 중국과의 분쟁을 계기로 중국위협론이 확산되는 가운데 2012년 재집권에 성공한 아베 총리는 아세안 방문에서 '일본 외교의 신5원칙'을 제시하였다. 그는 "일본의 국익은 아시아의 해역을 철저히 개방적이고 자유로우며 평화적인 공간으로 만들고 법의 지배가 관철되는 세계-인류의 공공재로 보존"하는 것이라 규정하였다. 일본의 해양적 정체성을 분명히 하고 보편적 가치에 기반한 해양 안보 공간의 필요성을 강조한 뒤, "인도양에서 서태평양에 이르는 두 개의 해양으로 (전략적) 중심을 이동"하여 미·일 동맹과 함께 미국의 동맹국 및 파트너국들과의 네트워크를 구축해 나가야 한다고 주장하며, 특별히 인도와 호주와의 연합을 강조했다(安倍晋三, 2013). 중국을 직접 지목하지는 않았지만, 인도-태평양 공간을 소환한 이유는 중국의 주장적이고 공세적인 외교 안보 행보에 대항하는 것이었다. 2013년 등장한 시진핑 정부는 해군의 대양해군화, 남중국해에서의 무력에 의한 현상 변경 시도 등과 함께 일련의 지역 비전을 내어놓으며 본격적으로 지역 질서 주도권 장악에 나섰다. 중국은 경제력을 활용하여 인프라 개발 원조와 투자에 중점을 두는 일대일로 구상과 아시아인프라투자은행 설립, 그리고 '아시아인을 위한 아시아의 안전 보장 확보'라는 신아시아 안보관을 제시하였다.

아베 총리는 중국의 주도권 장악을 견제하기 위해 다시 인도와의 관계 강화에 나섰다. 인도 역시 일본을 핵심 파트너로 삼았다. 2012년 만모한 싱Manmohan Singh 총리는 인도-아세안 정상 회의의 모두 연설에서 "안정, 안심, 번영하는 인도-태평양 지역은 우리 자신의 진보와 번영에 필수적"이라 선언하여 공식적으로 '인도-태평양'이란 표현을 사용하였고, 2013년 5월 인도-일본 의회 우호 협회 연설에서 인도-태평양 공간에서 일본과의 협력을 강조했다.

2014년 집권한 나렌드라 모디 총리는 일본에 대한 접근을 가속화하였다. 기왕의 이른바 '룩 이스트'에서 '액트 이스트'로 전환을 선언하여 일본, 동남아시아, 호주와의 무역, 안보, 외교 관계 강화를 선언한 다음, 일본과의 관계를 보다 강화하고자 했다. 그는 신정부 출범 후 최초 해외 방문지로 일본을 선택하였고, 2015년 12월 아베 총리의 답방을 맞아 양국 관계를 "특별한" 전략적 글로벌 파트너십으로 격상하여 「일본-인도 비전 2025 특별 전략적 글로벌 파트너십」 공동 성명을 발표했다. 이 성명의 부제는 "인도-태평양 지역과 세계의 평화와 번영을 위한 협력"으로 원자력 협정 체결을 향한 원칙 합의, 인도 서부 고속철도 계획에 신칸센 시스템 도입, 방위장비품-기술 이전 협정, 군사 기밀 보호 조약 체결 등 경제와 안보 양면에서 협력을 강화

그림 3-5 일본과 인도의 협력

2016년 11월 12일 고베로 가는 신칸센에서 아베 신조 일본 총리(왼쪽)와 나렌드라 모디 인도 총리(오른쪽)가 대화를 나누고 있다. 인도는 자국의 고속철도 구축을 위해 일본 신칸센 기술을 도입하기로 하였다.

출처: The Times of India(2016)

하면서 "일본-인도 신시대의 개막"을 선언하였다.

끝으로 일본은 호주와의 관계도 새로이 격상하였다. 일본과 호주는 미국의 군사 동맹국으로서 태평양 패권 그리고 아시아-태평양 패권 공간의 핵심 협력자였다. 양국은 APEC의 주역으로서 경제 협력뿐만 아니라, 2010년대 이후 점증하는 중국의 도전을 공통의 위협으로 인식하면서 군사적 협력도 강화하였다. 호주는 최근 중국 정부에 의한 내정 간섭을 지적하고, 5G 통신 네트워크 구축에 중국 기업 화웨이华为, Huawei를 배제하였으며, 중국에 대해 코로나19의 발생과 감염 확산에 대한 국제기구의 독립적 조사가 필요하다고 주장하였다. 중국도 이에 대해 보복 조치를 하면서 중국-호주 관계가 악화되었고, 이에 따라 일본과 호주 사이의 안보 협력 관계는 더욱 강화되고 있다. 이런 분위기 속에서 미국, 일본, 호주의 안보 협력과 미국, 일본, 호주, 인도의 QUAD도 발전하고 있다.

③ 자유롭고 개방적인 인도-태평양 구상 앞에서 설명한 미국과의 동맹, 인도 및 호주와의 협력 강화는 인도-태평양 전략으로 수렴된다. 이는 아베 정부의 외교 대전략이라 할 수 있다. 2016년 8월 아베 총리는 케냐 나이로비에서 개최된 아프리카개발회의Tokyo International Conference on African Development, TICAD의 기조연설에서 인도-태평양 공간이 인도양과 태평양이라는 두 개의 해양과 아프리카와 아시아라는 두 개의 대륙을 연결하는 성격을 지닌다고 말하면서 아프리카(특히 동부)를 관여시켰다. 그는 "일본이 태평양과 인도양, 아시아와 아프리카의 교제를 힘과 위압으로부터 무관하며, 자유, 법의 지배, 시장경제를 중시하는 장으로 키우고 이끌어 갈 책임"을 담당하여 "양 대륙을 잇는 해양을 평화롭고 규칙이 지배하는 해양"으로 만들기 위해 아프리카와 협력하겠다고 선언하였다(安倍晋三, 2016).

『2017년 외교청서』는 이상의 담론을 '자유롭고 개방적인 인도-태평양Free and Open Indo-Pacific, FOIP'으로 정리하고 이를 일본 외교의 신기축이라 선언하였다. FOIP의 지정학은 확대되는 중국의 영향력을 견제하기 위해 해양 안보를 중심으로 해양 네트워크를 조성하고, 보편적 가치를 지역 개념으로 설정하여, 역내 국가들과 개발·무역·투자 등을 통한 연계성connectivity 증진과 해양법 집행 능력 구축, 인도적 지원, 재해 구조 등 비전통 안보 협력을 추구하는 것이다.

인도-태평양 전략은 자유, 법치, 개방성, 다양성 등 보편 가치를 기반으로 하는 국제 질서 구축을 강조하고 있다. 그러나 본래 우익 민족주의 색채가 강한 아베 정부는 자유, 인권, 시장 경제 등 자유주

그림 3-6 일본의 인도-태평양 외교 전략

2016년 8월 27일 케냐 나이로비에서 아베 신조 일본 총리가 아프리카개발회의(TICAD)의 기조연설을 하고 있다.

출처: 일본 외무성(外務省, 2016)

의적 가치보다는 공동체주의와 같은 일본적 전통의 부활을 강조하고 있다. 따라서 가치 외교는 일본의 정체성 혹은 문화적 열망에 근거한 것이라기보다는 일본 자체가 규칙 기반 국제 질서에 뿌리를 둔 현상 유지 세력이란 측면에서 내세우는 것이라 할 수 있다. 일본 정부는 보편 가치를, 미·일 동맹을 강화하고 비자유주의 체제인 중국을 견제하기 위한 레토릭으로 활용하고 있다. 일본이 한국과 일본군 '위안부' 문제 및 강제 동원 문제를 다루는 데서 보편적 인권 의식이 결여되어 있는 것도 이 때문이다. 아베 총리가 일본군 '위안부'에 대한 합의를 추진한 것은, 보편적 가치를 중시한 것이 아니라, 미국과의 관계를 의식한 실용주의적인 선택이었다. 강제 동원 문제에 대해서도 아베 총리와 후임 총리들의 입장은 피해자의 명예와 존엄과 인권을 고려하는 것이 아닌, 법치(국제법 질서 준수)란 보편 가치의 선택적 적용이라 볼 수 있다.

아베 대전략의 의의

아베가 주도한 외교 대전략을 '아베 독트린'으로 부를 수 있다면, 이는 요시다 독트린으로부터 대전환을 하였기 때문이다. 요시다 독트린이 미국 패권 질서 속에서 경제 성장이란 국가 목표를 실현하기 위해 미국에 기지를 제공하고 경무장 상태만 유지하며, 산업 정책과 경제 외교를 중심으로 한 정책 수단을 활용하여 경제 성장에 올인하는 전략이었다고 한다면, 아베 독트린의 목표는 미국 패권의 쇠퇴 속에서 군사력과 외교력을 적극 활용하여 중국의 도전에 대응하고 일본의 전략적 지위를 상승하려는 데 있다.

이를 구체적으로 풀어 보면, 미·일 동맹을 수평적·상호적 동맹으로 전환하여 일본의 군사적 역량과 미·일 간 군사적 상호 운용성을 강화하는 한편, 군사적 역할을 인도-태평양 및 지구 전체로 확장하고, 인도-태평양 지역을 단위로 한 지역 전략으로서 FOIP를 주창하여 미국, 호주, 인도와 사각 협력을 강화하며, 보편 가치를 기반으로 하는 지구적 차원의 외교를 추진하는 것이다.

요시다 독트린이 '규칙 수용자rule taker'로서 미국 패권 질서의 우등생으로서의 역할을 했던 것에 비하여, 아베 독트린은 포괄적·점진적 환태평양 경제 동반자 협정Comprehensive and Progressive Trans-Pacific Partnership, CPTPP과 FOIP를 주도하는 사례에서 알 수 있듯이, 미국 패권의 조력자로서 '규칙 제정자rule maker' 역할을 추구하는 것이었다.

4. 트럼프 2.0의 충격과 아베 이후 일본의 대응

트럼프 변수와 미·일 관계

일본의 21세기 국가 대전략의 성패는 두 가지 변수에 달려 있다. 첫째는 중국 변수이다. 2010년대 들면서 중국 국력이 일본을 추월하고, 2010년과 2012년 센카쿠제도(혹은 다오위다오) 해역에서 충돌이 일어나면서 일본은 중국을 안보 경쟁국으로 보고 있다. 앞서 기술하였듯이 2012년 아베 총리가 재등장한 배경에는 중국과의 전략 경쟁 요인이 있었다. 이제 중·일 간 군사력은 압도적으로 중국 우위로 기울었고 향후 경제력 추이 역시 중국 우위가 확대될 것으로 전망되므로, 일본으로서는 중국과 군사적 균형을 이루기 위한 방법으로 미국과 동맹 이외에 유력한 선택지가 없다.

한편, 일본에 중국은 경제적으로 가장 중요한 파트너로서, 일본의 최대 수출 시장인 동시에 생산 면에서 일본 기업의 글로벌 공급망의 주요 부분을 점유하고 있다. 일본이 대전략을 추구하는 데 경제적 번영은 필수 불가결한 기반이기 때문에, 일·중 간 불필요한 경제적 마찰과 갈등, 나아가 디커플링은 피하고자 한다. 다시 말해서 일본은 중국과의 안보적 경쟁 관계지만 이로 인해 경제 교류를 제한하고 경제적 희생을 초래하는 선택은 피하려는 것이다. 예컨대, 미·일 동맹은 중국에 대한 군사적 견제 수단 성격이 강하지만, 다른 한편으로 일본의 FOIP는 공간의 해양 정체성을 강조하고 보편 가치를 강조함으로써 대륙적 정체성이 강한 중국의 전략적 위상을 약화시키는 전략이다. 즉, 해양 세력이며 민주 국가인 인도와 호주를 끌어들여 중국의 영향력을 물타기하려는 시도이지 중국을 포위하고 배제하는 전략은 아니라는 것이다. 이런 점에서 일본의 인도-태평양 전략은 미국의 인도-태평양 전략이 군사적 수단을 중심으로 한 중국 견제의 성격을 명시한 것과는 차이가 있다.

'정치는 차가워도 경제는 뜨겁다政冷経熱'라는 표현처럼 중국과 안보적 균형과 경제적 관여를 양립하려는 정책 목표는 2018년 1월 아베 총리의 시정 방침 연설에서 "큰 방향성 아래에서 중국과도 협력하여 증대하는 아시아의 인프라 수요에 대응"한다는 선언에서도 잘 드러난다. 이는 중국의 일대일로 구상과 일본의 인도-태평양 구상의 접점을 찾는 행보이다. 그는 2018년 1월, 이전 8년간 중단되었던 '일·중 고위 레벨 경제 대화'를 재개했고, 이어 10월 중·일 정상 회담에서 제3국 인프라 투자에 중국과 협력하면서 "개방성, 투명성, 경제성, 대상국 재정의 건전성" 등 4개 조건부 협력을 천명하였고 52건에 관한 양해 각서를 채택하였다.

중국과 안정적 관계를 유지하려는 일본의 전략 목표에 부정적 영향을 주는 직접적 변수는 센카쿠제도 주변 영토 분쟁과 타이완 유사시이다. 중·일 양국은 센카쿠에서의 영토 문제가 양국 간 전략적 관계 악화로 이어지지 않도록 관리하는 데 뜻을 함께하고 있다. 문제는 타이완 유사시이다. 이는 중국과 타이완 사이의 복잡한 역사적·전략적 관계를 반영하는 것이기도 하지만 미·중 관계의 전개와도 관련이 있다.

둘째는 미국 변수이다. 일본을 비롯한 미국의 동맹국들은 2017년 트럼프 등장 이래 불안, 불확실성, 혼돈의 시기를 맞았다. 이는 미국 패권의 쇠퇴로 이해할 수 있다. 이 책 1장에서 잘 설명하고 있듯이 트럼프 1기는 국력의 장기적 쇠퇴 속에서 대외적 개입을 절제하고 기존 의무를 축소하여 부담을 동맹국에 이전하는 전략적 조정을 단행하였고, 바이든 정부 역시 이런 기조를 계승하였으며, 트럼프 2기는 이를 보다 강화하여 동맹국에 트럼프 쇼크를 주고 있다. 트럼프 변수는 관세 폭탄으로 나타났다. 취임 직후 캐나다, 멕시코, 중국에 관세 폭탄의 포문을 연 후, 국가 안보 차원에서 철강과 알루미늄에 25퍼센트 관세를, 곧이어 자동차와 자동차 부품에 25퍼센트 관세 부과를 선언하였다. 4월 2일에는 상호적 무역 관점에서 57개국에 상호 관세 부과를 선언하고 무역 불균형을 시정하고자 하였다. 일본에 부과한 25퍼센트 상호 관세도 문제이지만 자동차, 자동차 부품, 철강, 알루미늄 등 개별 관세도 일본을 겨냥하고 있다. 이러한 관세 정책은 미국 제조업 부활을 통한 경제 성장, 그리고 만성적이며 확대 추세인 무역 적자 해소를 목표로 하고 있다. 관세 부과로 제조업 부활이 과연 가능한 것인지, 마찬가지로 관세 부과로 무역 적자가 해소될 수 있는지, 또한 관세 부과에 따른 금융 시장의 교란과 미국 국채 금리 상승, 인플레 상승 등 금융 비용 증가 속에서 과연 지속 가능한 정책이 될 수 있는지, 많은 의문과 논란이 대두되고 있음에도 불구하고 트럼프 정책 노선의 변화는 발견되지 않고 있다.

동시에 심각한 문제는 미·중 관세 전쟁이다. 트럼프 1기인 2018년 미국은 340억 달러 규모의 중국 수입품에 대해 25퍼센트 관세를 부과하였고 중국은 보복 조치로 같은 규모 미국 수입품에 대해 25퍼센트 관세를 부과하면서 양국 간 무역 전쟁이 시작되었다. 바이든 정부는 관세 145퍼센트에 달하는 관세 폭탄을 퍼부었고, 중국은 125퍼센트의 보복 관세로 대응하였다. 5월 12일 양국은 합의를 통해 향후 90일간 미국은 중국에 대한 관세를 30퍼센트로, 중국은 미국에 대한 관세를 10퍼센트로 인하하기로 하였다.

미국의 대중국 관세 부과는 제조업 부활과 경제 성장, 무역 적자 해소를 넘는 전략적 목표를 지니고 있다. 트럼프는 중국이 2001년 세계무역기구 체제에 가입한 후 개발도상국 지위를 악용해 수입을 억제하고 수출을 촉진해 미국 제조업 기반을 약화시키고 불평등과 실업을 양산했다고 비판해 왔다. 문제는 이런 상황이 초래하는 전략적 결과였다. 그는 미국의 대중국 수입 의존도는 꾸준히 증가해 왔지만 중국의 대미국 수출 의존도는 감소해, 상호 의존의 비대칭성에 따른 우려에 따라 대중국 관세 전쟁을 시작하였다. 관세 전쟁이 주요 산업에 타격을 주고 경제성장률 또한 장기적으로 하락할 가능성이 높으며, 무역 적자 역시 상호 보복 조치로 개선되기 쉽지 않다. 그럼에도 미국이 초당적으로 대중국 관세 정책에 합의하고 있는 까닭은 중국에 대한 경제 제재란 측면에 있다. 즉, 중국으로부터의 경제적 피해뿐만 아니라 중국이 첨단 기술 개발과 국가 안보를 연계한 국가 체제techno-security state를 통해 인공지능, 배터리, 로봇, 디지털 감시 체계 등 미래 기술을 선도하는 추세에 강한 우려를 표하고 중국의 기술 패권 도전을 저지하려는 전략적 제재이다(Cheung, 2022).

바이든 행정부는 중국에 과잉 의존하는 것을 전략적으로 축소하기 위해 핵심 광물 수입 다변화, 무역 적자 시정, 중국의 850억 달러 규모 미국 국채 보유액 축소 등을 추진했다. 디리스킹de-risking 개념을 동원하여, 상호 의존이 주는 혜택을 향유하면서도 과잉 의존이 초래하는 국가 안보 리스크를 줄이고자 했다. 바이든 정부는 대외 의존의 다변화를 꾀하여 이른바 '프렌드 쇼어링friend-shoring'이란 이름으로 우호국과 공급망을 재편하여 회복력을 향상하고자 했다.

반면 트럼프 2기 행정부는 의존의 다변화보다는 공급망의 국내 이전으로 의존의 축소를 꾀하고 있다. 미국은 상호 관세로 중국뿐만 아니라 우호국인 멕시코, 캐나다, 베트남의 수출을 틀어막았는데, 이는 중국이 이들을 우회 수출 기지로 삼아 수출을 늘리고 있다는 점, 결과적으로 미국의 중국 의존이 지속된다는 점을 염두에 둔 것이다. 일본이나 한국과 같은 동맹국들이 중국에 중간재를 수출하고 중국이 최종재를 미국에 수출하거나 혹은 베트남과 멕시코 등지를 거쳐 우회 수출하는 경로도 차단되고 있다.

일본은 미·중 양국이 여전히 촘촘한 상호 의존의 망으로 연결되어 있기 때문에 디커플링으로 이행하는 것이 현실적으로 가능하지 않다고 보고 있다. 다만 양국이 협상 국면으로 전환하더라도 치솟은 관세율, 이미 설정한 여러 수출 및 수입 규제 조치를 원위치로 되돌리기는 어렵다고 본다. 특히 미국은 안보 관련 기술, 민군 겸용 기술의 중국 유입 차단을 추진하면서 일본의 협력을 강하게 요구해 왔다. 이미 반도체 분야의 경우, 바이든 정부는 반도체 장비의 중국 유입을 막기 위해 일본, 네덜란드와 3자 협력을 강요한 바 있다. 2022년 10월 미국은 세계 시장을 지배하고 있는 일본의 도쿄일렉트론과 니콘, 네덜란드의 ASML이 중국으로 장비를 수출하지 않도록, 두 나라와 외교교섭을 하여 규제 조치를 도입하도록 하였다. 동맹국 및 우호국과의 협력으로 공급망을 재편하고자 한 것이다. 일본 정부는 군사적 전용 가능성이 있는 기술의 유출 방지를 위한 조치라고 밝혔지만 중국의 강력한 반발, 핵심 원자재 수출 통제 등 보복 위협, 그리고 해당 기업의 경제적 손실을 감수해야만 했다. 요컨대, 공급망 재편에 있어서 핵심 기술 유출 방지와 경제적 이익 사이 균형을 유지해야 하는 힘든 상황을 맞이하고 있는 것이다.

일본의 우려는 한 발 더 나아가 안보 영역으로 확대되고 있다. 사실 트럼프는 대미국 무역 흑자를 내는, 일본을 포함한 동맹국을 정조준하는 측면이 있다. 트럼프는 우선 NATO 회원국들에 포문을 열고 거칠게 압박하고 있지만, NATO 밖의 동맹국인 일본에도 압력을 가하고 있다. 그는 미·일 동맹을 미국은 일본을 방위해 주지만 일본은 미국을 방위할 필요가 없는 불공정한 거래 관계라 비판하며 무역 불균형 시정과 방위비 증액을 요구하고 있다.

일본은 관세 폭탄에 따른 경제적 피해뿐만 아니라 트럼프의 동맹관을 우려하고 있다. 동맹을 단지 편의에 의한 거래적 관계로 보는 것인가, 아니면 패권의 주요 부속품으로 보는 것인가 하는 점이다. 트럼프가 마가MAGA 민족주의자처럼 패권을 방기하고 일반 강대국으로서 강대국 간 협의와 결정에 의존하며 동맹과 국제기구에 기반한 기존 질서를 해체하고 전략적 재설계에 나서는 혁명적 변화를 추구한다면 일본은 미국 의존도를 줄이고 독자적 안보 및 경제 전략을 준비해야 한다. 반면, 트럼프 전략이 동맹국에 대해 책임과 특권의 배분을 둘러싼 전략적 재조정에 나서는 것이라면 일본은 전략적 분열을 억제하고 미국의 패권적 지위를 보완하여 기성 질서의 복원과 진화로 이끄는 노력을 기울일 수 있다.

1971년 닉슨 쇼크Nixon Shock로 불리는 미국의 재조정은 후자를 상징하는 사건이다. 당시 미국은 베트남 전쟁의 수렁에서 빠져나오지 못하고, 일본과 독일의 부상에 따른 경쟁력 약화로 경상 수지 적자, 재정 악화, 인플레이션 압력에 시달렸으며, 소련의 군사력 강화로 전략적 우위도 흔들리기 시작했다. 닉슨 대통령은 모든 수입에 10퍼센트 과징금을 부과하고, 달러와 금 사이 태환 제도를 중지하여 고정환율제를 버렸다. 나아가 해외 주둔 미군을 감축하고 공산 중국과 데탕트에 나서는 외교적 충격을 주었다.

닉슨 쇼크는 미국 패권의 쇠퇴로 인해 나타났다. 본래 패권국이란 국제 질서를 구축하고 유지하는 세력을 의미한다. 패권국은 압도적인 경제적·군사적 능력을 갖추고, 질서 구축과 유지를 담당하겠다는 의지를 가지며, 순응하고 지지하는 팔로어 국가들을 보유할 때 성립된다. 이를 구비한 미국은 자국 이익을 보장하는 국제 질서를 구축하고 규칙 제정자로서 특권을 누렸다. 동맹국은 이 질서를 지지하는 팔로어 역할을 담당했고, 그 대가로 미국으로부터 안보 공여와 시장 개방이란 혜택을 입었다. 그러나 국력의 장기적 쇠퇴 속에서 닉슨은 대외적 개입을 절제하고 기존 의무를 축소하여 부담을 동맹국에 이전하는 전략적 조정을 단행한 것이다. 당시 일본 사토 에이사쿠佐藤榮作 정부는 닉슨이 동맹국에 사전 통보 없이 일방적으로 조치를 발표한 데 대해 외교적 모욕감과 배신감을 느꼈고 1945년 이래 최초로 미국 의존 외교 탈피 및 자주적 경제 외교 노선으로 전환을 모색하게 되었다. 그러나 닉슨이 소기의 성과를 이루자 바로 관세 인상을 철폐하고 변동 환율 체제의 안정적 관리로 이행하면서 일본 외교는 이에 적응하였다. 일본은 G7의 일원이 되어 기성 자유주의 질서의 수정과 조정 과정에 참여하며 미국이 패권적 지위를 유지하고자 하는 노력을 지지하고 나섰다. 다시 말해서 미국 중심 기성 질서 속에서 "2등 일본"으로서 미국의 충실한 조력자가 되고자 한 것이다.

패권의 조력자에서 공동 패권으로

현재 일본의 전략도 이와 유사한 맥락에서 미국의 패권 질서를 유지하는 데 역할을 찾겠다는 것이다. 트럼프가 추진하는 일련의 과격한 조치들이 기성 질서의 해체가 아닌 재조정 차원으로 한정될 수 있도록 돕겠다는 것이다. 사실, 이러한 정책 사고는 이미 기시다 정부가 보여주었다. 2023년 1월 13일 기시다 총리가 존스홉킨스대학Johns Hopkins University에서 한 연설을 보면(岸田文雄, 2023a), 일본은 국제 사회가 구조적으로 당면하고 있는 도전을 "역사적 전환점", 즉 세력 균형의 거대한 변화와 자유주의 국제 질서의 위기로 진단한다. 이러한 발언은 미국이 더 이상 지구적 리더십을 행사할 능력을 보유하고 있지 않다는 인식을 표출한 것이다. 이미 일본이 인도-태평양 개념을 도입하여 자유롭고 개방적인 인도-태평양FOIP이란 전략 공간을 상정한 것도 이런 인식의 일단이라 할 수 있다. 돌이켜보면 아베 총리는 팽창하는 중국의 영향력을 견제하고 관리하기 위해서는 상대적 쇠퇴의 길을 걷고 있는 미국과 동맹 강화만으로는 부족하다는 인식을 바탕으로, 부상하는 인도를 끌어안고 호주와의 전략적 파트너십을 확대하는 전략을 펼친 바 있다. 안으로 군사력 증강, 밖으로는 미·일 동맹과 FOIP 쌍두마차를 이끌고자 한 것이다.

기시다 총리는 한 걸음 더 나아가 방위력의 근본적 강화를 위해

그림 3-7 역사적 전환점에서 내린 일본의 결정

2023년 1월 13일 기시다 총리가 존스홉킨스대학에서 연설하고 있다.

출처: 일본 외무성(2023)

GDP 2퍼센트 수준의 군사비를 확보하는 것이 외교력 강화의 기초가 된다는 점을 전제로 하여, 미국과의 동맹 강화를 언급한 후 동지국like-minded country과의 결속 강화, 그리고 글로벌 사우스와의 관계 강화를 강조하였다. 미국 청중 앞에서 미국 혼자서는 지구 질서 재건축이란 역사적 전환이 불가능하므로 일본과 협력해 리더십을 복원해야 한다는 점, 일본은 동지국과 글로벌 사우스와의 협력, 특히 미래의 주역으로 부상하는 인도와 아세안과의 협력을 이끌어내는 데 중추적 역할을 담당하겠다는 점을 강조한 것이다.

기시다 정부는 당면한 안보 및 경제 현안을 관리하고 해결하는 데 필요한 파트너로 가치와 정체성을 공유한 동지국과의 결속과 연대를 강조하고 그 중심으로 G7을 지목하였다. 일본에 G7은 미·일 동맹과 동조화란 측면에서 용이한 대상이기도 하고 또 2023년 5월 G7 의장국으로서 히로시마 정상 회의를 개최하는 이점이 있었다. 기시다 총리는 유럽과 아시아 간 안보적 연계성을 강조하며, 특히 "중국과의 관계를 관리하기 위해 일본, 미국, 유럽이 힘을 합치는 것이 절대적으로 필요"하다고 역설하면서 G7을 역내 일방적 현상 변경 시도를 제어하는 주요 기제로 삼고자 했다(岸田文雄, 2023c).

한편, 2023년 3월 20일 기시다 총리는 인도를 방문하여 FOIP 개정판인 "자유와 개방의 인도-태평양을 위한 새로운 계획"을 공표함과 동시에 거행한 연설 "인도-태평양의 미래: 자유와 개방의 인도-태평양을 위한 새로운 플랜, 필수불가결한 파트너인 인도와 함께"에서 세력 균형의 거대한 변화를 상징하는 인도의 부상을 강조하면서, 글로벌 사우스의 성장을 다시 한번 언급하였다(岸田文雄, 2023b). 그는 현재와 미래의 국제 질서가 미·중 전략 경쟁이나 신냉전으로 규정되지 않는다는 인식을 피력하였다. "일극, 이극(양극), 다극 등 (…) 단일 혹은 복수의 대국에 의한 극極"이란 단어가 국제 질서의 적확한 표현이 아니라고 전제하면서, "다양화"란 개념을 사용하여 국제사회는 "지구 남반부의 역사적·문화적 배경의 정확한 이해"를 바탕으로 "동등한 파트너십"을 추구하고 "지구 거버넌스의 책임 분담 방식"을 재고해야 한다고 주장하였다. 다분히 글로벌 사우스 리더십을 장악하고자 하는 인도를 의식한 발언이지만, 일본 내 정책 서클에서 대두되는 분위기, 즉 러시아의 우크라이나 침략을 비난하는 성명에 찬동하는 국가가 세계 인구의 33퍼센트에 그치고 민주주의 정상 회의 선언에 서명한 국가가 73개국에 불과하다는 사실, 그리고 2024년 미국 대선 결과에 따라 이런 추세가 더욱 강화될 수 있다는 점 등에 비추어 미국과 서방 위주 외교 노선을 재고해야 한다는 인식을 반영한 것으로도 볼 수 있다.

사실 일본이 글로벌 사우스 외교에 있어서 관문 혹은 시금석으로 생각하는 대상은 아세안이다. 기시다 총리의 표현에 따르면 지구 남반부와의 관계 강화에서 일본에게 "가장 가깝고 중요한 동료들"이다. 아세안 지역은 세계 경제의 성장 센터이며, 일본이 이용하는 해양 운송로뿐 아니라 FOIP의 전략적 요충지를 차지하고 있지만, 중국의 경제적 영향력이 압도적인 지역이다. 아세안 모든 국가에게 중국은 최대 무역 상대국이며 전체로 수출의 16퍼센트, 수입의 24퍼센트를 점유하고 있다. 따라서 일본은 중국에 대한 아세안의 과도한 의존을 견제하는 동시에 미·중 대립에 말려들지 않도록 하는 미묘한 외교 전략을 추구하고자 한다. 일본은 교류 50주년을 맞아 경제 협력 비전을 제시하고 지난 12월 17일 일-아세안 우호 협력 특별 정상 회의를 개최하여 아세안과 경제협력의 "심화와 확대", 전략적 파트너십의 구축을 통한 "미래의 공동 창조共創"을 선언하였다(岸田文雄, 2023d).

그림 3-8 일본-아세안 정상 회의 50주년

2023년 12월 17일, 도쿄에서 열린 일본과 아세안 교류 50주년 기념 특별 정상 회의에 참석한 각국 정상이 손을 맞잡고 있다. 왼쪽부터 페르디난드 마르코스 필리핀 대통령, 리셴룽 싱가포르 총리, 세타 타위신 태국 총리, 팜민찐 베트남 총리, 조코 위도도 인도네시아 대통령, 기시다 후미오 일본 총리, 손싸이 시판돈 라오스 총리, 하사날 볼키아 브루나이 술탄(국왕), 훈 마네트 캄보디아 총리, 안와르 이브라힘 말레이시아 총리, 샤나나 구스망 동티모르 총리.

출처: 일본 수상관저(首相官邸, 2023)

일본의 동지국 연대, 글로벌 사우스와의 관계 강화가 중국 견제의 수단으로만 고려되는 것은 아니다. 2022년판 『국가안전보장전략』이나 2023년판 『자유와 개방의 인도-태평양 새로운 계획』에 드러나 있듯이 일본의 전략적 목표는 국제 질서가 반드시 자유주의 규범과 규칙에 기초하지 않더라도 기본적으로 자유와 법의 지배, 주권과 영토적 통일성 존중, 분쟁의 평화적 해결, 무력의 불행사 등이 준수되는 국제 질서의 유지에 두고 있다. 따라서 중국이 자국의 체제와 이념에 맞지 않더라도 질서가 규정하는 경쟁의 기본 틀과 규칙을 위반하지 않는 한 그 부상 자체를 반대하는 입장은 아니다. 중국이 자국에 유리한 새로운 국제 규범, 규칙, 질서를 조성해 가려는 시도에 반대한다는 뜻이다. 기시다 총리는 중국이 야기하는 도전 요인에 대해 자국의 종합 국력과 동맹국·동지국과의 연합으로 대응해야 한다고 단언하면서도, 중국과 함께 국제 사회의 평화와 안정에 공헌하고 인류 공통의 과제에 협력하는 "건설적이고 안정적 관계" 구축을 지향한다는 입장을 견지하였다(岸田文雄, 2023a).

요컨대 기시다 총리는 미국과 글로벌 리더십을 공유하겠다는 목표를 내걸었고, 2024년 6월 바이든과 기시다 간 미·일 정상 회담은 이를 공식화하였다. 양국은 미·일 관계를 "미래를 위한 글로벌 파트너"로 규정한 후, 인도-태평양 지역 차원과 글로벌 차원을 연계하여 미·일 협력의 범위와 내용을 제시하였다(外務省, 2024). 기시다 총리는 일본의 방위비 증액, 군사적 반격 능력 향상, 난세이제도 방위 강화를 재확인한 후, 우주 개발·기술 혁신·기후 변화·개발 협력 등 다양한 분야에서 양국이 협력할 것이며, 양국이 모두 동지국 및 국제기구와 협력할 것임을 천명하였다.

이시바 정부의 트럼프 대응

기시다의 뒤를 이은 이시바 시게루石破茂 총리는 트럼프 2기 행정부 출범 직후인 2025년 2월 7일 워싱턴을 방문, 미·일 정상 회담에서 '아첨 외교'라 불릴 만큼 수용적인 태도를 보이며 미·일 관계 안정화를 위해 노력했다. 그는 트럼프 대통령과 개인적인 신뢰 관계를 구축하며 미·일 관계의 황금시대Golden Age를 선언하였는데, 그 중심 매개체는 총 1조 달러 규모의 대미 투자 확대 계획이었다. 토요타 등 주요 기업이 미국 내에 공장을 건설하고 생산을 확대하도록 하고, 미국산 액화 천연 가스liquefied natural gas, LNG 수입을 늘리며, 알래스카 석유 및 천연 가스 개발 사업에 미·일 합작 투자를 하겠다는 의사를 밝혔다. 또한 US스틸에 대한 일본제철의 대규모 투자, 첨단 기술 협력 등을 제시하여 트럼프의 환심을 샀다. 이시바 총리의 방문은 트럼프 대통령의 동맹관, 즉 트럼프가 미·일 동맹을 편의에 의한 거래 관계로 보는 것이 아닌가라는 의구심과 우려를 어느 정도 불식시킬 수 있었다. 첫째, 미국의 확장 억제extended deterrence 즉, 핵우산 제공 의지와 센카쿠 해역 방위 의지를 확인할 수 있었고, 둘째 관세 협상에 방위비 분담금 증가 요구를 연계하지 않았으며, 셋째 인도–태평양 지역에서의 미·일 협력, 북 비핵화와 한·미·일 안보 협력을 확인하였다(Ishiba, 2025).

그러나 곧이어 이시바 정부는 트럼프 정부가 4월 3일 국가별 상호 관세안을 발표하며 일본에 대해 상호 관세 24퍼센트, 철강과 알루미늄 관세 25퍼센트, 자동차와 자동차 부품 관세 25퍼센트를 부과하자 당혹감과 배신감에 휩싸였다. 트럼프 대통령의 상호 관세 90일 유예

그림 3-9 2025년 미·일 정상 회담

트럼프 대통령이 기자 회견 중 이시바 총리에게 자신의 홍보 책자를 선물했다.

출처: AP통신(2025)

선언 이후 최초의 교섭 상대가 된 일본은 시범 케이스로 선정되었고 협상에 난항을 겪었다. 미국은 철강, 자동차 관세는 그대로 두고 24퍼센트 상호 관세 중 10퍼센트를 기본으로 하여 나머지 14퍼센트에 대하여 타협을 보고자 했다. 반면 일본은 상호 관세와 함께 철강, 자동차 관세의 재검토 축소 등 전체적 협상을 요구했다. 양국 간 협상의 구도가 일치하지 않은 것이었다.

이후 일본은 7월 22일 미국과 최종 합의하고 추가 협상을 거쳐 9월 4일 양국 간 합의 양해 각서를 발표했다. 일본은 상호 관세 15퍼센트와 자동차 및 자동차 부품 관세를 27.5퍼센트에서 15퍼센트로 경감하는 대신 미국에 5,500억 달러 규모의 투자 실시를 약속하였다. 이를 위해 미국 상무장관이 의장을 맡는 '투자위원회'가 투자 사업을 선정하여 대통령에게 추천하고, 양국이 지명하는 인사로 '협의위원회'를 구성하여 투자 사업에 대한 협의를 진행하기로 했다. 또 투자와 관련하여 '특별목적사업체'를 설립하여 일본의 투자 자금을 관리·통치하도록 합의하였다. 일본은 투자 사업에 대해 필요한 자금을 제공하지 않는 거부권을 행사할 수 있지만, 이 경우 미국은 관세 인상 등을 단행할 수 있도록 하였다. 끝으로 투자 수익은 원금 상환 시까지 양국이 50 대 50, 이후 미국 90 대 일본 10으로 배분하기로 하였다.

일본은 중국, 캐나다, 브라질 등 미국과의 협상에서 강한 스탠스를 누그러뜨리지 않는 국가들과 달리 미국과 거래를 성사시키기 위해 적극적이고 협력적으로 나섰다. 국내적으로 "레이와令和 시대의 불평등 합의"라는 비판에도 불구하고 타결을 이룬 데에는 자동차 산업의 이해 등 경제적 고려만큼이나 미국과 전략적 협력을 통해 안정과 번영을 추구하는 기본 대전략이 작동하고 있었다.

5. 일본의 미래 선택지: 플랜 A, 플랜 B, 국내적 지지

국제 질서 유지를 위한 미국 패권의 보완과 조력

일본 외교의 미래는 트럼프주의의 미국과 관계 설정이란 중차대한 과제를 안고 있다. 트럼프의 행보는 자유주의적 국제주의 차원에서 행해온 국제 개입을 선택적으로 축소하고 미국 우선의 단기적·부분적 이익을 추구하면서 상대에 따라 거래 중심적으로 동맹을 다루는 경향을 보이고 있다. 달러 패권에 도전을 기도하는 브릭스 국가들에 관세 폭탄으로 위협하는 한편, NATO 회원국에는 유럽 안보의 주요 역할을 떠넘기고 인도-태평양 지역 동맹국에는 중국 견제를 위한 방위비 분담 증액, 미국 무기 도입, 미국에 대한 투자 확대, 중국에 대한 기술 통제를 압박하고 있다. 일본은 이러한 트럼프식 외교가 트럼프 2기 이후에도 지속될 가능성이 크다고 본다. '트럼프 없는 트럼프주의'라고 부를 수 있겠다. 예컨대 트럼프 보호주의는 바이든, 트럼프 2기를 거쳐 차후 민주당이 집권하더라도 이어질 것으로 본다. 이러한 현상이 1980년대 신자유주의와 세계화, 기술 혁신으로 인한 미국 사회의 구조 변화, 즉 국내 격차의 확대에 따른 사회적 분단과 정치적 분단의 결과란 점에서 근본적 구조 변화가 일어나지 않는 한 트럼프주의 대외 정책 역시 크게 변화하지 않을 것이라 본다.

그렇다면 일본은 트럼프의 미국과 어떻게 관계를 이어갈 것인가? 기본적으로 일본은 미국 패권을 지지한다. 1945년 이래 패권 질서 아래에서 고도성장을 이룩하여 열강의 반열에 올랐기 때문에 미·일 동맹, 달러 기축 통화 체제와 개방 무역 체제의 유지를 원한다. 일본은 팽창하는 중국의 영향력을 견제하고 자유와 개방의 국제 경제 질서를 유지하기 위해서는 당장 미국 이외에 대안이 없다고 믿는다. 미국 없는 국제 질서는 현실적이지 않다. 이를 추구하게 되면 오히려 중국 중심의 국제 질서를 불러올 것이기 때문이다. 다만 미국이 상대적으로 쇠퇴하면서 더 이상 지구적 리더십을 행사할 능력이 없고 이를 유지하려는 의지도 부족하기 때문에, 일본은 미국이 국제 질서의 한 축을 담당할 책무가 있음을 환기하고, 이를 보조하고 보완해 주고자 한다. 앞서 아베-기시다 라인이 보여주었듯이 일본은 미국의 하위 파트너로서 미국 패권이 유지될 수 있도록 돕는 전략을 취하고 있다. 일본은 미국의 패권에 투자하는 것이지 기업의 이익, 단기적 국익을 위해 투자하는 것이 아니라는 논리이다.

이런 점에서 일본은 안보 면에서 자국 군사력 강화와 미·일 동맹의 강화를 통해 미국의 패권적 부담을 경감하는 동시에 일본의 국제적 안정과 평화를 향한 공공재 제공에 적극 나서겠다는 의지를 표명하고 있다. 구체적으로 방위비 증액과 미국 무기 수입 등을 통해 안보 부담의 공유를 확대하고, 중국에 대해 군사 안보와 관련된 첨단 기술 통제로 미·일 경제 안보 협력을 강화할 준비를 갖추고 있다.

경제 면에서도 일본의 입장은 비교적 분명하게 드러난다. 첫째, 대미 무역 흑자에 따른 미국 측의 관세 공세에 대해 비관세 장벽 시정 조치 등으로 자동차, 농산물 등 대미 수입을 증대하여 확대 균형을 이루겠다는 의지를 보여 주고 있다. 둘째, 미국 제조업 부활을 위해서는 관세에 의한 보호 조치가 능사가 아니며, 경쟁력 있는 일본 기업이 직접 투자를 통해 현지 생산을 확대하고, 고용을 증가하는 방식으로 가능함을 강조하고 있다. 셋째, 경제 안보 차원에서 중국 견제에 동참하지만, 중국과의 단절을 통한 중국 고립 전략에는 동의하지 않는다.

과잉 의존을 줄이기 위한 동지국과의 연대와 협력

일본이 우려하는 것은 미국이 스스로 고립주의에 빠지거나 자멸적이고 모순적인 조치로 국제 사회의 신뢰와 리더십을 상실하는 사태이다. 무모한 상호 관세 부과가 여기에 해당한다. 패권 유지를 주장하면서도 패권적 의무를 방기하고 정책 변경을 거듭하면 미국에 대한 동맹국의 신뢰 하락과 이탈 위험성이 커지고 패권 쇠퇴는 가속화할 것이다. 중국과 러시아가 이러한 공백을 이용할 가능성이 높아질 것이며, 기존의 자유주의 국제 질서 속에서 평화와 번영을 이룩한 한국, 일본, 독일 등 동맹국의 국익은 위태로워질 것이다.

이런 차원에서 최근 제기되고 있는 담론은 '플랜 B' 준비이다. '플랜 A'가 미국 패권의 유지를 위한 일본의 조력자 역할이라면, 동시에 미국에 의존해 온 부분을 축소하는 대미 디리스킹 전략이 중요하다. 미국이 관세 부과를 통해 자국 중심으로 공급망을 재편하는 데는 상당한 시간이 걸릴 뿐만 아니라, 주가 변동이나 국채 금리 상승 등 금융 시장 불안을 초래하여 불확실성에 의한 여러 리스크를 초래하게 된다. 시장의 신뢰가 저하하면 리스크 관리 차원에서 일본 기업의 미국 투자 역시 축소를 고려해야 한다. 미·일 동맹을 기축으로 한 일본 외교 기조는 지속되겠지만, 미국에 대한 과잉 의존을 축소하는 방향으로 정책적 적응이 필요한 것이다.

특히 경제적 측면을 보면, 미국이 자유 무역의 리더 지위를 스스로 포기했기 때문에 일본은 단기적으로는 미국과 관세 협상에 나서는 동시에 중장기적으로는 미국에 대한 과잉 의존을 분산하는 조치로서 포괄적·점진적 환태평양 경제 동반자 협정CPTPP를 통한 리더십을 추구하고자 한다. 2017년 트럼프의 TPP 탈퇴 이후 일본이 이른바 '미국 없는 다자 질서'를 주도한 것처럼, 이제 일본은 CPTPP를 적극적으로 활용하여 신뢰할 수 있는 경제 네트워크로 발전시킨다는 구상이다. 마찬가지로 역내 포괄적 경제 동반자 협정Regional Comprehensive Economic Partenership, RCEP도 주요한 기제로 활용할 수 있다.

이런 시도는 일본이 내장된embedded, 회복력 있는resilient 세계화 혹은 재세계화를 선호하는 국가군群과 연대, 협력하여 다자 질서를 복원한다는 뜻이다. 시장주의가 초래한 부의 불평등을 완화하는 포용적 세계화, 팬데믹과 같은 재난 혹은 국가 간 상호 의존의 무기화에 대해 회복력 있는 세계화를 추진하기 위해 동지국, 특히 호주, 캐나다, 영국, EU 선진국 등과 다자 협력을 추구하는 것이다.

일본은 아세안 국가들에 주목하고 있다. 일본은 기존 CPTPP 가맹국인 싱가포르, 브루나이, 말레이시아, 베트남에 더하여, 여기에 가입 의향을 보이는 인도네시아와 태국에도 외교적 노력을 기울이고 있다. 일본은 중국에 대한 과잉 의존을 해소하기 위해, 즉 다변화diversification 차원에서 이른바 '차이나 플러스 원China plus one'의 대상으로 꼽아 왔으나, 이제는 자유주의 질서의 회복에 대해 뜻을 함께하는 국가(동지국)로서 지역을 단위로 한 무역 협정 및 네트워크 수립에 본격적인 외교 노력을 경주해야 할 때가 왔다.

이와 같은 조정된 자유주의 노력의 궁극적인 관건은 역시 미국의 전략적 재조정strategic readjustment 여부이다. 미국이 관세 부과를 통한 보호주의가 인플레이션, 금융시장 혼란 등을 일으켜 미국 경제 성장과 무역 적자 해소에 도움이 되지 않는다는 사실을 확인하는 시점에서 미국의 복귀가 시작될 가능성이 있다.

자강을 위한 투자

일본 스스로 자립할 수 있도록 국력을 신장해야 한다는 점이 강조

그림 3-10 일본의 인구 구조 전망

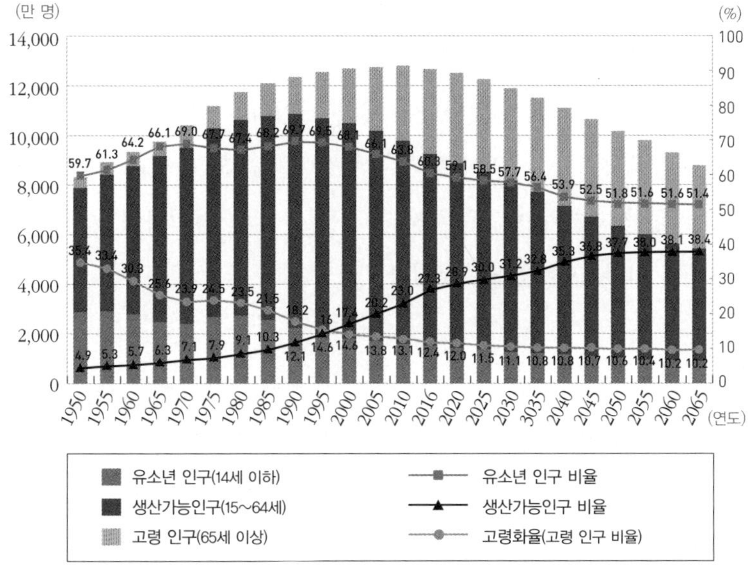

일본의 고령화율은 점점 상승하여 2025년에는 30퍼센트를 넘어 2060년에 40퍼센트에 가까워지는 반면, 생산 연령 인구의 비율은 2025년 58.5퍼센트에서 2060년 51.4퍼센트로 급감할 것으로 예상된다.

출처: 일본 후생노동성(厚生勞働省, 2019: 20)

되고 있다. 일본이 안고 있는 구조적 한계들, 예컨대 세계 최고의 고령화율과 인구 감소에 따른 연금과 건강 보험 재정 대응력이 심각한 수준에 이르렀고, 세대 간 부양의 지속 가능성이 저하되고 있다. 정부의 재정 적자도 선진국 중 최고 수준이다. 예산 총액 254조 엔 중 국채비가 82조 엔이며, 사회 보장비 100조 엔(그중 연금이 53조 엔, 의료가 43조 엔)과 국방비(10조 엔) 등을 감안하면 성장과 기술 혁신에 투여할 재정 여력은 넉넉지 않다.

이러한 구조적 제약 속에서 일본 내에서는 여러 대안 담론이 제시되어 왔다. 건강대국론(바이오 강국론), 생애현역론, 열도개방론(문화적 정체성), 환경혁명론 등이 그것이다. 그중에서도 인공지능 등 첨단 기술에 적극 투자해야 한다는 주장이 대두되고 있다. 주요국 간 혁신 경쟁이 이루어지고 있는 가운데 일본은 뒤처져 있다는 인식, '잃어버린 30년' 때의 정체에서 벗어나지 못하고 있다는 인식하에 정부와 기업이 대담한 전략을 세워야 한다는 주장이 제기되고 있다. 연구 개발 투자에 대한 세제 혜택 등 투자 환경을 과감히 정비하여 국내 투자 활성화를 이루어야 한다는 것이다.

6. 나가며: 한·일 관계와 외교 정책의 국내적 지지

일본이 한국과 맺는 관계로 끝맺고자 한다. 일본은 북한의 핵 미사일 도발에 대한 위협 인식을 공유하는 데서 한국과 안보 협력의 기반을 이루고 있고, 한반도와 지역의 비핵 안보, 핵 비확산, 타이완해협의 안정과 평화, 해상 수송로 보호 등 주요 사안에 대해서도 한국과 안보 이익이 수렴하고 있다.

경제 면에서도 한·일 양국은 무역 대국으로서 자유와 개방의 국제 경제 질서에 사활이 걸려 있다. 또한 제조 강국으로서 상호 보완적인 산업 구조를 지녔고 긴밀한 공급망으로 연계되어 있다. 경제 안보 측면에서도 양국은 경제적 상호 의존의 네트워크에 깊이 내장된 자국 경제의 취약성, 예컨대 전쟁이나 팬데믹, 재해로 인한 충격 혹은 특정국에 의한 상호 의존의 무기화(즉, 경제 강압) 등에 대비하는 조기 경보 체제를 수립해야 하고, 핵심 광물 공급망의 안전을 확보해야 하는 등 많은 협력 사안을 공유하고 있다. 특히 자유주의 세계 질서 속에서 고도성장을 이룩하였고 또한 경제 강압의 피해를 경험한 한·일 양국은 세계화의 역진을 저지하고 자유주의에 기반하면서도 포용적이고 회복력 있는 세계화를 추진하는 데 이해를 함께한다.

그럼에도 불구하고 일본은 한국과의 전략적 협력에 주저했다. 한국에 대한 신뢰가 부족하기 때문이고 그 원천은 역사 문제를 둘러싼 갈등이다. 양국 간 갈등은 지난 2012년 이명박 대통령의 독도 방문과 천황 사죄 요구 발언, 한·일 군사 정보 보호 협정General Security of Military Information Agreement, GSOMIA 체결 무산, 한·일 통화 스와프 해소, 그리고 일본군 '위안부' 문제 협의 중단 등 일련의 사태가 이어지면서 본격화되었다. 2013년 아베 총리의 대륙 침략 부인 발언과 야스쿠니 신사 참배를 둘러싼 대립, 그리고 2014년 '위안부' 해법 공방과 국제 공공외교전으로 악화일로를 걸었다. 이러한 적대적 국면은 2015년 12월 정부 간 '위안부' 피해자 문제 합의로 전환의 계기를 맞았으나 2016년 부산 평화의 소녀상 설치 소동, 2017년 대선 후보 5인의 합의 파기·재협상 공언, 문재인 정부의 '위안부' 합의 재검토, 2018년 '화해·치유 재단' 해산, 대법원의 강제 동원 판결, 동해상 레이더 조사照射 진실 공방, 2019년 아베 총리의 무역 보복과 한국의 맞보복, GSOMIA 종료 선언, 2020년 코로나19 입국 금지 시비, 군함도 산업 유산 유네스코 등재 공방, 법원의 '위안부' 판결 등 수많은 사건을 거치며 다시 악화되었다.

일본의 아베 정부는 역사 문제를 둘러싼 감정적 대립과 불신으로 한국과 협력을 주저하고 한국의 전략적 가치를 평가 절하하며 종종 적대적으로 대하는 지경에 이르렀다. 2014년판 일본 『외교청서』는 한국에 대해 "자유, 민주주의, 기본적 인권 등의 기본적인 가치와 평화와 안정의 확보 등의 이익을 공유하는 일본에 가장 중요한 이웃"으로 기술하고, "가치의 공유", "이익의 공유", "가장 중요한 이웃"이라 표

현하였으나, 2015년판 일본『외교청서』에서는 한국에 대해 "가장 중요한 이웃最も重要な隣国"만 남고, 가치와 이익의 공유 표현이 삭제되었다. 2016년판과 2017년판에서는 "전략적 이익을 공유하는 가장 중요한 이웃"이라는 표현이 부활하였지만, 2018년판 이후 아예 사라져 버렸다(조양현, 2021: 21~22). 특히 아베의 대전략인 자유롭고 개방적인 인도-태평양FOIP에서 한국이 빠진 것은 눈에 띄는 결함이다. 보편적 가치를 공유하는 국가, 민주주의 국가와의 연대를 주창하면서도 아시아의 대표적인 민주주의 국가인 한국을 무시했기 때문이다. 아베 정부는 한국의 반일 감정을 공격하고 법치와 같은 보편 가치를 공유하지 못하는 국가로 치부했다. 한국을 "약속을 지키지 않는 나라", "법치가 통하지 않는 나라", "신뢰할 수 없는 나라"로 비판하는 등, 한국의 국민성 혹은 정체성을 공격하며 전략적 협력 대상에서 사실상 제외한 것이다.

그러나 미국은 인도-태평양 전략에서 한·미·일 협력을 주요 수단으로 삼아 한·일 관계 회복을 위해 외교적 노력을 기울였다. 특히 바이든 정부의 커트 캠벨Kurt Campbell 백악관 인도-태평양 조정관은 부챗살 동맹 네트워크에서 한국과 일본 같은 동맹국 간의 협력이 중요함을 역설하였고(Campbell & Doshi, 2021), 이러한 노력은 2022년 2월 공표한『인도-태평양 전략 보고서』에 잘 드러나 있다. 미국의 공식 문서에서 최초로 한국과 일본의 관계 개선을 촉구하는 문장이 들어갔고, 인태전략의 10대 행동 계획action plan 중 한·미·일 삼각 협력을 핵심 요소로 명확히 규정하였다(The White House, 2022). 일본이 한·일 관계의 회복에 전향적으로 나서게 된 데에는 이렇듯 미국의 노력이 있었다.

미국의 외압이란 위로부터의top-down 압력과 함께 민간 교류의 확산이란 아래로부터의bottom-up 압력도 작용했다. 동아시아연구원의 대일 인식 조사 결과를 보면 한·일 양국의 상대방에 대한 긍정적 인상은 지속 상승하고 있다. 2019년 한국 정부의 강제 동원 문제 처리에 대한 보복 조치로 아베 정부가 반도체 소재 수출 통제를 감행하면서 한·일 관계가 얼어붙었고, 상대국에 대한 호감도도 크게 하락했다. 그러나 양국 국민 간 호감도는 지속적으로 상승하여 일본은 2023년 호감도가 비호감도를 추월하는 골든크로스가 있었고, 한국 역시 호감도가 빠르게 증가하였다.

이러한 상호 인식 개선은 민간 교류 덕분이다. 특히 양국 청년 세대(MZ 세대)를 주축으로 관광, 대중음악(K-Pop과 J-Pop), 식문화, 영

그림 3-11 한국과 일본의 서로에 대한 인상 변화

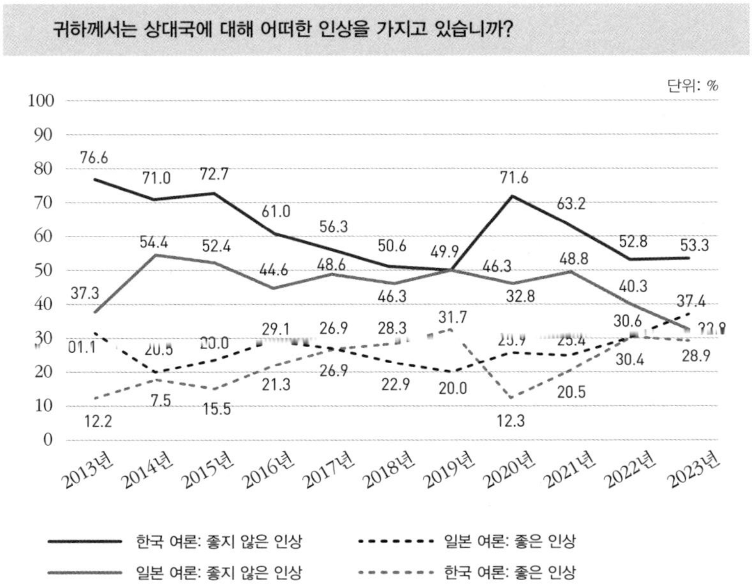

출처: 동아시아연구원·言論NPO(2023).

그림 3-12 한국과 일본의 상대국 대중문화 소비와 호감도의 관계

('상대국의 대중문화를 즐기십니까?' 질문에 "매우 그렇다" 및 "약간 그렇다" 응답자만)
대중문화가 상대국의 인상을 향상시킨다고 생각합니까?

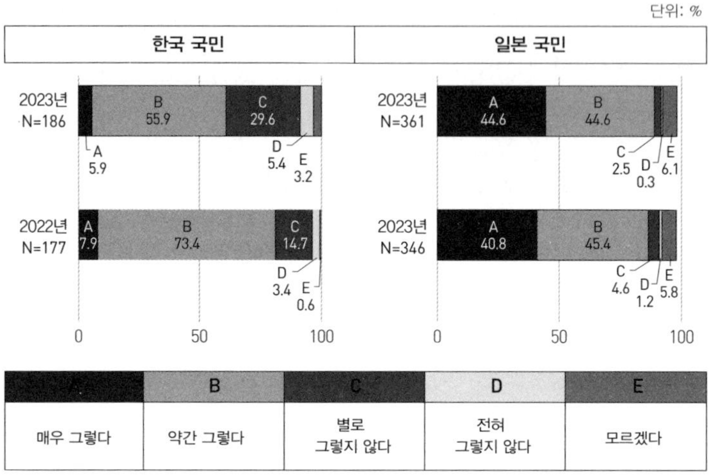

출처: 동아시아연구원·言論NPO(2023).

화, 드라마 등 상대국 대중문화의 광범위한 소비가 이루어지고 있다. 이들은 기성세대가 만들어 놓은 선입견이 아니라 직접 경험을 통해 상대국에 대한 긍정적 인상을 형성하여 호감도 상승을 견인하고 있다. 예컨대 상대국 대중문화 소비와 호감도 사이 관련성에 관한 2024년도 동아시아연구원 여론 조사에 따르면 한국 대중문화를 즐긴다고 한 일본 응답 비율은 34.5퍼센트이며, 그중 81.2퍼센트가 한국에 호감을 보였다['좋은 인상을 갖게 된다'(25.8%), '대체로 좋은 인상을 갖게 된다'(55.4%)]고 답했다(손열, 2024). 즉, 대중문화 소비와 상대국에 대한 좋은 인상은 깊은 연관을 가지며, 대중문화 소비가 상호 호감도를 견인한다는 점이 뚜렷해졌다. 2020년 '최악의 한·일 관계' 속에서도 4차 한류 붐이 일어난 것과 같이, 일본의 한류 소비층은 한·

일 관계가 악화되어도 대중문화를 즐기는 것에 대해서는 변함이 없다는 의견 또한 뚜렷하다. "대중문화는 상호성, 동시대적인 소통의 가장 의미 있는 매개이며, 대중문화를 통한 소통과 이를 통한 친밀감은 한·일의 우호적인 미래를 위해 가장 중요한 자산"이 되는 것이다(박승현, 2024).

셋째는 한·일 양국의 정권 교체이다. 우익의 상징인 아베 정부와 반일 민족주의적 색채가 강했던 문재인 정부는 역사, 경제, 안보 세 측면에서 최악의 갈등 상황을 연출하였다. 아베 총리의 퇴진과 함께 한·일 관계 개선을 대선 공약으로 내건 윤석열 정부의 등장으로 관계 개선의 정치적 조건도 마련되었다.

2022년 5월 출범한 윤석열 정부는 강제 동원 문제 해법 마련이란 난제와 마주하여 일본 정부 및 국내 이해 당사자들과 양면 외교에 전력을 다해 2023년 3월 제3자 변제안이란 해법을 제시했다. 일본 내 한국에 대한 불신이 상존한 채로 내각 지지도가 낮은 기시다 정부가 한국과 전향적 타협에 나서기는 어렵고, 마찬가지로 강제 동원 문제에 대해 반성의 태도를 보이지 않는 일본 정부에 한국 정부가 전향적으로 나갈 경우 피해자 등 국민적 반대에 부딪칠 가능성도 적지 않은 이중의 악조건 속에서 내린 결단이었다. 윤석열 정부는 최우선 외교 과제로 한·미 동맹의 강화를 꼽고 이를 위해 한·미·일 협력과 한·일 관계 개선을 추진했다. 또한 이런 흐름에서 인도-태평양 개념을 전면 수용하여 인도-태평양 전략을 제시하였다(대한민국정부, 2022).

또 윤석열 정부의 외교 정책에서는 보편 가치를 강조하는 규칙 기반 국제 질서 확립을 중시하였다. 이를 위해 자유, 민주주의, 인권 등 보편 가치를 공유한 국가들과의 연대를 추구하는 가치 외교에 중점을 두었다. 이런 차원에서 일본은 보편 가치를 공유하는 국가로서 정체성이 규정되었다. 일본은 한편으로 역사 문제 해결의 대상이지만 다른 한편으로는 보편 가치를 공유하여 가치 외교로 연대하는 대상이라는 것이다. 한·일 간 정체성의 공유를 향한 메시지라 볼 수 있다 (니어재단, 2021).

기시다 정부는 이러한 윤석열 정부의 전향적인 태도에 화답하여 무려 12회에 걸친 정상 간의 만남과 「캠프 데이비드 선언」과 같은 한·미·일 간 포괄적 협력 구상을 이끌어 냈다. 그간 인도-태평양 구상에서 일종의 '빠진 고리missing link'였던 한국과의 관계 개선으로 일본은 한·미·일 협력과 한·중·일 협력, 한·일·호 협력 등을 적극 가동할 수 있었다. 이제 일본의 동지국 연대 전략에서 한국은 중심 파트너가 되었다.

일본은 한국과 함께 규칙 기반 질서 수호라는 대의 속에서 강대국들의 경제 민족주의를 견제하고 경제의 과잉 안보화를 저지하면서 재세계화의 규칙과 규범을 만들어가기 위해 상호 협력을 강화해야 한다. 국가 안보와 관련 깊은 민군 겸용 기술의 범위, 산업 보조금 기준, 국가 안보 예외 규정 등 정립, 분쟁 해결 절차 수립 등 구체적인 협력 의제가 여기에 해당한다.

대중국 정책의 경우, 일본과 한국은 경제 분야에서는 협력의 가능성이 열려 있다. 경제 안보적 고려가 요구되는 부문, 즉 군사 안보적 관련이 큰 첨단 기술 부문에서 중국과의 탈동조화는 불가피할지라도, 여타 부문에서 한·일 양국은 중국과 경제적 상호 의존의 네트워크를 견지하는 노력이 필요하다. 중국이 가입 의사를 밝힌 CPTPP는 규칙과 규범을 제정하는 주요 기제인 동시에 중국을 인도-태평양 지역 질서에 포섭하고 구조적으로 관여하는 기제가 될 수 있다. 한국이 규칙 제정자로서 발돋움하려면 CPTPP 가입이 필요하다.

문제는 안보 분야이다. 양국은 핵 무력을 증강하는 북한을 어떻게 제어할 것인가란 문제를 넘어서, 중국에 대한 안보 협력에 합의가 이루어져야 한다. 한·미·일 안보 협력은 본래 북한의 핵미사일 개발에 대응하기 위한 상호 조정에서 시작하여 점차 협력 범위가 확대되고 있다. 2022년 2월 한·미·일 외교 장관은 "이 지역에서 현상 변경을 시도하고 긴장을 높이는 어떠한 행동도 강하게 반대"하며 "규범에 기초한 경제 질서를 강화하고 인도-태평양 지역 및 세계 번영을 확보하기 위한 삼국 협력의 중요성을 강조"한 바 있다. 나아가 지난 2024년 8월 18일 캠프 데이비드 정상 회의에서 선언한 "삼각 파트너십의 신시대"는 북핵을 넘어 "지역적 도전, 도발, 위협에 대응을 상호 조정하고, "공동 위협에 신속 협의"를 추진하며, "인도-태평양에 대한 접근을 조정하는 인도-태평양 삼각 대화체"를 출범시키고 공약으로 채택하는 등 안보 협력의 수준을 전례 없이 끌어올렸다.

문제는 한·미·일 협력의 목표가 중국에 대한 견제로 확대되는 경우이다. 예컨대 미국과 일본이 가이드라인 개정 등의 조치를 통해 양국 간 통합 억제integrated deterrence 체제를 형성하면 한국의 참여 압력이 점증할 것이다. 특히 중국의 타이완 무력 침공 가능성을 상정하는 경우 미국은 한·미·일 삼국의 공동 억제 기능을 요구할 것이다. 한국은 일본과 달리 중국과 영토 분쟁 사안을 가지고 있지 않으며 해양에서 중국과 전략적 경쟁을 벌이는 처지도 아니다. 일본의 군비 증강이 동북아시아 안보 딜레마를 고조시키지 않도록 중국을 과도하게 자극하지 않고 배려하면서 한·미·일에 유리한 군사력 균형을 확보할 방책이 한·일 양국에 있는가. 현재 GSOMIA 재개 논의 수준을 훨씬 뛰어넘는 고도의 전략적 협의가 필요한 상황이 다가오고 있다. 한·일 안보 협력 논의는 새로운 차원으로 진입하고 있다.

끝으로 역사 문제의 관리와 해결 과제이다. 아베 총리의 재집권 이래로 한동안 지속되었던 자민당–공명당 연립 체제는 우경화된 정치 세력이 주도하는 정권이었다. 이 세력은 보편 가치를 외교의 중심축으로 내걸고 있음에도 불구하고 보편 가치와 원칙에 근거하여 역사 문제를 다루지 못하는 한계가 있었다. 2022년 이래 양국 관계 개선은 한국 정부가 미국과의 관계 증진과 한·미·일 협력 강화를 위해 주도적으로 한·일 관계 개선에 나서 제3자 변제안 해법을 제시하며 본격화되었다. 하지만 그 이면에는 상대방 지도자가 아베 총리로부터 중도 우파인 기시다 총리와 이시바 총리로 바뀐 점도 관계 개선의 동력이었다. 물론 이들도 강제 동원이란 역사적 사실 해석이나 해법 실행 과정에서 이렇다 할 전향적 자세를 보여 주지 않았고, 또 다른 역사 현안인 일본 근대 산업 시설 유네스코 세계 유산 등재 문제에 대해서도 마찬가지였다. 반면, 실용주의적 관점에서 야스쿠니 신사 참배, 한국 여론을 자극하는 독도나 '일본군 위안부' 관련 발언 등을 자제한 것도 사실이다.

2025년 10월 4일 자민당 총재 선거에서 당선되어, 10월 21일 총리로 취임한 다카이치 사나에高市早苗는 아베 신조 노선의 계승을 공언해 온 우파 정치인으로서 두 가지 측면에서 우려를 자아내고 있다. 첫째는 이념적 성향이 한·일 관계에 미칠 영향이다. 그는 일본의 '식민지 지배와 침략'에 대한 '통절한 반성'을 담은 무라야마 담화村山談話에 부정적 입장을 반복해 왔고 역사 문제를 제기하는 한국의 태도에 비판적이며 아베 총리의 경우처럼 야스쿠니 신사 참배 등으로 한·일 및 한·중 간 역사 갈등을 일으킬 소지를 안고 있다. 물론 트럼프의 강압에 따라 동병상련의 처지에 놓인 한·일 양국의 협력 유인이 그 어느 때보다 크기 때문에 역사 마찰을 회피할 가능성이 크지만, 자민당의

그림 3-13 다카이치 사나에

2025년 10월 31일, 경주에서 열린 아시아 태평양 경제 협력체(APEC) 회의에 참석한 다카이치 사나에 일본 총리.

출처: 일본 수상관저

우경화 추세 자체가 초래할 한·일 관계 불안정화는 피하기 어려울 것이다.

둘째는 보다 구조적인 차원에서 일본 정치의 불안정성 증대이다. 자민당 장기 집권이 지속되는 가운데, 당이 파벌의 정치 자금 스캔들로 인해 민심 이반의 위기를 맞았다. 그러나 당의 주류는 개혁을 거부하고 총리를 교체하여 마치 정권 교체가 된 것처럼 느끼게 하여, 선거를 치르고 위기를 봉합하는 패턴을 반복하고 있다(김성조, 2024). 이런 가운데 등장한 다카이치 총리는 여소야대 국면에서 국정 운영에 상당한 어려움을 겪을 것이다. 향후 일본 정치가 새로운 정당 재편성party realignment을 이루기까지 일본의 리더십은 정당 간 연립과 정권 교체 등 여러 국내 정치의 변동성에 좌우될 가능성이 높다. 따라서 외교 정책이나 한·일 관계 대응을 일관되게 유지하는 것이 어려울 수 있다. 미래의 한·일 관계는 기능적 협력을 통해 역사 인식의 화해를 향한 분위기를 조성하고, 역사 문제 해결 노력의 진전이 기능적 협력을 확대, 심화시키는 선순환 구조를 만들어가야 하나 현재 일본 정치가 구조적 걸림돌이 될 공산이 크다.

제4장

인도는 글로벌 강대국으로 발돋움할 수 있는가

백우열(연세대학교 정치외교학과)

1. 들어가며: 인도는 톱 3가 될 수 있는가?

인도는 여러 측면에서 특이한 지역 강대국이다. 인종적·종교적·지역적·역사적으로 극단적인 다양성 또는 혼합성을 지닌 14억 인구가 살고 있고, 광대한 영토를 가졌으며, 자유민주주의 정치 체제를 유지하고 있는 국가로서[1] 2000년대 이후 그 국가 역량의 잠재성을 점진적으로 강화하여 글로벌 구조에서 핵심 행위자로서 자리매김했다. 특히 미국에 도전하고 있는 중국을 견제 또는 대체할 수 있는 거의 유일한 후보 국가로서 전 세계 지도자와 전문가들의 주목을 받아 왔다. 인도는 2030~2040년대 미국, 중국과 어깨를 나란히 하며 세계의 안보 및 경제 구조를 규정하는 글로벌 국가로 부상할 것인지에 대한

1 세계은행에 따르면, 2022년 기준 인도의 인구는 14억 명을 넘어섰으며, 공식적으로 인정된 민족 집단만 56개가 있다(World Bank, n.d.).

질문을 끊임없이 받아 왔다.

다시 말해 현재 글로벌 위계질서에서 여전히 패권국 미국과 도전국 중국 (그리고 러시아) 사이에서 균형balancing과 헤징hedging 및 다자 연대multi-alignment 전략[2]을 취해야 하는 정도의 국가 역량을 지닌 인도가, 향후 10~20년 안에 다른 나라들이 미국, 중국, 인도의 삼각 구도에서 균형 및 헤징 전략을 구사해야 할 정도로 강력해질 수 있는가 하는 의문이다. 2025년 출범한 미국의 도널드 트럼프 2기 정부의 관세, 이민, 군사, 외교 전략들에 인도는 수동적으로 반응하지 않을 수 있을까? 또 중국의 시진핑 공산당 체제이 전증하는 경제, 산업, 군사적 압박에 대응하는 것도 버거운 상황에서, 인도가 '전략적 자율성strategic autonomy'에 집착하지 않는 수준으로 나아갈 수 있을까? 이러한 질문은 더 나아가 기존의 미국 중심 단극 체제에서 현재 미국과 중국 경쟁의 양극 체제로 재편되고 있는 글로벌 질서를 삼극 체제로 변화시킬 수 있는가라는 질문과도 같다.

2025년 인도는 국제 정치에서 경쟁하는 미국과 중국, 좀 더 확대해서 서구 자유 민주주의 그룹과 비서구 권위주의 그룹 어디에도 속하지 않으며, 여러 형태로 중첩적이고 때로는 모순적인 다자주의 및 소다자주의를 추구하며, 기존의 비동맹non-alignment 외교 전략을 발전시켜 다자 연대 외교 정책을 추구하고 있다. 이 다자 연대 외교 전략은 인도의 글로벌 위계상의 특수한 위치와 1940년대 탈식민지 건국 이후 발전 역사상 '경로 의존path dependence'을 잘 보여준다. 명확한 국제

2 다자 연대란 특정 국가나 블록에 대한 배타적인 의존을 피하고, 다양한 국가 및 블록과의 협력을 통해 자국의 이익을 극대화하는 외교 전략이다. 이는 비동맹주의와는 달리, 특정 이념이나 가치에 얽매이지 않고 실용주의적인 접근을 통해 다양한 파트너와의 관계를 형성하는 것을 의미한다.

정치적·국제 경제적 원칙 없이 환경의 변화에 따라 국가에 가장 이익이 되는 방향으로 대외 정책을 실행하는 실용주의pragmatism적 전략이다.[3] 인도의 국가 전략, 외교 전략을 연구하는 사람들에게 이러한 인도의 비정형적인 전략 특성은 당혹스럽기 그지없다. 러시아의 우크라이나 침공 이후, 러시아-우크라이나 전쟁이 장기화되는 상황에서 인도가 취한 여러 행위들에서 잘 관찰되듯이 세계 경제 규모 4~5위권, 국방비 지출 3~4위권, 오랜 전통의 자유민주주의 국가로서 '보여야 할' 어떤 특정한 패턴에서 벗어나 상황에 따라 즉자적으로 대응한다. 타국들이 보기에 이른바 '대국'으로서의 무게감이나 주도 의지가 보이지 않는다.

그럼에도 불구하고 2014년 이래 3연임을 하고 있는 인도인민당Bharatiya Janata Party, BJP의 나렌드라 모디Narendra Modi 총리를 비롯하여, 국가지도자들 다수가 인도의 초강대국superpower으로의 부상을 지속적으로 언급하며 어떠한 구체적인 근거 제시 없이 막연히 인도의 운명이 그렇다는 형태로 자국 국민들에게 호소한다. 이에 반발하여 야당 지도자 라훌 간디Rahul Gandhi 전前 인도국민회의Indian National Congress, INC 당 대표 등은 초강대국이 웬 말이냐면서 포퓰리즘적 선동이라고 비판한다. 그리고 다른 나라의 전문가 대부분은 이 논쟁에 대해 명확한 판단을 내리기를 꺼린다. 도대체 어느 쪽이 맞는가? 인도는 글로벌 톱 3 국가로 글로벌 삼극 체제를 이룰 수 있을 것인가?

인도의 '운명적인' 초강대국으로의 부상에 대한 근거는 지난 10년

3 인도 외교부 장관 수브라마냠 자이샨카르(Subrahmanyam Jaishankar)는 2020년 9월 블룸버그와의 인터뷰에서 인도의 다자 연대 정책에 대해 "우리는 어떤 진영에도 속하지 않고, 우리의 이익에 따라 다양한 국가들과 협력한다"라고 설명했다(Ministry of External Affairs, 2020).

이상 연 성장률 7퍼센트 이상을 꾸준히 유지하면서 급속하게 경제 규모를 확장하고 있는 경제 성장에 있다. 1978년 중국이 개혁 개방 정책의 도입 이후 40년간 지속했던 연 10퍼센트에 육박하는 고도 경제 성장이 종료된 시점에서, 과거 중국 정도는 아니지만 그래도 유사한 고도 경제 성장을 유지하는 개발도상국, 그중에서도 1억을 넘는 인구 대국은 인도가 유일하다. 인도 14억 인구의 40퍼센트 이상이 25세 미만이며 25세부터 64세까지는 50퍼센트 이상으로 이른바 인구 노동력 배당labor dividend이 본격적으로 폭발하고 있는 형국이다. 물론 인도가 미국에 도전할 정도로 경제를 키운 중국만큼 되기 위해서는 연간 10퍼센트의 성장률을 향후 20년 정도는 유지해야 가능하다는 것을 생각하면 부족한 수치이지만, 그래도 연 성장률 7퍼센트는 2020년대 세계 어느 나라에서도 발견하기 어렵다. 기존 서구 강대국들이 대부분 쇠락하고 현재 개발도상국들 대부분이 기대보다 낮은 수준으로 성장하는 상황에서, 인도는 유일하게 폭발적인 성장 '가능성이 있는', 그리고 세계의 경제 안보 지형을 바꿀 '가능성이 있는' 유일한 개발도상대국이다.

이 장에서는 먼저 글로벌 초강대국의 가능성을 가늠할 수 있는 척도로서 현재 인도의 지역, 글로벌 전략을 자세히 살펴본다. 먼저 인도의 주요 지도자들의 시각을 간략히 살펴보고, 인도가 남아시아 아대륙subcontinent의 지역 강대국 또는 패권국으로서 어떤 지역 전략을 취하고 있는가를, 기존 주변국들과의 관계와 새로 지역 패권을 위협하는 중국과의 관계를 중심으로 분석한다. 이러한 지역 전략이 인도의 글로벌 전략으로 볼 수 있는 중립 헤징 전략, 다자 연계 전략, 동방정책Act East Policy, 러시아 전략, 그리고 최근의 글로벌 사우스 전략을 차례로 톺아보면서, 인도가 상정하고 있는 세계 질서를 확인하고 그

안에서 인도의 잠재적 '글로벌 톱 3 초강대국'의 위상과 역할을 정리한다. 물론 글로벌 초강대국으로 부상하려는 인도가 당면한 과제인, 미국 트럼프 2기 정부와의 관계 변화도 추가적으로 다룬다.

3절에서는 강대국으로서 인도의 실제 역량을 가늠해 본다. 역시 인도의 주요 지도자들이 말하는 초강대국 부상론의 맥락에서 국가 역량, 특히 국내 경제 사회 영역에 대한 냉정한 평가들을 살펴본다. 이어 강대국 전략의 근간인 경제 산업 성장 발전의 현황과 전략을 보며 그 한계도 분석한다. 또한 현 정치 제도와 나렌드라 모디 총리가 이끄는 인도인민당 정부의 권위주의화 및 중앙 집중 체제 구축 노력을 중심으로 국가의 경제 산업 성장의 필수 조건인 정치적 안정 패턴을 알아본다. 또한 이러한 경제 산업 및 정치 제도 측면과 맞물리면서 인도가 강대국으로 부상하는 데 가장 큰 걸림돌이 되고 있는 사회, 문화, 지역 측면의 문제점들을 분석한다. 군사력 증강의 측면에서도 자국 방위 산업 육성 정책을 살펴보면서, 인도가 왜 군사 대국으로 발전하는 것이 더딘지도 제시한다. 끝으로 이러한 국내적 환경들로 인해, 인도가 지역 및 글로벌을 대상으로 정치·경제적 기여와 운영 전략이 부재하며, 그것이 어떻게 인도의 초강대국화를 어렵게 하는지를 살핀다. 이를 위해서는 현재 초강대국으로 올라선 '개발도상대국' 중국과의 비교를 피할 수 없다.

결론인 4절에서 간단히 2030년대 인도의 초강대국화 가능성을 제한된 글로벌 부상이란 개념으로 제시한다.

2. 2020년대 인도의 글로벌, 지역 전략

먼저 글로벌 초강대국의 가능성을 가늠할 수 있는 척도로 현재 인도의 지역, 글로벌 전략을 자세히 살펴본다.

인도 주요 지도자와 전문가의 긍정적 시각

나렌드라 모디 총리는 인도를 이미 세계를 주도하는 주도국leading country으로 명명하고 강대국을 넘어 초강대국으로 발전하고 있다는 레토릭을 사용하고 있다(Kumar, 2023). 이를 구체화한 국가 전략이 이른바 '암릿 카알Amrit Kaal' 또는 '모든 것이 해결되는 시대The Era of Elixir'다(Invest India, 2023). 이는 지난 12년간 집권해 온 인도인민당의 주요 지도자들이 공유하는 시각이다. 현 정권의 외교 장관으로 장기간 인도의 외교 전략 수립 및 실행을 관할해 온 수브라마냠 자이샨카르Subrahmanyam Jaishankar 장관도 강대국으로 발전하는 인도를 홍보하고 각종 국제무대에서 이를 강조하고 있다(The Economist, 2023). 약 2억 명으로 인도에서 인구가 제일 많은 주州인 우타르프라데시Uttar Pradesh의 주총리 요기 아디티아나트Yogi Adityanath는 인도가 강대국으로 부상하고 있으며 모디 총리의 재임 중 가까운 미래에 초강대국이 확실히 될 것이라 선언했다(The Times of India, 2024). 이러한 국내 집권 세력 중심의 인도 초강대국 부상론은 일부 국외 전문가들에게도 호응을 얻고 있는데 마틴 울프Martin Wolf 《파이낸셜타임스》 기자는 인도가 왜 초강대국이 될 수밖에 없는지 설명하고(Wolf, 2024), 저명한 인도 외교 평론가 라자 모한Raja Mohan도 인도가 초강대국 지위를 추구하고 있음을 명확히 인지했다(Stars, 2024). 이러한 인도 내외부의 초강대국 부상론은 높은 경제 성장이 지속할 것임을 전제로 강화되고 있으며 국내 정치적으로도 현 집권 여당의 민족주의 드라이브에 중요한 역할을 하고 있다.

그러나 인도가 미국 및 중국과 다른 점은, 지도자들이 인도를 초강대국으로 부상하겠다는 의지를 적극적으로 드러내지만, 그 지향점이 중국이나 미국을 추월하여 독자적인 글로벌 패권국을 지향한다는 것인지는 분명하지 않다는 점이다. 다시 말해 현재의 글로벌 패권국인 미국을 대체하거나 중국의 패권 도전국 지위를 가져오겠다는 구체적인 초강대국 부상의 글로벌 전략 구상을 발표한 전례가 없다(Ministry of External Affairs, 2023). 당연히 인도는 미국의 패권 담론 및 중국의 대체 패권 담론 등과 같은 글로벌 전략도 갖고 있지 않다(Mohan, 2015).

현재까지는 인도가 기존의 수동적인 비동맹 정책을 고수하면서, 남아시아와 인도양 지역의 패권국 지위 유지 정도를 넘어서는 '글로벌 인도Global India' 레토릭[4]을 내세우는데, "하나의 지구, 하나의 가족, 하나의 미래One Earth, One Family, One Future"[5]나 "하나됨의 보편적 감각Universal sense of one-ness"처럼 모호한 레토릭 정도에 머무르고 있다. 미국이나 중국의 국가 지도자 및 전략 커뮤니티에서 공유하는 개념이 있는지도 불확실하다. 힌두교 우선주의에 기반한 인도인민당의 핵심 이데올로기이자 정치 운동인 힌두트바Hindutva는 인도 특수성에 입각한 민족주의 형태의 가치이기에, 글로벌 패권 전략의 핵심인 인류 보

4 '글로벌 인도'는 인도의 경제적·정치적 영향력을 세계적으로 확대하려는 나렌드라 모디 정부의 외교 정책 이니셔티브로, 인도를 글로벌 강국으로 만들기 위한 전략적 비전을 담고 있다.

5 "One Earth, One Family, One Future"는 2023년 G20 정상 회의의 공식 슬로건으로, 인류 공동의 미래를 위한 협력과 연대를 강조하는 메시지를 담고 있다.

편적인 가치를 구성하기 어렵다. 이는 그 보편성을 인정받지 못하고 있는 중국의 '인류 공동 운명체' 담론 등에 비해서도 매우 취약하다.

인도의 남아시아 전략과 중국[6]

남아시아는 전통적으로 인도아대륙Indian subcontinent로 지칭될 정도로 영국 지배British Raj 시대부터 인도의 연장으로 간주되었고 인도는 이러한 세계관을 고수해 왔다. 이는 육상의 인접국인 파키스탄, 방글라데시, 부탄, 네팔뿐만 아니라 해양 접경국인 스리랑카, 몰디브, 모리셔스 등에도 적용되었고 이는 인도양을 인도의 해양으로 간주하는 지역 패권국으로의 위상을 의미했다. 냉전 시기와 탈냉전 시기 인도의 지역 패권국 위상에 도전하거나 현상 변화를 추구하는 국가revisionist는 미국과 소련을 포함해도 존재하지 않았다.

그러나 2010년대 들어 처음으로 중국이 이러한 인도양의 질서에 도전하기 시작했고 이는 인도에 적대적 행위로 간주되었다. 2020년대 중반까지 직접적인 해군력의 충돌은 일어나지 않았지만 중국은 꾸준히 인도양에서 해군 및 이와 관련된 인프라 전력을 확충하고 있다. 이른바 '진주 목걸이string of pearl' 전략으로 통칭되는 중국의 대인도 해양 둘러싸기 또는 '봉쇄' 구도의 추구는, 인도가 2020년 갈완Galwan 계곡에서의 군사 충돌로 대표되는 육상 국경 분쟁 대상국인 중국을 해양 영토에서도 적국으로 간주하는 주요 이유 중 하나다(Ashraf, 2017).

이러한 정치 안보 영역에서 중국을 '적국'으로 간주하는 관점은 인도 내에서 강한 지지를 얻고 있으며 현 인도인민당 모디 정부의 최고

6 여기에서는 백우열, 「최근 인도·중국 관계 변화와 전망」(2022)의 내용을 사용하였음을 밝힌다.

정책 결정 엘리트와 전략 커뮤니티뿐만 아니라 대부분의 일반 시민들에게도 보편적으로 수용되고 있다.

반면 중국은 국경 분쟁에도 불구하고 인도를 '적국'으로 간주한다기보다 심각한 갈등 관계로 본다. 게다가 국내적으로도 인도와의 양자 관계에 대한 주목도는 다른 대국들과의 관계에 대한 주목도보다 낮다. 중국은 인도를 전략적으로 가장 중요한 이웃 국가로는 보지 않는다. 중국은 2010년대 들어 '신형 대국 관계' 선언을 하면서 자신이 글로벌 양대 강국 중 하나로 격상했음을 밝힌 이후로, 미국과의 관계를 중심에 놓고 그 하위 단위로, 이른바 '주변국 관계'의 한 지역적 영역으로 인도를 인식하고 있다(Hu & Wang, 2020). 또한 중국에 대한 인도 시민들의 적대감이 극도로 높아지는 현상과 달리, 일반 중국 시민들은 인도에 관한 관심이 낮으며 외교 전략 커뮤니티에서도 중요성을 상대적으로 낮게 부여하고 있다.

이러한 정도의 차이에도 불구하고 부정적인 양자 관계는 2010년대를 넘어 2020년대까지 지속적으로 악화되었고 상호 국익 침해 또는 저해의 구조적 원인을 고착화하는 전략적 불신 강화의 악순환을 야기했다.

2025년 현재 인도는 파키스탄과 중국이라는 두 개의 강력한 안보 적국을 버겁게 상대하며, 중국은 미국을 포함한 다수의 국가와 더불어, 광범위한 대륙과 해양 국경선을 공유하는 남아시아 기존 패권국 인도를 적국으로 돌리는 구조를 갖게 되었다. 그러나 인도를 제외한 다른 남아시아 국가들에 중국은 전략적으로 매우 유용하다. 중국이 일대일로 전략을 통해 근대 이후 최초로 남아시아의 모든 국가들에게 인도에 대한 대안으로 부상했기 때문이다. 중국은 실제로 인도를 제외한 남아시아의 모든 국가, 즉 파키스탄을 비롯해 방글라데시, 스리랑카, 부탄, 네팔, 몰디브, 모리셔스 등에서 경제 개발의 근간이 될 수 있는 각종 인프라를 건설 중이며 상당량의 소요 자원들을 제공하고 있다. 남아시아 국가들에 대한 중국의 지원과, 이 국가들의 일대일로에의 적극적 참여에 대해 인도는 여러 형태의 경제적·정치적 대응을 본격화하고 있다.

남아시아의 패권에 강력한 도전을 받게 된 인도는 반강제적으로 남아시아 지역 안팎에서 외교적 영역 확장에 나서게 된다. 물론 중국의 일대일로 전략에서 인도는 눈엣가시와 같다(PTI, 2018; 叶海林, 2017; Liu, 2016). 인도는 남아시아에서 유일하게 중국의 일대일로 전략에 공식적으로 참여하지 않으며, 남아시아 지역 내의 모든 영역에서 일대일로 사업에 대해 강력한 비판과 견제를 실행하고 있다. 위에서 제시하였듯이 중국은 파키스탄령 카슈미르 지역과 파키스탄 전역에 종합적인 인프라를 개발하고, 스리랑카에서는 함반토타Hambantota 항구를 건설하고, 몰디브의 인공섬을 개발하고, 방글라데시에 철도와 송유관을 놓고, 남아시아와 동남아시아의 교차점인 미얀마에도 송유관, 도로, 철도를 건설하고 있다. 이에 대해 인도는 중국이 남아시아 패권을 유지해 온 인도의 지역 내 장악력을 약화시키는 중대한 전략적 현상 변경 상황으로 간주한다.

물론 이것은 인도 중심적인 입장이며 남아시아 여러 국가들의 관점은 당연히 중국이라는 대안의 등장으로 인도와의 관계에서 기존에 부재하던 레버리지leverage를 상당히 획득했다. 이러한 갈등적 요소에도 중국은 인도를 일대일로 전략에 참여시키기 위해서 부단히 노력하고 있다. 왜냐하면 인도는 14억 인구가 있는 거대한 시장이기 때문이다. 반면 인도는 중국 시장을 공략할 제조 및 서비스 산업 역량이 부족하다. 이러한 경제적 비대칭성은 일대일로 전략을 넘어선 또 다른 갈등선이다. 2025년 현재, 그리고 2030년대 이후에도 인도와 중국은 남아시아 지역 내를 넘어서 최소한 동남아시아, 중동, 동아프리카 지역까지 포괄하는 글로벌 수준에서의 갈등, 경쟁, 견제의 복잡한 텃포탯 형태의 외교 관계가 고착화될 것이다. 특히 중국과 미국, 그리고 러시아의 복잡한 국제 관계는 인도의 남아시아 패권 지위 유지에 큰 변수다.

패권국 미국에 도전하는 중국공산당 시진핑 주석 체제의 중국이 2010년대 중후반에 본격화한 일대일로 전략, 그리고 2020년대 새롭게 제시한 3대 글로벌 이니셔티브, 즉 '글로벌 발전 이니셔티브', '글로벌 안보 이니셔티브', '글로벌 문명 이니셔티브'는 기본적으로 글로벌 '제국'으로서 유라시아와 전 지구의 육상과 해양, 문명 모두를 아우르는 글로벌 전략이다. 이는 후술할 인도의 동방 정책과 인도-태평양 전략의 범위를 뛰어넘으며 이는 중국과 인도의 글로벌 외교 지형에서 현격한 위치의 차이를 보여준다. 중국은 주변국 외교의 차원에서 인도를 지역 강대국으로, 일대일로 전략의 지경학적geoeconomic, 지정학적geopolitical 차원에서 다뤄야 할 한 국가로 상정하고 있다. 2020년대 들어 일대일로 전략은 유라시아의 범위를 넘어서 아프리카, 남아메리카까지도 확장되는 추세로서 3대 글로벌 전략과 결합하여 미국의 그것과 동일한 수준의 글로벌 전략의 위상으로 다가서고 있다. 인도는 2025년 현재도 그렇지만 2030년대에 들어서도 이러한 전 지구를 포괄하는 형태의 초강대국 또는 패권국의 글로벌 전략을 내놓지 못할 것으로 보인다.

전략적 자율성, 다자 연대, 인도-태평양 전략

인도의 가장 중요한 외교 전략 기조는 '전략적 자율성'에 기반한 실용 외교다. 전략적 자율성이라는 개념 자체에서 명확히 나타나듯이 2020년대 중반의 인도는 자국을 세계 질서를 좌지우지 할 수 있는 글로벌 초강대국으로 간주하지 않는다. 탈냉전 이후 미국 주도의 일극 체제하에서든, 2020년대 들어 형성되어 온 미·중 간 경쟁 중심의 양극 체제에서든, 다극 체제에서든 인도는 글로벌 정치, 안보, 군사, 경제, 산업, 과학기술 의제를 결정하는 위치에 있지 않다. 이런 맥락에서 인도는 끊임없이 초강대국 사이에서, 초강대국을 위시한 경쟁 국가 그룹들에 속하지 않으면서 정교한 균형 또는 헤징 전략을 추구해왔다. 기존의 제3세계 국가 위주의 비동맹 전략에서 현재 다자 연대 전략에 이르기까지 인도의 글로벌 전략이라고 한다면 국가 이익을 위해서는 자국의 어떤 이념적 근간과 부합하는지, 상충하는지와 관계없이 어떤 국가와도 협력하고 적대할 수 있다는 원칙이다.

인도는 이처럼 끊임없이 전략적 자율성을 가장 중요한 외교 목표이자 원칙으로 제시하며 미국과 중국의 패권 경쟁에서 독립적 지위를 유지하고자 한다. 그러나 인도의 전략적 자율성은 다른 중견국 및 약소국이 실행하는 미국과 중국 사이에서의 헤징과는 다소 구분된다. 다른 나라들이 미국과 중국의 영향력에 극도로 종속되는 것을 피하려는 전략을 취한다면, 인도는 이들보다는 한 단계 위의 국가 크기(영토, 인구) 및 통합 국가 역량을 갖고 남아시아의 지역 패권국으로서 지정학적으로도, 지경학적으로도 태생적으로 독립적인 위치를 차지하고 있다. 인도와 비슷한 수준의 국가로는 러시아가 있는데, 인도와 러시아는, 한국은 말할 것도 없고, 일본보다 상당히 독립적인 국제적 위상을 차지함은 분명하다.

인도는 역사적으로도 반미국, 친소련/러시아, 반중국, 친미국, 친일본 등의 외교 기조를 다양한 시기와 환경에서 유연하게 활용했다.

'전략적 자율성' 외교 정책의 대명사인 프랑스가 인도와 유사한 입장을 취하지만 인도보다는 훨씬 더 미국의 집단 안보 동맹국(북대서양조약기구)이자 가치 동맹에 기본적으로 종속되어 있다는 점을 상기하면 된다.

인도인민당 모디 정부와 친정부 기업 및 전략 커뮤니티 인사들이 말하는 '글로벌 초강대국' 지향의 레토릭에도 불구하고, 인도는 2030년대까지도 글로벌 패권국이 아닌 남아시아 및 인도양 지역 패권국의 위치 수호, 유지를 핵심 전략적 목표로 설정한 것으로 보인다. 위에서 설명했듯이 현재 중국은 인도의 '관할' 지역 내에서 이미 인도의 통합 국가 역량을 뛰어넘은 지역 패권 도전국이다. 미국에 도전할 정도로 강력한 중국은 인도에 직접적인 위협이며, 인도는 중국의 현상 파괴 전략을 방어하는 데 큰 어려움을 겪고 있다. 반면에 인도가 자신의 지역 안에서 안주하던 외교 기조를 벗어나 본격적으로 지역 내외의 파트너 국가들, 특히 자신의 동쪽에 있는 아시아 국가 및 미국을 대상으로 협력을 적극적으로 확대해 나간 동방 정책(Wadhwa, 2019)의 시작은 아래에서 설명하듯이 바로 중국에 대한 대응이라는 점은 아이러니하다.

상술했듯이 중국은 일대일로 전략을 통해 근대 이후 최초로 남아시아의 여러 국가들에서 인도에 대한 대안으로 부상했다. 중국이 남아시아 국가에 각종 인프라와 자원을 제공하자,[7] 인도는 남아시아 국가들에 대한 여러 형태의 경제적·정치적 대응을 본격화했다. 자체적

7 중국은 일대일로 사업의 일환으로 남아시아 국가들에 막대한 투자를 진행하고 있다. 2021년 기준, 중국은 파키스탄에 254억 달러, 방글라데시에 136억 달러, 스리랑카에 80억 달러를 투자했다. 이러한 투자는 항만, 도로, 철도 등 인프라 개발에 집중되어 있으며, 해당 국가들의 경제 성장에 기여하고 있다(AidData, n.d.).

인 남아시아 지역 인프라 개발 프로젝트로 '지역의 모두를 위한 안보 및 성장Security and Growth for All in the Region, SAGAR'을 추진했다. 중국이 인도의 '보호국'과 같았던 방글라데시, 스리랑카, 몰디브, 부탄, 네팔뿐만 아니라 제1 적국인 파키스탄에 대한 영향력을 극도로 확대해 온 것을 국내 정치에 이슈화해서, 현 집권당 인도인민당의 대중 운동 조직인 국민의용단*Rāṣṭrīya Svayaṃsevak Saṅgh*, RSS 등이 인도의 남아시아 통합 또는 남아시아의 인도화라는 형태의 극단적인 힌두 민족주의적인 주장의 불씨로 쓰기도 했다.

따라서 미·중 패권 경쟁에서 전략적 자율성 또는 중립성은 이미 상당히 훼손되었다. 다시 말해 인도는 남아시아 역내에서의 중국과의 적대적 관계 형성으로 인해, 중국과의 비대칭적이지만 깊은 경제 상호 의존에도 불구하고, 정치와 군사 안보의 측면에서 미국과 상당히 결합하고 있다. 좀 더 나아가 중국의 패권 도전국 지위를 저지하려는 미국과 인도는 서로를 서구식 자유민주주의 기반 '동류 국가Like-minded country' 형태의 가치 동맹으로서 간주하지 않으며 중국을 억제하는 목표를 공유하는 실용주의적 연대 관점에서 협력을 추구한다. 예를 들면 미국은 QUAD 2.0 소다자 협력 구조에서 인도의 지역 균형 역할을 긍정적으로 평가하고 있다(Austin, 2023). 2020년대 들어 미국은 인도의 최대 수출국이자 최대 무역국으로, 수출 855억 달러(2023년), 수입 414억 달러(2023년), 교역량 1,292억 달러(2024년)를 기록하고 있다. 또한 미국은 인도에 GE-F414 항공기 엔진 기술 등 각종 첨단 기술 이전 실행 및 이중 용도 기술 및 첨단 무기 체계 수출도 시작했다.

현 인도인민당 모디 정부는 인도-태평양 전략과 그 안보 하위 단위인 QUAD를 기존의 동방 정책과 결합하고 있다. 이 정책은 이전 인도국민회의 만모한 싱 정부의 동향 정책Look East Policy을 계승, 발전시킨 것이다. 동방 정책은 인도의 이른바 비동맹 정책 원칙에 입각한 남아시아에 국한된 제한적 외교 영역을 동남아시아, 더 나아가 동북아시아와 오세아니아까지 확장하려는 목적으로 주창되었고, 인도의 대표적인 글로벌 외교 전략으로 간주되었다. 다시 말해 이 외교 정책은 동남아시아국가연합ASEAN 국가들을 비롯해 일본, 한국, 타이완 등의 동아시아 국가들과 경제적·전략적 관계 강화를 골자로 하고 있다. 이 정책은 인도의 동쪽 지역 개발과 아시아 전반에서의 안보 강화, 특히 중국의 부상과 지역 패권 도전에 대한 균형추 역할을 하도록 설계, 추진되었다.

그러나 2020년대까지 이어지고 있는 동방 정책은 상징적인 선언적인 차원을 넘어서 결정적인 외교 성과로, 특히 대중국 억제 효과로 진화하지 못했다(Paik & Kumar, 2019). 한편으로는 인도가 이러한 동방 정책의 한계를 인식하고 남아시아 지역 내 중국과의 육상 및 해양에서의 충돌에서 우위를 점하기 위해, 중국을 견제하고자 하는 미국, 일본, 호주 등과 보조를 맞추고 좀 더 포괄적인 형태의 인도-태평양 전략으로 확대 개편되었다고도 볼 수 있다. 이러한 외교 정책상 변화는 2020년대 들어 미국, 일본, 호주와 함께 소다자 연대minilateral alignment하는 인도-태평양 전략과 그 하위 안보 협력체인 QUAD 협력에 적극적으로 참여하는 모습에서 확인된다.

인도는 전 세계, 특히 아시아 전역의 대륙과 해양에서 진행되고 있는 미국과 중국의 지정학적·지경학적·지과학기술학적 경쟁과 충돌, 그리고 부분적 타협이 새로운 균형점equilibrium을 찾아가는 상황을 명확히 인지한다(Menon, 2017; Pant, 2019). 따라서 미국의 인도-태평양 전략과 중국의 일대일로 전략이 경쟁하고 있는 해양 지역, 즉 서태평양, 동중국해, 남중국해, 인도양이 인도의 외교적 사활이 걸린 전략적 영역임을 명확히 한다. 이는 역설적으로 남아시아에 고립된 상황이었던 인도의 외교 전략 영역이 억지로라도 확장되는 긍정적인 결과도 가져왔다.

다시 한번 강조하지만 중국의 남아시아로의 진출, 또는 남아시아 여러 국가들과의 '연결'은 일종의 메기 효과catfish effect의 충격을 남아시아 지역 패권국으로 자족하던 인도에 안겨 주었다. 글로벌 인도 담론도 이 연장선상에서 나왔다고 볼 수 있다. 인도는 남아시아 지역 수준의 경쟁을 동남아시아, 중동, 동아프리카 지역 정도까지 확장된 경쟁으로 치환하여 상당히 적극적으로 외교 정책을 펼치고 있다. 이러한 맥락에서 2020년대 중반에도 인도는 남아시아를 넘어 동쪽과 서쪽으로 그 외교적인 상호작용을 확대하고 있다.

그러나 인도는, 중국의 전방위적인 영향력에 대응해야 한다는 점에서 국가 이익이 수렴되는데도 불구하고, 인도-태평양 전략에 대하여 QUAD 소다자 연대하의 나머지 세 나라와는 다른 방식으로 접근한다. 이는 인도가 인도-태평양 전략의 리더 또는 조정자라고 할 수 있는 미국의 조약 동맹국treaty ally이 아니라는 점과, 나머지 세 나라가 이른바 경제 선진국developed economy이지만 인도는 경제 개발도상국developing economy이라는 점 때문이다. 단순화해서 정의한다면 인도의 인도-태평양 전략은 정치·군사적 측면에서는 미국과 평행적 협력parallel alignment을 유지하여 중국의 확장을 억제하는 동시에 전략적 자율성을 확보하며 결합된 군사적 전술 상호운용성interoperability을 지향한다.

인도는 정치·경제적 측면에서는 개발도상국으로서 여러 특징을 공유하는 중국과 다양한 국제기구 내 또는 지역 내 다자 협력에 적극적으로 행동한다. 향후 기대되는 중국의 자국 내 경제적 투자 가능성을 배제하지 않지만 국가 안보에 직결되는 인프라 등의 전략 산업strategic industry에서는 중국을 배제하는 방향으로 설정했다. 이러한 복합적이고 절충적인 방향성에 따라 모디의 인도인민당 정부는 미국 등과 달리 아주 구체적이고 정제된 형태의 인도-태평양 전략을 명시하지는 않은 채 막연한 다극 체제를 이 지역 내에 확립하고자 하는 전략적 방향성을 진화시키고 있다.

인도의 인도-태평양 전략과 QUAD 전략은 여전히 개방성을 강조함에도 불구하고 미국과 이른바 '서구' 국가들과의 유사 동맹 또는 연대의 중요성을 재평가한다(Paik et al., 2020; The White House, 2021). 위에서 간단히 언급했듯이 절충적이고 중립적인 성격의 비동맹 전략은 2020년대의 미·중 경쟁에 대응하는 지역 강대국 및 중견국과의 연대를 포함한 '다자 연대 전략'이라는 언어상으로 다소 자기 모순적인 전략적 방향으로 변화했다. 중국은 남아시아 지역 내에서 전략적 경쟁자이며 이를 해당 지역 차원에서 국한하여 다룰 수 없는 인도로서는 남아시아 역외, 즉 유럽, 동남아, 동북아, 중동, 아프리카로 협력 대상을 모색하고 글로벌 차원에서도 대응한다. 다만 그 국가 역량이 적절한 힘의 투사 역량에 미치지 못한다.

요약하면 인도의 외교 정책 결정자는 자국의 다자 연대 외교 전략이 그 실체와 원칙을 파악하기 어려운 모호한 외교 전략으로 이러한 모호성 자체가 그 성공을 담보하고 있다고 간주한다. 오히려 원칙 없는 극단적인 실용주의적 외교 전략으로 인도는 국제법상의 공식적인 동맹을 맺지 않으며 미국과 중국을 포함한 세계 어떤 주요국들과도 국가 이익이 부합하는 한 협력하고 갈등할 수 있다. 건국 이후 인도 외교 전략의 근간이 되어 온 비동맹 정책을 설계, 실행한 초대 총리 자와할랄 네루Jawaharlal Nehru의 "우리는 친러시아도, 친미국도 아니다. 우리는 친인도일뿐이다"라는 원칙을 보면 그 의미가 더욱 확실해진다(Museveni, 2024).

인도의 다자 연대에는 여러 사례가 있지만, 인도의 러시아-우크라이나 전쟁 대응이 가장 대표적이다. 2023년 우크라이나 침공 이후 전면전에 돌입한 러시아에 미국과 서구가 압력을 가하는데도 인도는 러시아 비판 및 제재에 전혀 참여하지 않고 오히려 미국과 서구의 위선hypocracy를 지적하며 러시아 석유, 가스, 석탄, 비료를 저가에 대규모로 도입하여 국내 경제 압력을 해결하고 정유제품화로 수출 물량을 늘리면서 무역 수지를 개선하며 동시에 러시아의 대중국 의존이 과도하지 않게 통제하고 있다. 인도는 러시아-우크라이나 전쟁 개전 이후 러시아 석유를 할인된 가격으로 수입하여 그 양을 대폭 늘려 왔고 이는 적어도 130억 달러 이상의 무역 이익을 의미한다. 인도가 무기 체계의 상당 부분을 러시아에 의존하고 있으며 냉전 시기의 소련 시기부터 계속 우호적이고 상보적 관계를 유지해 온 것은 잘 알려진 사실이다.

탈냉전 시기를 공식적으로 종료하는 신호탄이 된 러시아의 불법적인 우크라이나 침공과 전면전에 대해서 '언제 서구는 파키스탄과의 분쟁에서 인도 편을 들어준 적이 있는가?'라며 대러시아 비난과 제재에 동참할 것을 요구하는 서구 국가들을 면박 주는 인도다. 물론 러시아가 전폭적으로 지지했던 구 시리아 지배 세력 아사드 정권에 대해 국제연합이 비난하고 제재하기로 결의할 때도 인도는 러시아 편을 들었다. 평화의 시대가 끝나고 전쟁의 시대가 오는 이 세계 안보구조의 급격한 변화 속에서 이러한 인도의 다자 연대 외교 전략은 여전히 미국과 서구 중심으로 구성되는 글로벌 리더십으로 수용되지 못한다. 이 인도의 글로벌 전략은 2030년대에 들어서도 큰 변화가 있을 것으로 보기 어렵다는 측면에서 글로벌 초강대국의 위상을 확보하기는 어려워 보인다.

인도는 미국과 서구 선진국들과의 연계 강화와 모순되는 형태의 또 하나의 외교 전략을 글로벌 사우스의 주도국으로서 보여주고 있다. 글로벌 사우스는 아시아, 아프리카, 라틴아메리카 등 개발도상국 120개국을 포괄하는 개념으로 단순한 지구 남반구라는 지리적 개념을 넘어서 유럽, 북미, 동아시아, 오세아니아의 북반구 중위도 및 고위도 60개국도 포함하는, 서구 중심의 국제 질서에서 소외받고 박해받은 국가들의 연대를 강조하는 국제 정치적 결사체이다. 인도는 글로벌 사우스의 주요 국가로서, 이들 국가의 이익을 대변하고 국제 사회에서의 발언권을 확대하고자 한다. 모디 총리는 2023년 1월 '글로벌 사우스의 목소리Voice of Global South' 정상 회의에서 "글로벌 사우스 국가들은 세계 인구의 대다수를 차지하며, 국제 문제에 대한 그들의 목소리가 더욱 중요해지고 있다"라고 강조하는 등 기회가 있을 때마다 글로벌 사우스의 세력화를 도모하고 있다. 물론 이는 미국과 서구의 반발을 야기하고 있다.

한편 2025년 시작된 도널드 트럼프 2기 정부의 미국과의 관계는 비교적 순탄하게 구축되고 있다. 인도는 미국 우선주의 전략하에 전 세계 주요국들과의 안보, 경제, 과학기술 관계를 전면적으로 재구성하는 트럼프 정부에 대한 걱정이 적은 국가 중에 하나다. 인도는 트럼프의 미국이 상정하는 불공정 무역 및 안보 이해관계를 비교적 낮은 수준에서 유지하고 있다. 가장 중요한 안보 영역에서도 NATO 집단 안보 체제로 대표되는 유럽과 허브 앤 스포크Hub and Spoke 양자 동맹 체제로 구성된 동아시아와 다르다. 양자 무역의 불균형에도 불구하고 중국, 독일, 프랑스, 일본, 한국 등과 비교할 때 그 정도가 낮다.

또한 트럼프 정부하에서 벌어지는 미국 내 정치의 민주주의 퇴보democratic backsliding 현상에 대한 거부감도 인도에서는 타 선진 민주주의 국가들보다 낮다. 유럽과 동아시아에 위치한 자유민주주의 국가들과 달리 이미 인도인민당 모디 총리 정부 자체가 이러한 권위주의적 성격을 강화해 왔고 자국의 국내 정치 상황에 타국이 개입하지 않는 한 타국의 정치 체제에 대한 호불호 및 자국에 대한 영향을 개의치 않는 거대한 국가에 미국의 권위주의화는 큰 문제가 되지 않는다.

또한 4연임, 즉 20년 집권도 가능해 보이는 나렌드라 모디 총리와 도널드 트럼프 대통령은 개인적으로도 매우 가까운 관계를 유지하고 있다. 인도의 집권 인도인민당과 전 세계 보수주의 운동 간의 새로운 연계, 특히 '국가보수주의회의'와 같은 포럼을 통한 관계는 트럼프 행정부 2기 동안 인도–미국 관계의 미래에 대한 단서를 제공한다. 모디 총리는 이미 트럼프의 민족주의와 포퓰리즘에 동조했다. 특히 이전의 "하우디 모디Howdy Modi"와 "나마스테 트럼프Namaste Trump"와 같은 행사에서 두 지도자의 개인적 친분이 검증되었다. 이러한 개인 지도자 수준에서의 상호 존중은 주권, 민족주의, 문화적 보수주의라는 공통 가치를 중심으로 한 전략적 협력의 기반이 될 수 있다.

좀 더 나아가 트럼프의 '미국 우선주의America First'와 모디의 '자립 인도Atmanirbhar Bharat' 접근은 세계화 축소와 양자주의를 우선시하는 정책 방향에서 대체로 일치한다. 인도인민당의 국가 주도 경제 모델은 트럼프의 미국 우선주의를 기반으로 한 여러 형태의 관세 부과 및 산업 정책과도 어떤 면에서 상호 유사성이 있다. 인도인민당이 서방 우익 단체와의 교류를 확대하는 것은 전통적으로 좌파 엘리트에 의해 주도되던 인도의 국제적 상호 작용을 재구성하려는 전략의 일환으로도

그림 4-1 인도와 미국의 전략적 협력

2025년 2월 14일, 나렌드라 모디 총리가 백악관에 방문하여 도널드 트럼프 미국 대통령과 함께 엄지손가락을 들어 사진을 찍고 있다.

출처: Press Trust India(PTI, 2025).

볼 수 있다. 이는 트럼프의 글로벌 보수 연대 구축 노력, 특히 문화적·사회적 문제 협력에 기여할 수 있다. 그러나 기독교 선교에 대한 인도인민당의 적대적인 입장과 힌두민족주의의 부상은 트럼프의 복음주의 지지층의 거부와 견제를 불러일으킬 가능성도 있다. 그럼에도 불구하고 2020년대 중반 인도와 미국 지도자 간의 관계는 인도에 유리하게 작용한다. 트럼프 대통령의 외교 스타일상 정상 간 외교가 핵심이라는 측면에서 인도와 미국 관계는 지속적으로 향상될 것으로 보인다. 특히 전 바이든 정부와 달리 트럼프 정부는 러시아-우크라이나 전쟁에서 러시아에 우호적인 접근 및 행위를 하면서 러시아 우호 세력으로 지목되어 곤란한 입장에 처해 있던 인도에 필요했던 외교적 공간을 부여하기도 했다.

3. 인도는 글로벌 톱 3 초강대국이 될 수 없나

지난 10년 동안 인도의 종합적 국가 역량의 급증에 따라, 인도가 궁극적으로 중국을 대체하여 패권 도전국으로 성장할 수 있는 유일한 후보 국가라는 잠재성에 근거한 국제 정치 담론이 존재해 왔다. 인도의 국가 역량 측면의 잠재성은 2020년대 들어 본격적으로 실현되기 시작했으나, 통합적 국가 발전 계획에 입각한 고도 경제 성장이 본격화되고 이에 따른 힘의 투사를 지역 및 글로벌 차원에서 독자적으로 패권국 및 패권 도전국 수준으로 실행할 수 있는 역량이 10~20년 안에 갖춰지기는 어렵다. 현재 상황으로는 2030년대 들어서도 인도가 국내 정치적, 경제적, 사회(종교·인종)적, 지정학적 측면에서 미국 또는 중국에 필적하는 패권 도전국으로 성장하기는 매우 어려울 것으로 예상된다. 인도 초강대국 부상론의 맥락에서 국가 역량, 특히 국내 경제 사회 영역 및 기초적인 글로벌 경쟁력 측면에서 냉정한 평가를 시도한다.

'초강대국 인도'에 대한 회의적 시각

현재 야당인 인도국민회의를 이끌고 있는 라훌 간디는 "뭔 초강대국? 나는 인도가 초강대국이 되는 것보다 여성이 버스 안에서 안전하도록 만들겠다"라고 주장한다(PTI, 2014). 이 짧은 표현에 인도가 과연 글로벌 톱 3 초강대국이 될 수 있는가에 대한 가장 명료한 회의적 시각이 들어 있다. 시민운동가 아룬다티 로이Arundhati Roy는 "저 많은 가난한 자들을 다 없애버려야 초강대국 지위를 획득할 수 있을 것"이라 했으며(Democracy Now!, 2009), 역사학자 라마찬드라 구하Ramachandra Guha는 '인도가 초강대국이 될 수도 없고, 되어서도 안 되는 이유 열 가지'라는 유명한 강연에서 글로벌 초강대국의 지위를 추구하기 전에 국내적인 분열과 문제들을 먼저 해결해야 한다고 역설한다(Guha, 2010).

미국 싱크탱크 전략 국제 문제 연구소CSIS의 미국-인도 정책 연구 디렉터 릭 로소Rick Rossow는 "다른 국가들이 초강대국에 원하는 것들을 상정해 볼 때 인도는 그것이 원조, 투자, 무역 등 무엇이 되었든 제공할 역량이 아직 부족하다"라고 지적한다(Sharma, 2025). 인도 최고의 싱크탱크인 옵서버 리서치 재단Observer Research Foundation, ORF도 인도가 경제 성장, 균현대화, 유연한 외교 정책을 통합하는 완결성 있는 대전략을 끊임없이 주문하고 있다(Giridharadas, 2021). 이들은 앞에서 살펴본 인도의 글로벌 초강대국으로의 도약에 긍정적이며 이를 정치적으로 활용하고자 하는 모디 총리와 현 집권 세력과는 완전히 반대의 입장을 취하고 있다. 이들이 지적하고 있는 지역 강대국 인도의 경제, 사회, 문화적 상황을 살펴보면서 2030년대 인도가 글로벌 톱 3 국가로서 미국, 중국과 어깨를 나란히 하는 글로벌 초강대국이 될지를 가늠해 보자.

인도의 경제 성장, 발전 전략과 그 한계

인도의 글로벌 톱 3 초강대국 전략의 근간인 경제 산업 성장 발전의 현황과 전략을 보며 그 한계도 분석한다. 인도에 경제대국화는 현재 인도의 가장 중요한 국가 전략이다. 모디 총리가 천명한 '암릿 카알', 즉 모든 문제가 해결되는 시대를 천명하는 2047년의 새로운 인도 비전은 인도의 초강대국화가 경제 성장에 기반함을 명확히 하고 있다. 인도 국가 차원의 경제 성장은 신속하게 부가 가치를 창출하는 경제 성장, 모든 시민들의 생활 여건 향상, 인프라와 기술적 진보, 그리고 이를 기반으로 한 인도에 대한 전 세계의 신뢰를 그 구체적인 목표로 한다. 이 중에서도 단연 중요한 분야는 급속한 경제 성장이다.

현재 인도는 국내 총생산GDP 기준 3조 5,000억 달러(2023년)로 미국, 중국, 독일, 일본에 이어 세계 5위를 기록하고 있으며, 2030년 7조 3,000억 달러로 증가하여 세계 3위 경제 대국으로 올라설 것으로 예상된다(Dhasmana, 2023). 〈그림 4-2〉에서도 잘 나타나듯이 인도가 현재의 경제 성장 추세를 유지하면서 2020년대 평균 6~7퍼센트, 2030년대 평균 5~6퍼센트, 2040년대 평균 4~5퍼센트, 2050년대와 2060년

그림 4-2 인도, 중국, 미국, 유럽, 일본 경제 규모 추정(1980~2070년)

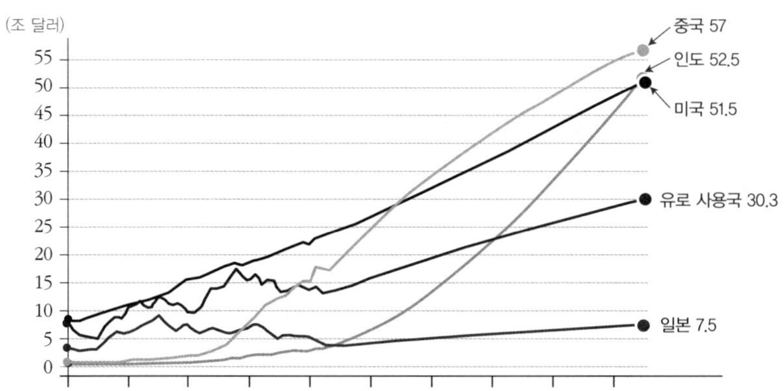

인도의 국내 총생산은 2070년에 45조 8,000억 달러, 2075년에 52조 5,000억 달러로 증가할 것으로 전망된다. 이는 미국의 2075년 51조 5,000억 달러를 넘어서는 규모이다.

출처: Goldman Sachs(2023).

대에는 평균 3~4퍼센트를 유지하면 2070년경에는 GDP가 약 50조 달러에 이르게 된다. 이러한 수치는 중국, 미국과 거의 대등하고 EU, 일본, 한국 등을 멀찌감치 따돌린 것으로, 글로벌 경제에서 톱 3의 지위를 확보하는 것이다.

또한 〈표 4-1〉에서처럼 이보다 더 긍정적인 전망이 인도에 적용되고 현재 성장 동력이 급격히 식어가는 중국과 느리게 성장하는 미국에 더 부정적인 전망이 적용될 경우, 〈그림 4-3〉과 같이 2060년경에는 인도가 경제 규모 면에서, 즉 글로벌 경제 총생산 규모에서도 미국을 2040년, 중국을 2050년경에 앞지를 수 있다는 분석도 있다.

좀 더 자세히 살펴보면 인도는 경제적으로 매우 예외적인 아웃라이어outlier다. 지구상에서 가장 큰 초대형 개발도상국으로서 전체 GDP 수준은 세계 5위이지만 1인당 GDP는 약 2,300달러 정도로 세

표 4-1 인도 국내 총생산 성장률 추산 2022~2060 시나리오

(단위: %)

기간(년)	인도			세계		
	시나리오 1	시나리오 2	시나리오 3	시나리오 1	시나리오 2	시나리오 3
2022~2025	7.0	7.0	7.0	3.6	3.6	3.6
2026~2030	6.6	7.0	7.3	2.8	2.8	2.9
2031~2035	5.7	6.2	6.7	2.4	2.5	2.6
2036~2040	4.8	5.3	5.8	2.1	2.2	2.3
2041~2045	4.2	4.8	5.3	1.9	2.0	2.1
2046~2050	3.8	4.4	5.0	1.8	1.9	2.1
2051~2055	3.6	4.3	4.9	1.8	2.0	2.2
2056~2060	3.5	4.3	4.9	1.8	2.0	2.3

기간별 평균 성장률을 여러 가지 시나리오에 따라 추정한 것이다.

출처: Srivastava(2022).

그림 4-3 글로벌 총생산에서의 인도의 점유율

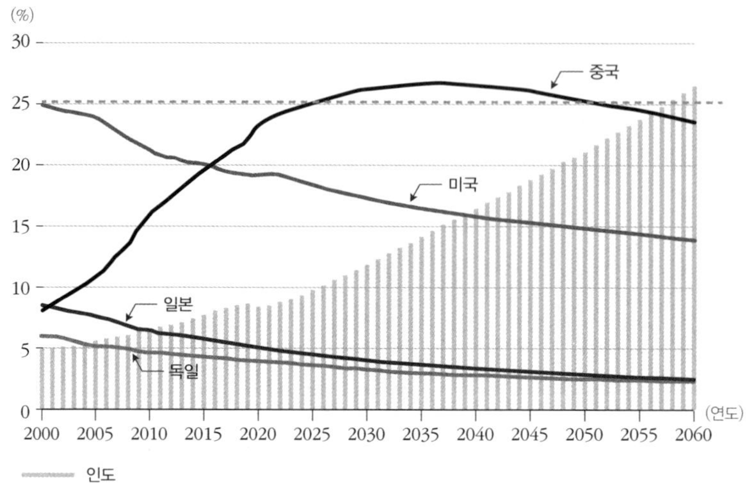

출처: Srivastava(2022).

계 138위 정도다. 이러한 수치는 14억 인구 규모를 생각할 때 어쩌면 당연하지만 중국의 발전 수준과 정도에 대비할 때 1인당 GDP가 지나치게 낮다. 또한 인도의 경제 산업 구조도 기존 개발도상국의 발전 모델과 매우 상이하다. 경공업, 중공업, 첨단 공업으로 차근차근 단계를 밟아서 성장하는 제조업 중심의 동아시아 발전 국가developmental state의 범주에 속하기 어려운 유형이다. 지난 10년 넘게 국가 및 지역 차원에서 여러 단계의 제조업 육성을 추구하지만 여전히 약간의 경쟁력을 가진 서비스 산업과 농업, 광업 위주의 1차 산업 중심으로 국가 산업 구조가 이루어져 있다. 인도 통계청에 따르면 인도 국내 총생산에서 서비스 산업이 차지하는 비중은 54퍼센트 정도이다. 만약 이 서비스업 수치가 선진국이었다면 낮은 수준으로 평가되겠지만 현재 낮은 단계의 개발도상국인 인도에는 지나치게 높은 수준이다. 농업은 16퍼센트, 광업은 2퍼센트 정도를 차지한다.

물론 2020년대 들어 인도는 경제성장률 7퍼센트대를 유지하고 있는데, 이는 개발도상국 중 가장 높은 수치로서 중국, 브라질, 인도네시아, 남아프리카공화국, 이란, 사우디아라비아 등을 월등히 뛰어 넘는 경제 성장이다. 게다가 이 높은 경제성장률 수치는 향후 10년간 더 유지될 것으로 예상된다(S&P Global, n.d.). 당연히 이는 엄청난 경제적인 성취다. 이러한 높은 성장률과 결합된 인도의 국가적 성장은 산업 성장이 집중된 각 지역의 대도시들을 중심으로 10년 전과는 비교도 할 수 없을 정도의 교통 및 통신 인프라, 공업, 서비스업 성장과 더불어 삶의 질이 급속하게 향상되는 긍정적인 결과를 가져왔다. 물론 저개발 지역들은 10년, 20년, 30년 전과 크게 달라지지 않았고 대도시 내의 가난한 지역들은 여전히 열악하지만 2010년대의 인도와 2020년대의 인도는 질적으로 크게 다르다. 이러한 경제 성장 및 이에 따른 삶의 질의 향상은 2030년대에도 지속될 것이다. 그 근거는 인구배당demographic dividend에 크게 기인한다.

즉, 경제적으로 인도가 고도 경제 성장을 할 수 있는 가장 큰 기반은 현재 중윗값median이 28세인 14억 3,000만 명의 인구이다(WB, n.d.). 이 인구는 4억 명으로 추산되는 중산층(UNFPA, 2023), 향후 2030년까지 20대와 30대가 5억 명에 달하는 구조를 하고 있다. 여기에 더해 방대한 청장년 인구의 노동생산성도 느리지만 꾸준히 향상되고 있으며(ILO, 2023) 특히 극소수에 한정되지만 그래도 지속적으로 증가하는 경향을 보이는 경제, 과학기술 엘리트의 뛰어난 역량은 국가 경제 성장을 견인하는 요인이다.

경제 구조 측면에서도 기존의 사회주의적 가치를 중시하는 경제 기조를 버리고 메이크 인 인디아Make in India, 디지털 인디아Digital India, 스타트업 인디아Startup India 등의 산업 정책 및 경제 사회 정책을 국가,

특히 중앙정부 주도로 실시하고 있다. 여전히 인도의 색깔이 강하게 나는 지방 분권 산업 전략이 중심임은 변함이 없음에도 불구하고 기존 동아시아의 '발전국가'형 경제 성장을 연상하게 하는 경제 산업 정책들이 꾸준히 수립되고 실행되고 있다.

그중 가장 중요한 사례가 세금 제도의 정비로서 상품서비스세Goods & Services Tax, GST를 통해서 구체화되었다(Ministry of Finance, 2017). 상품서비스세는 2017년 7월 1일 인도에서 도입된 포괄적인 간접세로, 기존의 17개 중앙 및 주 정부 세금을 대체하며, 상품 및 서비스의 생산, 유통, 소비 전 단계에 걸쳐 부과되는 다단계 세금이다. 국가 수준의 서비스뿐만 아니라 상품의 제조, 판매 및 소비에 부과되는 포괄적인 간접세. 중앙 정부와 주 정부가 상품 및 서비스에 부과하는 모든 간접 세금을 대체하는 인도 과세 체계에 있어서 매우 중요한 개혁이었다(WB, 2018; McKinsey & Company, 2018). 「상품서비스세법」은 모든 상품과 서비스를 하나의 공통된 세금 체계로 통합하여 세금 구조를 간소화하고 단순화한다. 즉 상품서비스세는 상품 및 서비스의 공급에 대해 5퍼센트, 12퍼센트, 18퍼센트, 28퍼센트의 네 가지 세율을 적용하며, 일부 필수품 및 서비스는 면세 또는 낮은 세율을 적용한다.

이러한 단순화된 세율 구조는 기업의 세금 납부 및 관리 부담을 줄이고 투명성을 높인다. 전체적인 세율 상승으로 세수가 크게 증가했다. 인도의 세수는 꾸준히 증가하고 있으며, 특히 간접세 수입이 크게 늘었다. 2017~2018 회계 연도 상품서비스세 수입은 9조 2,000억 루피였으나, 2022~2023 회계 연도에는 16조 5,000억 루피로 증가했다. 이는 상품서비스세가 기존의 복잡한 세금 체계를 단순화하고 납세율을 높이는 데 기여했기 때문이다(Ministry of Finance, 2023). 중앙 정부와 지방 정부의 이중 과세 방지로 주州 경계를 상품이 넘을 때마다 부과되던 다른 세금들이 사라졌다(Confederation of Indian Industry, 2018). 이 외에도 물품 서비스 거래 투명화, 납세자 편의성 증가, 주간 기업 사업 구조 단순화로 인도의 경제 성장을 저해하는 가장 고질적인 문제인 관료제적 형식주의red tape를 약화시켰다.

여전히 미흡하지만 재정, 세금 제도의 정비와 더불어 다소 모호하지만 분명한 목적성을 지닌 국가 수준의 경제 성장 전략들도 다음과 같이 실시했다.

① **메이크 인 인디아** 2014년 9월 나렌드라 모디 총리가 시작한 핵심 정책으로, 인도를 글로벌 제조 허브로 육성하고 외국인 투자를 유치하여 경제 성장을 촉진하는 것이 목표다. 이 정책은 제조업 부문의 성장을 촉진하고 일자리를 창출하며, 인도 경제의 경쟁력을 강화하는 데 중점을 두고 있다. 구체적인 목표는 2025년까지 제조업의 GDP 비중을 25퍼센트로 확대하고 연평균 12~14퍼센트의 성장률 달성이었다. 그러나 2014년 제조업의 GDP 비중은 15.08퍼센트였으나, 2023년에는 14.1퍼센트로 오히려 감소했고 연평균 성장률 또한 6.9퍼센트에 그쳐 목표치에 크게 미달했다. 이 정책 드라이브가 미진한 이유는 복잡한 행정 절차, 경직된 노동법, 부족한 인프라, 높은 관세 등이 외국인 투자 유치와 제조업 경쟁력 강화를 어렵게 하기 때문이다. 실제로, 2022년 UN 무역개발회의UNCTAD 보고서에 따르면, 인도는 세계에서 55번째로 외국인 투자 유치가 어려운 국가다.

② **디지털 인디아** 2016년 1월 시작된 정책으로, 창업 생태계를 조성하고 스타트업 성장을 지원하여 혁신과 경제 성장을 촉진하는 것이 목표다. 이 정책은 자금 조달, 규제 완화, 인큐베이션 지원 등 다

양한 지원을 통해 스타트업의 성장을 돕고, 인도 경제의 활력을 불어넣는 데 기여하고 있다. 구체적인 목표는 디지털 인프라 구축, 전자정부 서비스 확대, 디지털 기술 교육 강화를 통해 디지털 경제로의 전환 가속화 및 디지털 격차 해소다. 성과는 상당했는데 인터넷 사용자 수는 2014년 2억 5,000만 명에서 2023년 8억 5,000만 명으로 급증했으며, 특히 저렴한 스마트폰 보급과 모바일 데이터 요금 인하 정책이 인터넷 사용 확대에 기여했다. 또한, 디지털 결제 시장은 2016년 1조 5,000억 루피에서 2022년 55조 6,000억 루피로 급성장했다. 그러나 한계도 명확하여 여전히 4억 명 이상의 인구가 인터넷을 사용하지 못하고 있으며, 농촌 지역과 저소득층의 낮은 디지털 이용률은 여전히 심각하다. 특히, 디지털 리터러시 부족과 저렴한 스마트폰 및 인터넷 요금제 부족이 디지털 격차 해소에 걸림돌로 작용하고 있다.

③ **스타트업 인디아** 디지털 인도와 같은 선상에서 목표는 창업 환경 개선, 자금 지원 확대, 규제 완화를 통해 스타트업 생태계 활성화 및 혁신적인 기업 성장 지원이다. 성과는 상당한데 2016년 이후 스타트업 수는 급증하여 2023년 기준 9만 개를 돌파했으며, 기업 가치 10억 달러 이상의 비상장 스타트업인 '유니콘 기업'의 수도 108개에 달한다. 그러나 한계는 명확하다. 자금 조달 어려움, 복잡한 규제 환경, 우수 인재 부족 등 스타트업 성장을 저해하는 요인이 여전히 많다.

④ **스킬 인디아** 이 정책의 목표는 직업 훈련 및 기술 교육 강화를 통해 2022년까지 4억 명의 숙련된 노동력 양성이었다. 국가 기술 발전 계획Pradhan Mantri Kaushal Vikas Yojana, PMKVY 등 다양한 직업 훈련 프로

그램을 통해 2023년 6월 기준 1억 3,000만 명 이상이 훈련을 받았지만 훈련 프로그램의 질적 수준과 취업 연계성이 부족하며, 산업 현장의 수요와 훈련 내용 간의 불일치 문제가 크다. 2022년 국가 표본 조사국National Sample Survey Office, NSSO 조사에 따르면, PMKVY 훈련 이수자 중 6개월 이내 취업률은 48퍼센트에 불과하여 크게 성공하지 못한 정책으로 평가받고 있다.

이러한 산업 성장 전략의 효과도 있었지만 무엇보다도 폭발적인 인구 배당을 적절히 활용한 국가 정책들에 힘입어 인도는 2014년 이후 연평균 6~7퍼센트의 높은 경제성장률을 기록했다. 그러나 질 높은 고용 창출 효과는 미미하여 '고용 없는 성장'이라는 비판을 받고 있다. 이는 제조업 부문의 성장 부진, 자동화 및 기술 발전에 따른 일자리 대체, 비숙련 노동자 중심의 고용 구조 등이 원인으로 지적된다. 인도 시장에 매년 1,200만 명 이상의 신규 노동력이 유입되고 있어, 고용 창출을 위해서는 8~9퍼센트 이상의 높은 경제성장률이 필요하다. 인도 정부는 위의 메이크 인 인디아, 스킬 인디아, 스타트업 인디아 등 다양한 정책을 통해 제조업 육성, 기술 교육 강화, 창업 지원 등을 추진하고 있으나, 아직까지 가시적인 성과를 거두지 못하고 있다.

인도에서 양질의 일자리 부족 문제는 심각한 수준이다. 2021년 기준 비정규직 노동자 비율은 전체 노동력의 77퍼센트에 달하며, 이들은 낮은 임금, 불안정한 고용 형태, 사회 보장 혜택 부족 등 열악한 노동 환경에 처해 있다. 특히 청년층이 좋은 일자리를 찾기 어려워 해외 취업을 선택하는 경우도 늘고 있다. 인도의 실제 구직에 나서지 않은 노동 생산 가능 인구는 공식 실업률 통계에 포함되지 않아 정확한 추산이 어려울 정도다. 실제 실업률은 훨씬 높다는 뜻이다.

인도 노동 생산 가능 인구 중 농업 종사자 비율은 2021년 기준 45.6퍼센트로 추정되며, 이는 다른 개발도상국에 비해 매우 높은 수준이다. 농업 부문의 낮은 생산성과 불안정한 소득은 인도의 빈곤 문제 해결에 걸림돌이 되고 있으며, 농촌 지역의 청년 인구는 더 나은 일자리를 찾아 도시로 이주하는 경향을 보인다. 인도의 여성 노동 참여율은 2021~2022년 기준 18.6퍼센트로 매우 낮은 수준이다. 이는 세계 평균 여성 노동 참여율 47.4퍼센트에 비해 현저히 낮으며, 특히 OECD 국가 평균 61.7퍼센트와 비교하면 더욱 심각한 수준이다. 인도 여성들이 교육 수준이나 능력 부족이 아닌 사회적·문화적 제약으로 인해 경제 활동에 참여하지 못하기 때문이다. 낮은 여성 노동 참여율은 인도 경제의 잠재성장률을 저해하는 요인으로 작용한다. 여성의 경제 활동 참여는 노동 공급 확대, 생산성 향상, 소득 증대, 빈곤 감소 등 다양한 긍정적인 효과를 가져올 수 있다. 국제통화기금IMF은 인도의 여성 노동 참여율이 남성 수준으로 증가할 경우, 인도 GDP는 장기적으로 27퍼센트 증가할 것으로 추정했다. 달리 말해 인도 여성 노동 참여율이 10퍼센트 증가 시 GDP가 5,520억 달러(약 728조 원) 증가하는 것이다. 그러나 정치 제도와 사회·문화 문제가 이러한 경제 성장을 저해하고 있다.

인도의 발전을 저해하는 정치 제도, 사회·문화 문제

인도는 다당제 의원내각제이며, 양원제의 하원인 록 사바Lok Sabha를 중심으로 집권당과 총리가 선출된다. 국가에서 공인한 여섯 개의 전국 정당과 약 60개의 지역 정당이 혼재하고 있다. 인도인민당은 1980년에 창당되어 인도국민회의와 번갈아가며 집권해 온 인도의 2대 정당 중 하나이며 정치인으로서 카리스마와 포퓰리즘 성향이 강한 나렌드라 모디 총리를 중심으로 2014년, 2019년에 이어 2024년 총선을 승리하며 장기 집권을 하고 있다. 이 인도인민당은 현재의 정치 지형이 유지된다면 2029년 총선에서도 승리 가능성이 높아 무려 20년을 연속으로 집권할 수도 있다.

그러나 이 정당은 힌두트바로 상징되는 인도 힌두민족주의에 기반을 두고 있다. 총 당원 수 1억 8,000만 명의 세계 최대 정당으로서 14억 인구 중 무려 9억 명을 차지하는 힌두교도 유권자의 절대적인 지지를 받고 있다. 그러나 상대적으로 소수 민족인 1억 5,000만 무슬림, 3,000만 기독교도, 2,000만 시크교도는 국내 정치의 권력 및 리소스 분배에서 소외되고 있다. 다수 종교 집단과 소수 종교 집단들의 갈등이 강화되는 정치 구조다. 인도인민당의 힌두트바는 미국을 중심으로 한 사회 문화의 서구화를 지양하고 인도의 문화, 역사, 전통을 고수하며 더 나아가 인도를 힌두교 국가로 정의하고 종교 요소를 정치에 공식적으로 끌어들인다.

이로 인해서 지구상 가장 큰 선거 민주주의 국가로 인정받는 인도에서 서구 자유민주주의 기준으로 이른바 '민주주의의 퇴보'가 진행되고 있다. 모디 총리와 집권당 인도인민당은 선거 사이클에 맞춰서 국내 언론들의 비판적인 보도를 억제하고 기자들을 탄압하고 있다. 물론 이른바 야당의 주요 지도자들과 조직들도 여러 형태의 억압을 받고 있다. 2025년 수도 델리의 지역당인 보통사람당Aam Aadmi Party, AAP이 여당인 인도인민당의 탄압으로 세력이 급속히 약화하는 등 야당에 대한 정치적 탄압 사례가 증가 추세이다. 그럼에도 여전히 제도적인 선거 민주주의는 14억 3,000만 명(2023년) 중 유권자 9억 7,000만 명이라는 상상하기도 어려운 규모에서 비교적 체계적으로 운영된다.

최근의 2024년 총선에서 잘 나타났듯이 인도인민당의 압도적인 지지는 다소 약화되었고 이것이 선거 결과에서 단독 다수당 집권의 실패로 나타났다.

이러한 민주주의의 퇴보는 정치의 권위주의적 특성이 강화됨을 의미하며, 중앙 정부 및 이와 연계된 지방 정부의 다양한 의미에서의 주도적인 정책 수립 및 집행 역량의 증가를 생각할 수 있다. 인도인민당의 종교 포퓰리즘 기반의 지지 기반 확장 전략은 상당한 성과를 거두었으며 다수의 주에서 지역 기반 정당들을 누르고 주 의회를 장악하고 있다. 힌두트바 이데올로기를 앞세운 권위주의화 전략이 어느 정도 효과를 발휘한 것이다. 그러나 여전히 인도의 정치체제는 연방제로서 매우 높은 수준의 지방 자치 제도와 정책 자율성, 그리고 인종적·종교적·역사적 특징을 가진 지방(28개 주, 8개 연방 직할지)이 중앙정부에 대해 우위에 있는 구조다.

이처럼 악화되는 종교 갈등 문제는 인도의 성장, 발전을 저해하는 가장 큰 요인 중 하나다. 2011년 인도 인구 조사에 따르면, 인도 인구의 79.8퍼센트는 힌두교, 14.2퍼센트는 이슬람교, 2.3퍼센트는 기독교, 1.7퍼센트는 시크교를 믿는다. 이러한 다양한 종교는 인도 사회의 풍요로움을 더하지만, 동시에 종교 간 갈등의 원인이 되기도 한다. 특히, 힌두교와 이슬람교 간 갈등은 오랜 역사를 가지고 있으며, 최근에는 힌두 민족주의 정당인 인도인민당의 집권 이후 소수 종교에 대한 차별과 폭력이 증가하고 있다. 이에 대한 언론의 비판적 보도가 언론 탄압의 주요 대상인 상황이다. 인도인의 일상생활은 모두 종교에 기반을 두고 있다고 할 정도로 인도에서 종교는 중요한 문제이다. 그러므로 종교 정체성에서 비롯한 갈등은 해결하기 어려운 문제이다. 카스트 제도는 끈질긴 지속성을 갖고 여전히 사회 계급을 고착화하면서 유지되고 있다.

잘 알려져 있듯이 카스트 제도는 인도 사회에 뿌리 깊게 자리 잡은 사회 계층 시스템으로, 브라만(성직자), 크샤트리아(왕족, 무사), 바이샤(상인), 수드라(노동자) 등 네 가지 주요 계급과 불가촉천민으로 구성된다. 현재 인도 인구의 16.6퍼센트는 지정 카스트Scheduled Castes, SC(과거 '불가촉천민'), 8.6퍼센트는 지정 부족Scheduled Tribes, ST(과거 '부족민')에 속한다. 이들은 가장 낮은 사회 계급을 구성하고 있다. 물론 현대 인도에서 카스트 제도는 공식적으로 폐지되었지만, 여전히 사회 전반에 걸쳐 차별과 불평등을 야기하고 있다. 이들 불가촉천민 계급 가구의 월평균 소비 지출은 일반 가구의 60퍼센트 수준에 불과하며, 문맹률 또한 지정 카스트와 지정 부족이 각각 36퍼센트와 45퍼센트로 인도 전체 평균 27퍼센트보다 현저히 높다. 이는 카스트 제도가 여전히 교육 및 경제적 기회의 불평등을 심화시키고 있음을 명확히 보여 준다.

그러나 역설적으로 이 불가촉천민 계급은 기존 정당들의 '매표vote-buying' 전략의 대상이 되었고 이 매표 행위로 야기된 여러 보조금 정책들은 인도 정치 제도의 후진성이 지속되는 큰 원인으로 자리 잡고 있다. 인도의 주요 정당들은 전통적으로 선거에서 승리하기 위해 카스트 제도의 하위층, 불가촉천민, 농민 등에게 보조금, 지원금, 공공 일자리 제공 등의 혜택을 약속하고 공급해 왔다. 예를 들어, 2019년 총선에서 인도인민당은 농민들에게 연간 6,000루피의 현금 지원을 약속했으며, 이는 농촌 지역 유권자들의 지지를 얻는 데 기여했다. 더불어서 인도 정부는 카스트 제도로 인한 사회적 불평등 해소를 위해 적극적인 차별 철폐 정책Affirmative Action을 시행해 왔다.

대표적인 사례로 거론되는 사건이 2018년 대법원 판결에 따라 지정 카스트와 지정 부족에 대한 공공 일자리 및 교육 기관 입학 할당제를 완화하려는 시도가 있었으나, 전국적인 시위와 반발에 직면하여 결국 철회된 것이다. 또한, 2019년에는 경제적으로 취약한 상위 카스트에게 10퍼센트의 예약 쿼터를 제공하는 법안이 통과되었지만, 이 역시 위헌 논란과 함께 하위 카스트의 반발을 불러 일으켰다. 2000년대 이후에도 이러한 정치 개혁의 실패 사례는 수도 없이 많다. 실제로 어느 한 잣대로 계급 간의 갈등과 특혜의 정당성을 재단하기 어려울 정도로 복잡한 계급 간의 정치 갈등 구조가 뿌리 깊게 자리 잡고 있다. 당연히 정치제도를 선진화하기 위해 개혁하는 것은 불가능에 가깝다(The Wire, 2018; The Indian Express, 2019). 이에 더해 힌두트바로 상징되는 힌두교, 이슬람교, 시크교, 기독교 간의 종교 갈등은 인도 정치, 사회 발전의 큰 장애 요소로서 경제 산업 발전을 저해해고 있다.

이와 더불어 인도 사회, 나아가 경제 성장에서 심각한 제약 요소는 낮은 도시화 속도이다(WB, 2023). 2021년 기준 인도의 도시화율은 35퍼센트로, 세계 평균 56.2퍼센트에 비해 현저히 낮다. 특히, 중국의 도시화율 65.2퍼센트와 비교하면 절반 수준에 불과하다. 중국의 도시화는 1978년 개혁 개방 이후 급속도로 진행되었다. 1980년 19.4퍼센트였던 도시화율은 2021년 65.2퍼센트로 45.8퍼센트포인트 증가했으며, 이는 연평균 4.58퍼센트의 증가율을 기록했다. 특히, 2000년대 이후 도시화 속도는 더욱 가속화되어 10년 동안 10퍼센트 이상 증가하는 경우도 있었다. 반면 인도의 도시화는 상대적으로 더딘 속도로 진행되고 있다. 1980년 23.3퍼센트였던 도시화율은 2021년 35퍼센트로 지난 30년 동안 겨우 11.7퍼센트포인트 증가했으며, 이는 연평균 1.17퍼센트의 증가율에 해당한다. 특히, 2011년 이후 도시화 속도는 더욱 둔화되어 연평균 1퍼센트 미만의 증가율을 보이고 있다. 이는 인도의 경제 성장 속도에 비해 도시화 속도가 따라가지 못하고 있음을 의미한다.

현대 인도의 느린 도시화율의 원인은 크게 세 가지로 볼 수 있다. 첫째, 위에서 언급한 산업 구조 고도화 실패와 연관된 높은 농업 비율과 농업 종사자 비율이다. 인도의 농업 종사자 비율은 2021년 기준 45.6퍼센트로, 전체 노동력의 절반 가까이를 차지한다. 이는 중국(26.1%), 브라질(10.2%), 인도네시아(30.2%) 등 주요 개발도상국에 비해 현저히 높은 수준이다. 농업 부문의 국내 총생산 내 비중 역시 2022~2023 회계연도 기준 16.5퍼센트로, 서비스업(55.2%)과 제조업(28.3%)에 비해 낮다. 그럼에도 불구하고 16퍼센트의 국내 총생산에 전체 노동력의 절반이 종사하고 있다. 이는 사회·문화적 제약 요소일 뿐만 아니라 경제적으로 비효율이다. 이처럼 높은 농업 의존도는 농촌 지역의 인구 유출을 억제하고 도시화 속도를 늦추는 주요 요인이다.

둘째, 부족한 도시 인프라는 농촌 인구의 도시 유입을 막고 있다. 한마디로 도시로 가고 싶어도 갈 수가 없는 것이다. 인도의 도시 인프라는 급증하는 도시 인구를 수용하기에 턱없이 부족하다. 2021년 기준 인도의 도시 인구는 약 4억 6,000만 명이다. 약 25년 후인 2050년에는 8억 7,000만 명에 달할 것으로 예상되지만 도시 인프라 투자는 인구 증가 속도를 따라가지 못하고 있어 이의 달성이 가능할지 의문이다. 2020년대에도 인도의 도시 인프라 투자 규모는 국내 총생산의 2~3%에 불과하며, 이는 중국(8.5%)이나 브라질(3.8%)에 비해 현저히 낮은 수준이다. 특히, 주택, 교통, 상하수도, 전력 등 기본적인 인프라 부족은 도시 생활의 질을 저하시키고 농촌 인구의 도시 유입을 막는 주요 요인이 된다. 당연히 '상경'한 농촌 청년들은 도시 빈민으로 전락하고 자신들의 고향에서보다 못한 삶의 질에 고통받게 된다.

셋째, 도시화의 주요 동력인 제조 산업, 즉 공장의 폭발적 증가가 발생하지 않고 있다. 인도는 개발도상국 산업 발전 전략에 있어서 아웃라이어임을 위에서 설명했다. 각종 제조업 확대 드라이브에도 불구하고 인도 제조업은 낮은 생산성, 경직된 노동법, 복잡한 세금 제도, 부족한 인프라, 부패 등으로 말미암아 경쟁력이 매우 낮다. 2022년 세계경제포럼WEF의 글로벌 경쟁력 지수에서 인도는 140개국 중 66위에 그쳤다. 한마디로 도시에 와도 일자리가 없는 것이다. 노동집약적인 경공업 유형의 공장들이 폭발적으로 증가하면서 도시화를 신속하게 달성한 일본, 한국, 타이완, 중국, 그리고 동남아시아 국가들의 사례와는 확실히 구분된다.

이로 인해서 도시 내에서도 부정적인 결과들이 양산된다. 첫째, 도시의 슬럼화가 심화된다. 기존의 그리고 새로 유입된 슬럼 거주민들은 열악한 주거 환경, 불안정한 고용, 낮은 소득, 교육 및 의료 서비스 접근성 부족 등 다양한 문제에 직면하고 있다. 무엇보다도 세계 기준에서는 느리지만 그래도 인도의 거대한 14억 인구를 감안할 때 실제로 급증하는 도시 인구를 수용할 수 있는 적절한 주택 공급이 이루어지지 않는다. 결국 도시 빈민의 증가는 감당할 수 없는 정도에 이르게 된다. 당연히 이로 인한 범죄 증가와 사회 불안정은 피할 수 없다.

둘째, 환경 오염 심화가 이루 말할 수 없을 정도이다. 현재 인도의 도시화와 산업화는 대기 오염, 수질 오염, 쓰레기 문제 등 환경 문제 악화의 주요 원인이다. 2022년 세계 대기 질 보고서에 따르면, 인도의 수도 뉴델리는 세계에서 가장 대기 오염이 심각한 도시로 꼽혔다.

이곳은 미세먼지(PM10)와 초미세먼지(PM2.5)가 1,000ppm을 넘는 날이 많다. 이러한 도시화가 과연 경제 성장에 도움이 될지 자체에 대한 의문이 제기될 정도이다. 마지막으로 사회 불평등 심화다. 산업화와 도시화 과정에서 빈부격차의 증가는 자연스러운 현상이다. 그러나 이는 급속한 산업 성장과 더불어 경제 자체의 성장과 이에 따른 임금 상승 및 교육 기회의 확대 등과 더불어 완화되는 경향이 있다. 그러나 인도의 도시화 과정은 이 경향의 확산이 더디다. 인도의 지니 계수는 2019년 기준 0.357로 상당히 높은 수준의 불평등을 보여 준다.

경제 불평등 문제는 계급, 도시 변수 안에서만 발생하지 않는다. 인도는 지역 간 경제 수준의 격차가 심각할 정도로 크다. 2021~2022년 기준 1인당 총생산이 가장 높은 고아Goa주는 46만 7,986루피인 반면, 가장 낮은 비하르Bihar주는 5만 3,848루피에 불과하다. 이는 고아주의 1인당 총생산이 비하르주의 8.7배에 달하는 수치이다. 또한 2020년 기준 다차원 빈곤 지수Multidimensional Poverty Index, MPI가 가장 낮은 케랄라Kerala주의 빈곤율은 0.71퍼센트인 반면, 가장 높은 비하르주의 빈곤율은 51.91퍼센트로 73배 이상 차이가 난다. 내륙 지역은 농업 의존도가 높고 인프라가 부족하여 경제 발전이 더디고 빈곤율이 높다. 비하르주와 우타르프라데시Uttar Pradesh주의 인구는 인도 전체 인구의 약 30퍼센트를 차지하지만, GDP 기여도는 각각 4.1퍼센트와 8.4퍼센트에 불과하다. 이들 지역은 농업 부문의 비중이 높고 제조업 발전이 미흡하며, 교육 및 의료 서비스 접근성이 낮아 인적 자본 개발이 더딘 상황이다.

반면 인도의 해안 지역은 항구, 물류 인프라, 외국인 투자 등의 이점을 바탕으로 제조업, 서비스업 등이 발달하여 상대적으로 높은 경제 성장을 이루고 있다. 예를 들어, 마하라슈트라Maharashtra주는 뭄바이Mumbai와 같은 주요 항구 도시를 보유하고 있으며, 자동차, 화학, 제약 등 다양한 제조업 분야에서 강점을 보이고 있다. 또한 인도의 IT 서비스 수출의 40퍼센트 이상을 차지하는 등 서비스업 분야에서도 높은 경쟁력을 갖추고 있다. 이러한 지역 간 경제 불평등은 당연히 국내 정치를 어렵게 만들고 민주주의를 기반으로 한 여러 수준에서의 타협과 공진화의 장애물이 된다.

인도의 글로벌 경쟁 역량의 한계

초강대국으로서 인도의 실제 역량을 가늠해본다. 역시 인도 주요 지도자들의 초강대국 인도 부상론의 맥락에서 국가 역량, 특히 국내 경제 사회 영역에 대한 냉정한 평가들을 살펴봤다. 그렇다면 좀 더 글로벌 시각에서 인도가 글로벌 톱 3 초강대국으로 진화할 수 있을지가 달려 있는 몇몇 국가 경쟁력 분야에 대한 분석도 필요하다. 여기서 모든 분야를 다룰 수는 없지만 '체계적인 경제 성장 발전 계획의 부재', '국제 인프라 투자 부재', '폐쇄적인 경제 구조와 무역 보호주의', '지식 기반 인적 자원 부족', '군사력 및 방위 산업 역량 부족' 등을 지적한다.

첫째, 인도는 체계적인 경제 성장 및 발전 계획이 부재하다. 사실 인도는 인도국민회의 집권 시기 경제 개발 5개년 계획이 존재했지만 매우 비효율적인 형태로서 경제 성장에 큰 기여를 하지 못했고 2017년 영구 폐지되었다. 현재 이른바 인도 정부의 공식 싱크탱크인 '인도 전환 국가 기구The National Institution for Transforming India Aayog'가 15년 비전, 7년 전략, 3년 행동 계획 등을 발표하나 실제 정책화되어 경제 성장의 기본 계획으로 기능하지 못하고 있다. 이로 인해 이른바 경제 개혁개방의 핵심이라고 할 수 있는 해안 개발 정책Integrated Coastal Zone Management 등이 역시 예산 한계와 정책 일관성 결여로 본궤도에 오르지 못했으며, 고속도로·항만 건설은 일부 진행 중이지만 그 속도가 기대에 미치지 못하고 있다. 이 밖의 대규모 경제 개발 프로젝트들도 부재하다.

둘째, 인도는 글로벌 강대국으로서 국제적인 인프라 투자 및 원조 실행이 매우 부족하다. 한 국가가 글로벌 영향력을 확대하기 위한 가장 기본적인 수단이 그 국가가 속해 있는 지역과 저개발 지역들에 대한 인프라 투자 및 원조다. 그러나 인도는 글로벌에 대한 경제 역량 및 전략적 마인드가 부족하여, 주로 국내 인프라 건설에 집중하고 있으며, 중국의 일대일로 전략에 기반한 국제 인프라 건설처럼 대규모 해외 인프라 사업은 전무하다. 예를 들어 러시아부터 이란을 거쳐 인도까지 이어지는 국제 남북 운송 회랑International North-South Transport Corridor, INSTC과, 인도와 일본이 주도하여 아프리카 개발을 모색하는 아시아 아프리카 성장 회랑Asia-Africa Growth Corrider, AAGC 등 국제 협력 프로젝트가 존재하나 성과는 매우 제한적이다. 2023년 인도에서 개최된 G20 회의에서 발표된 인도 중동 유럽 경제 회랑India-Middle East-Europe Corridor, IMEC에 대한 기대는 있으나, 실질 추진 여부는 불투명하다.

셋째, 여전히 폐쇄적인 경제 구조와 무역 보호주의는 인도가 글로벌 초강대국으로 부상하지 못하는 큰 이유다. 위에서 살펴봤듯이 인구의 절반가량이 여전히 비효율적이고 영세한 농업에 종사하고 있는 관계로 양자, 다자 간 자유무역협정Free Trade Agreement, FTA 협상이 지지부진하다. 대표적인 농업 보호 정책으로 이른바 최소 지원 가격minimum secured price 보장 작물이 23종이며, 각종 보조금 정책도 있어 전면적인 무역 개방이 불가능하다. 또한 인도는 비관세 장벽이 높기로 악명이 높아 글로벌 가치 사슬Global Value Chain, GVC에서 경쟁력이 저하되고 특히 제조업의 급속한 육성에 악영향을 미치고 있다. 경제 체제를 더욱 개방형으로 전환하고 농업의 비중을 낮추고 제조업을 육성해야 하는 가장 기본적인 산업 발전 정책이 정치적인 이유로 인하여 입안, 실행되지 못하는 상황이며 이는 중장기적으로도 변할 가능성이 낮다.

넷째, 인도는 지식 기반 인적 자원이 부족하다. 아마 많은 사람들이 인도는 인재로 유명한 국가인데 무슨 소리냐고 반문할 것이다. 그러나 실제로 인도의 열악한 교육 환경을 이겨내고 배출되는 뛰어난 인재는 극소수다. 워낙 인구가 많이 때문에 그중에서 확률적으로 뛰어난 인재들이 많은 것이지 교육 환경은 저개발국의 그것과 다름이 없다. 무엇보다도 고등 교육이 열악한데 일례로 QS 세계 대학 순위 500위권 내 인도 대학은 세 곳으로, 인도공과대학교 봄베이캠퍼스IIT Bombay 118위, 인도공과대학교 델리캠퍼스IIT Delhi 150위, 인도과학원 벵갈루루캠퍼스IISc Bangalore 225위에 불과하다. 일단 고등 교육 등록률이 28.3퍼센트로, 중국(58.4%)이나 미국(88.2%)과 대비할 때 여전히 낮으며, 놀랍게도 대학 교수들 중 박사 학위 보유 비율이 37퍼센트에 그치고, 그나마 학생 대 교수 비율은 27 대 1로, 미국 12 대 1, 중국 18 대 1과 비교할 수 없다. 이와 유사하게 국가 전체의 R&D 투자 비중은 GDP 대비 0.64퍼센트로, 중국(2.4%), 미국(3.5%), 한국(4.8%)에 비해 현저히 낮고 당연히 연간 특허 출원 건수는 약 7만 5,000건에 머물러 기술 혁신이 경제 성장의 견인차인 중국 160만 건, 미국 60만 6,000건과 비교할 수 없다.

다섯째, 인도는 글로벌 초강대국으로서 군사력과 방위 산업 수준이 미흡하다. 국가 역량의 근간은 경제력이지만 실제로 주권 국가의 운명을 좌우하는 것은 군사력이다. 물론 인도는 독립 이후 군사적으로 파키스탄을, 그리고 21세기 들어 중국을 주적으로 정의하고 분쟁을 거듭해 왔으며 육군, 해군, 공군, 우주군을 강화하는 데 엄청난 경제적 자원을 투입해 왔다. 비동맹 외교를 추구했던 냉전 시기부터 러시아 무기 체계를 중심으로 군사력을 키우고 방위 산업의 자국화를 끊임없이 추구했지만 여전히 군사 과학 기술 및 제조 기술 수준이 낮다. 대부분의 핵심 포괄적 첨단 무기 체계는 수입해야 하며 프랑스, 미국, 한국 등의 무기 체계를 복합적으로 도입하고 있다. 국방비는 750억 달러로 전 세계 3위, 무기 수입 비중 1위다. 물론 인도는 핵무기 보유국이며 이를 기반으로 한 핵공격 억제 역량을 갖추고 있다. 그러나 핵무기는 상호 간에 사용할 수 없는 무기로서 전통적인 군사력 증강은 필수적이다. 여전히 독자적인 글로벌 패권 추구를 할 수 없는 수준이며 이는 향후 10~20년 안에 크게 바뀔 것으로 보이지 않는다.

4. 나가며: 인도 글로벌 부상의 제한

결국 인도는 2030년대, 그리고 그 이후에도 남아시아 지역 패권국 지위를 넘어선 글로벌 강대국 지위 획득 목표는 달성하기 어려울 것으로 보인다. 다시 말해 현재 글로벌 위계질서에서 여전히 패권국인 미국과 도전국인 중국 (그리고 러시아) 사이에서, 균형과 헤징 및 다자 연대 전략을 취해야 하는 정도의 국가 역량을 보유한 인도가 향후 10~20년 안에 이를 넘어서 다른 나라들이 미국, 중국, 인도의 삼각 구도에서 균형과 헤징 전략을 구사해야 하는 정도로 강력한 글로벌 초강대국은 될 수 없다. 우리가 현재 목도하고 있는 미국의 도널드 트럼프 2기 정부의 관세·이민·군사·외교 전략에 수동적으로 반응하며, 중국의 시진핑 공산당 체제의 점증하는 경제·산업·군사적 압박에 버겁게 대응하는 인도, 이른바 '전략적 자율성'에 집착하는 인도로 존재할 것이다. 당연히 기존의 미국 중심 단극 체제에서 현재 미국과 중국 경쟁의 양극 체제로 재편되고 있는 글로벌 질서를 삼극 체제로 변화시키지 못한다.

자세히 상술했듯이 인도는 엄청난 인구 배당을 기반으로 한 연 6~7퍼센트의 경제 성장을 중기간 지속할 역량이 있고 이를 기반으로 괄목할 만한 국가 발전을 이룰 것이다. 이는 이미 지난 10여 년간 발전한 인도의 대도시들과 소수에 국한되지만 향상된 삶의 질을 통해서 가능성이 충분히 입증되었다. 그러나 체계적인 경제 성장 전략, 특히 개발도상국이 필수적으로 거쳐야 할 제조 산업화 전략의 부재와 낮은 실행 가능성, 그리고 농업에 여전히 발목이 잡힌 후진적 산업 구조와 비효율적인 노동력 투입 구조, 여러 사회문화적 제약으로 인해 중국과 같은 40년에 걸친 폭발적인 경제 성장 및 사회 성장은 어려울 것이다. 이에 더해 민주주의 정치체제의 퇴보, 중앙-지방 정부 간의 갈등과 충돌 지속, 지역·계급·성별 간 경제 불평등 등의 요소는 인도의 글로벌 부상에 큰 제약이다.

다시 한번 강조하지만 인도는 꾸준히 성장하고 발전할 것이다. 기본적으로 현재 절대적으로 많은 젊은 인구들이 향후 30~40년간 인도의 경제 성장을 가능하게 한다. 그리고 인도 국가 차원에서 어떤 정치 세력이든 인도의 발전을 원하고 추구한다. 여러 경로를 통해서 좌충우돌하면서 인도는 나아갈 것이다. 그럼에도 불구하고 현재의 인도는 글로벌 패권 전략 또는 중장기적인 글로벌 비전을 갖고 있지 않다. 인도가 갖고 있는 세계관은 아직까지 글로벌 패권국의 그것이 아니다. 앞으로도 그럴 가능성은 낮아 보인다. 전 세계는 현재 미국은 차치하고 현재와 가까운 미래, 즉 2030년대 중국의 대항마로서 인도를 상정하여 과도한 기대감을 투사하고 있다. 어떠한 형태의 국가적 통합적 '각성'을 통해서 인도가 미국, 중국과 어깨를 나란히 하는 초강대국으로 글로벌 정치, 군사, 경제를 주도하는 2040년대, 2050년대를 기대해 볼 수 있을까?

이러한 질문에 적극적으로 문제를 제기하고 연구하고 예상해야 하는 국가는 단순히 이른바 초강대국인 미국과 중국, 일본, 그리고 유럽 주요국들뿐만이 아니다. 한국은 더 이상 한반도와 동북아시아에서 4대 강대국인 미국, 중국, 일본, 러시아만을 외교·안보, 정치·경제적으로 다루는 수준의 국가가 아니다. 한국이 이 지역이 아닌 세계 다른 지역에 있었다면 최소한 지역 강대국 또는 유럽 주요국 수준으로, '강대국의 최소Least of the Great Power'의 국가 역량과 위상을 지닌다. 한국은 이미 글로벌 톱 10이 된 동시에, 국가 제 영역에서 전반적 하강 위기 신호가 탐지되는 이른바 피크 코리아Peak Korea 현상을 겪는 극도로 양면적인 국가 역량의 교차점에 처해 있다(백우열, 2025). 한국은 한반도 주변 4대 강대국 외에도 역량 있는 글로벌 파트너 국가가 더 많이 필요하다.

이러한 맥락에서 인도는 위기에 처한 한국의 지속적 성장을 타개할 수 있는 하나의 길이 될 수 있다. 앞에서 제시한 여러 한계에도 불구하고, 향후 10~20년간 국력이 우상향할 것이 분명한 인도에 대해 좀 더 깊은 이해가 한국과 한국의 여러 주체들에게 필수적이다. 우리가 아는 어떤 국가보다 더욱 복잡하고 중층적인 정치, 경제, 사회, 문화 구조를 지닌 인도를 이해하고 적절한 협력 방안을 제시하고 실행해야 한다. 당연히 지속 성장하는 인도와의 더 적극적인 경제산업적·국방군사적·과학기술적 협력은 국가 운영statecraft의 제반 영역에서 새로운 창의적인 동력이 절실한 한국에 큰 도움이 될 것이다. 인도도 한국과의 협력을 통해서 또 다른 매우 유용한 글로벌 파트너십의 확장을 꾀할 수 있다. 이러한 인식이 양국에 부족하여 양자 관계의 발전이 그 잠재력에 비해 너무 더딘 이 상황이 안타까움을 독자들께 전하며 이 장을 마친다.

제5장

위기의 유럽

쇠락할 것인가, 패권 질서에 동참할 것인가

주경철(서울대학교 역사학부)

1. 들어가며: 글로벌 패권의 변화

21세기 들어 유럽의 위상이 크게 위축되고 있다. 주지하다시피 유럽은 근대 세계의 발전을 추동한 대륙이며, 19세기부터 20세기 전반기까지 세계를 호령했다. 그러나 제2차 세계 대전의 종전과 함께 세계 최강 세력의 지위를 미국에 넘겨주게 되었다. 마치 로마 제국의 몰락이 그러했듯이, 유럽 자신은 쇠락해 가면서 그 내부에서 산출했던 정치·경제·문화의 유산을 세계에 확산하였다. 무엇보다 유럽이 만들어내고자 했던 자유주의 국제 질서 형성의 주도권을 미국에 넘겨주었다. 냉전기가 지나고 1991년 소련이 해체되면서 미국은 확고하게 글로벌 패권을 차지하였다. 역사상 지역 패권국은 종종 등장했으나, 글로벌 차원의 패권국은 미국이 최초의 사례라 해도 무방할 것이다. 이 시기에 미국은 압도적인 경제력과 군사력 그리고 연성 권력soft power을 행사하며 역내 거의 모든 세력들로 하여금 미국이 주창하는 질서에 따르도록 만들 수 있었다.

유럽은 이 국제 질서 내에 편입하여 상당한 정도의 위세를 유지했다. 미국이 경제·군사적으로 압도적 힘을 과시하고 중국이 급속하게 성장하는 가운데에도 유럽은 유럽연합European Union, EU을 결성하여 단합된 세력으로 존재감을 과시했다. 1950년대 경제 재건을 위해 필수재였던 철강과 석탄의 확보를 위해 관련 회원국의 협력을 추구하는 유럽석탄철강공동체European Coal and Steel Community, ECSC를 결성하고, 이를 적극적으로 발전시켜 유럽경제공동체European Economic Community, EEC를 만든 다음, 1993년 통합을 더욱 심화시켜 EU로 승격시켰다. 1999년에는 유로Euro화로 화폐 통합을 하여 공동의 통화 정책을 가능케 했다. EU 회원국들은 이론상 완전한 경제 통합을 지향하였다. 이와 같이 통합된 힘을 바탕으로 EU 회원국을 비롯하여 유럽은 여전히 높은 경제적 수준과 문화적 역량을 자랑하며, 인권이나 생태주의 등의 가치를 주장하면서 자유주의 세계 질서 안에서 주요 행위자로서 영향력을 유지해 왔다.

그러나 이러한 국제 질서가 이제 더 이상 잘 작동하지 못하는 전환점을 맞이한 듯하다(Adil, 2024). 미국이 주도하는 세계 질서가 극심하게 변화하고 있다. 중국은 1980년대 이후 전례 없는 경제 성장을 이루며 세계 제2의 경제 대국으로 부상했고, 군사적·정치적으로도 점점 더 강력해지며 서구 헤게모니에 도전하고 있다. 러시아도 조지아의 남오세티야와 압하지야(2008년), 우크라이나의 크림반도(2014년)를 강제 병합하고, 우크라이나를 침공하였으며(2022년), 파키스탄과의 관계 개선, 중국과의 무역 확대, 브릭스 및 상하이협력기구 가입 등을 통해 서구의 지배력에 심각한 위협을 제기하고 있다. 이와 더불어 브라질·인도 등 신흥 경제국을 포함한 글로벌 사우스 국가들도 21세기 들어 세계 정치 무대에서 상당한 영향력을 확보해 가고 있다.

이러한 변화의 기저에는 미국이 더 이상 이전과 같은 세계 패권국으로서 자유주의 세계 질서를 유지할 힘을 지키지 못하는 사정이 작용하는 것으로 보인다. 미국은 여전히 세계 최강국의 지위를 누리지만, 이제는 글로벌 패권을 유지하기에는 여러 면에서 힘에 겨워하는 것으로 보인다. 미국은 아프가니스탄(2001년)과 이라크(2003년)에 개입하여 미국 주도의 세계 질서를 공고히 하려 했으나, 오히려 서구 헤게모니의 한계를 드러내는 결과를 낳았다. 특히 아랍의 봄(2011년) 이후 중동에서의 전쟁은 미국의 재정적 부담을 가중시켰고, 세계적인 평판을 손상시켰으며, 지역 내 지속적인 불안정을 초래했다. 무엇보다 2008년 글로벌 금융 위기를 겪으면서 표면적으로는 미국이 유례없는 경제 성장을 이루는 듯하지만, 기실 내적으로 심대한 구조적 위기가 심화하는 것으로 보이며, 이 때문에 그 동안 미국이 주도했던 세계 질서의 유지를 위한 동력이 소진되는 듯하다. 파리기후협정 탈퇴, 이란 핵 협정The Joint Comprehensive Plan of Action, JCPOA 탈퇴 등을 통해 국제 협력에서 점차 후퇴하는 모습은 미국의 포괄적global inclusive 위상을 약화시켰다. 특히 도널드 트럼프 대통령 집권 1기와 2기를 거치며 미국이 고립주의적인 행보를 강화하면서 전통적 동맹들과의 관계가 악화되었고, 이는 중국과 러시아가 국제 사회에서 리더십을 확보할 기회를 제공하는 결과를 초래했다.

문제는 기존 질서가 변모할 가능성이 높아 보이지만, 어느 방향으로 변화해 갈지 불명확하다는 것이다. 향후 새 글로벌 패권 세력이 등장하여 완전히 새로운 국제 질서를 창출할 것인가? 미국 중심의 단극 체제로부터 점점 다극 체제로 변모할 것인가? 혹은 미국이 자유주의적 세계 질서를 다시 회복시킬 것인가? 이런 모호한 상황에서 유럽은 향후 새로운 국제 질서에서 어떤 지위를 차지할 것인가? 또 그에 대비하여 어떤 준비를 하고자 하는가?

현재 유럽은 매우 힘겨운 상황으로 내몰리고 있다. 경제, 인구, 군사 등 여러 면에서 유럽이 위축되는 것으로 보인다. 지금까지 유럽은 미국의 힘에 안보를 의탁하고, 러시아의 값싼 에너지를 수입하여 비용을 절감하면서, 급속히 성장하는 중국 경제를 이용하여 번영을 누려 왔다. 그렇지만 이제 이런 요소들이 모두 부정적인 방향으로 변하고 있다. 미국이 경제·군사적으로 여전히 강력한 힘을 행사하기는 하지만 내직으로 곤경에 처하였다는 것은 2기 트럼프 정부 초기의 여러 정책들과 발언에서 확인할 수 있다. 완벽한 패권을 차지하지는 못하는 상황에서 미국은 전 세계를 상대로 압박을 강화하고 있으며, 유럽 또한 군사 경제적으로 미국의 강력한 요구에 직면하고 있다. 유럽은 또한 중국 시장에 의존하여 번영해 왔으나 이제는 오히려 강력한 경쟁에서 밀려나는 중이다. 러시아는 유럽에 에너지를 공급해 왔으나 이제 유럽을 군사적으로 위협하는 중이다. 유럽은 갈수록 궁지에 몰리는 느낌이다. 이런 위기 상황을 해결하지 못한다면 유럽은 조만간 세계 질서 내 중요 행위자로서 위상을 잃어가고, 더 심하게는 세계 질서를 놓고 벌어지는 경쟁에서 탈락할 수도 있어 보인다.

이 문제에 대해 이 글에서는 유럽의 쇠락의 원인을 살펴보고 이 문제에 대한 유럽 내부의 목소리를 비판적으로 살펴보고자 한다. 과연 유럽이 지속적으로 쇠락할지 아니면 기사회생하여 다시 활력을 되찾을지 누구도 명확히 판단할 수는 없다. 세계 질서 전환기에 유럽은 어떤 방향으로 나아가고자 하는지 고찰해 보고자 한다.

2. 위기의 유럽[1]

현재 유럽은 정치·경제·군사 등 주요 부문에서 힘을 잃어가면서 심대한 위기 상황으로 들어가는 듯 보인다. 유럽이 어떤 상황에 처해 있는지 자료들을 통해 확인해 보고 그 원인을 규명해 볼 필요가 있다.

위기의 유럽 경제

EU 경제가 당장 몰락하는 것은 아니다. 지금까지 유럽 경제는 착실하게 번영을 누려온 것이 사실이며, 독특한 장점을 가지고 있다. EU는 세계 GDP의 17퍼센트를 차지하는 거대한 규모의 경제권으로서 중국과 거의 같은 규모이다. EU는 4억 4,000만 명의 소비자와 2,300만 개의 회사를 가진 초대형 단일 시장이다. 여기에 나머지 유럽, 즉 비EU 국가의 GDP 7퍼센트를 더한다면 유럽 경제는 세계 2위를 차지한다(그림 5-1).

유럽 경제의 장점은 중국이나 미국보다 불평등이 낮다는 것이다. 소득의 지니계수와 순 개인 자산의 지니계수를 보면 북유럽 0.3 미만이고 서유럽이 0.35 미만이어서 세계에서 불평등이 가장 낮은 지역이다(그림 5-2). 유럽 경제는 시민들의 건강, 교육, 환경, 법률 준수 등 여러 측면에서 장점이 있다. 중산층이 두텁고, 안정적인 생산과 소비가 가능하며, 사치재보다는 필수재 소비 중심의 건전한 경제를 자랑

1 이 글에서 '유럽'과 'EU'를 구분할 것이다. EU 국가는 독일, 프랑스, 이탈리아, 네덜란드, 벨기에, 룩셈부르크, 아일랜드, 덴마크, 그리스, 스페인, 포르투갈, 스웨덴, 핀란드, 오스트리아, 헝가리, 폴란드, 체코, 슬로베니아, 에스토니아, 키프로스, 라트비아, 리투아니아, 몰타, 슬로바키아, 루마니아, 불가리아, 크로아티아 27개국이다. 2020년 1월에 영국이 탈퇴하였으며, 그밖에 노르웨이, 아이슬란드, 스위스, 튀르키예, 러시아 등이 비EU 국가들이다.

그림 5-1 세계 GDP의 비중(2023년 기준)

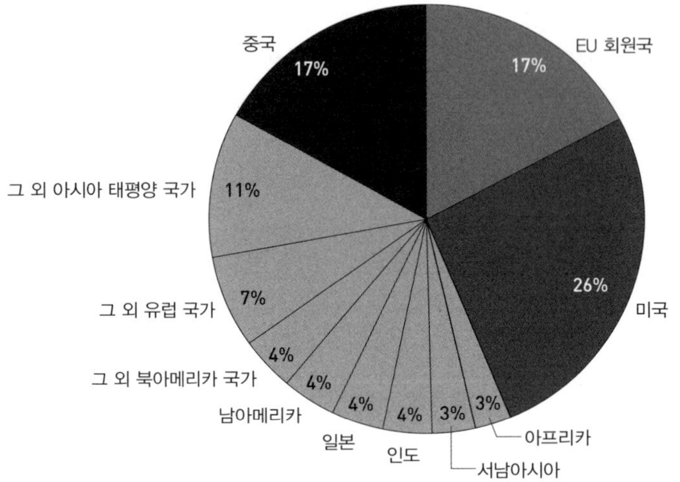

EU는 미국(26%)에 이어 중국(17%)과 대등한 수준의 규모를 갖는 거대한 경제권이다.

출처: Draghi(2024).

그림 5-2 세계 각 지역의 수입과 임금 불평등

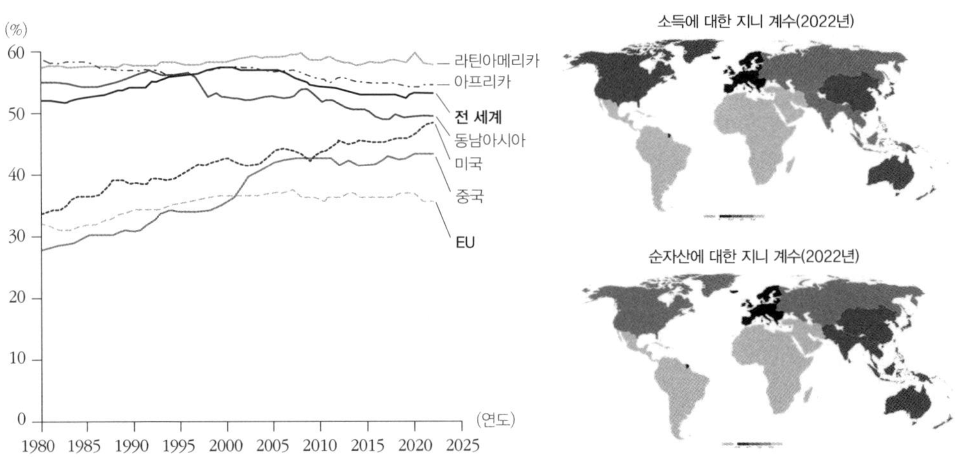

왼쪽 그래프에서 볼 수 있듯이 EU 지역은 소득 상위 10퍼센트가 전체 소득에서 차지하는 비율이 다른 지역에 비해 매우 낮다. 오른쪽 지도에서는 색상이 짙은 지역일 수록 더 평등한 지역이다. 유럽 지역은 소득에 대한 지니계수와 순자산에 대한 지니계수 모두 상대적으로 더 평등하다.

출처: Draghi(2024).

한다. 그린 뉴딜과 탄소 중립 등을 지향하고, 높은 수준의 사회적 포용성을 유지하면서 견고한 경제 성장을 목표로 한다. 유럽은 분명 탄탄하고 건전한 사회 경제를 구축했다. 다시 말해 오랜 기간 유럽이 추구해 왔던 가치를 구현하여 건실한 사회를 이룬 것이다. 문제는 이 체제를 계속 유지할 수 있는가이다. 이 체제를 지키려면 지속 성장이 필수인데, 실제로는 지난 20년간 유럽의 경제 성장이 정체해서 큰 어려움을 겪고 있다.

21세기 들어 미국 경제가 엄청난 속도로 앞서 갔고 중국 경제가 급속히 추격 중이어서 유럽 경제는 양자 사이에 샌드위치가 된 형편이다. 결과적으로 유럽 경제는 세계 경제 내 상대적 지위가 크게 하락했다. 이 점은 무엇보다 GDP 통계 추이를 통해 확인할 수 있다.

유럽의 GDP 수준을 미국의 그것과 비교하면, 2002년 약 83퍼센트 수준에서 2023년 70퍼센트 수준으로 벌어졌다(2015년 가격 기준). PPP 기준으로는 2002년 미국의 104퍼센트로 앞섰다가 2023년에 88퍼센트로 뒤처진 결과를 보인다. 그러는 동안 중국 경제가 놀라운 속도로 성장하여 유럽 수준에 도달하고 더 나아가서 추월했다(그림 5-3). 이 기간 중 중국 경제가 연평균 8.3퍼센트, 미국 경제가 2.0퍼센트 성장할 때 유럽은 1.4퍼센트 성장에 그쳤다. 만일 이런 상태가 지속된다면 현재의 사회 모델, 즉 복지 시스템은 유지가 불가능하다.

유럽은 언제부터 이런 상황을 맞이한 걸까? 2008년이 중요한 전환점이다. 세계적인 금융 위기 상황에서 유럽은 위기 탈출에 전념해야 했는데, 같은 시기에 미국은 IT 혁명을 이루었다. 이 시점 이후 미국이 85.2퍼센트 성장하는 동안 유로존은 4.4퍼센트 성장에 그쳤다(World Bank, 2025). 미래 먹거리인 첨단 기술 분야에서 뒤처진 것이 유럽이 지체한 결정적인 계기로 작용했다. 그 결과는 1인당 GDP 통

그림 5-3 미국, 중국, EU의 GDP 변화

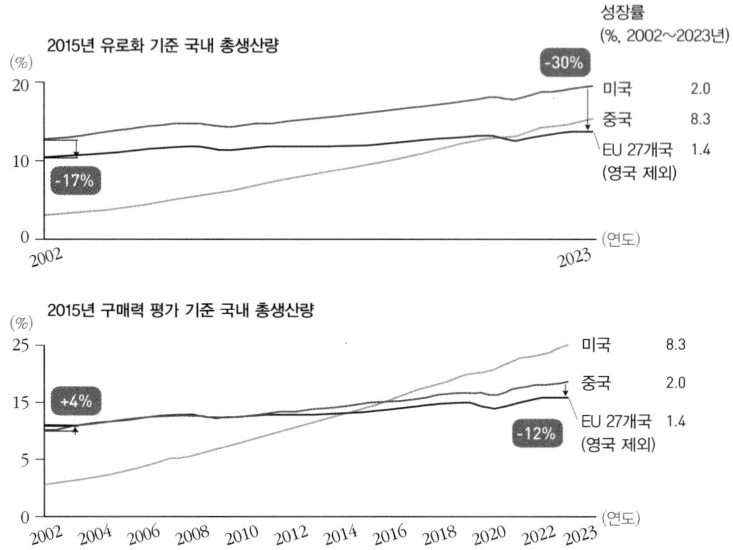

출처: Draghi(2024).

계를 통해 명료하게 확인해 볼 수 있다.

이 수치에서 확인할 수 있는 점은 2008년 시점에서는 유럽 국가들과 미국의 1인당 GDP 차이가 그리 크지 않다는 점이다(예컨대 명목 GDP 수치로 미국 4만 8,401달러 대 프랑스 4만 5,516달러). 그런데 2023년에는 그 차이가 실로 크게 벌어져 있다(예컨대 미국 8만 2,769달러 대 프랑스 4만 4,691달러). 2008년에는 프랑스가 미국에 6퍼센트 뒤처지는 수준이었으나 2023년에는 무려 46퍼센트나 뒤처져 있다. 달리 표현하면 미국이 71퍼센트 증가했을 때 프랑스는 2퍼센트 감소한 것이다. 같은 기간 중국이 무려 350퍼센트 증가한 점도 실로 주목할 점이다.

당연히 가처분 소득이 줄어들 수밖에 없고 소비의 축소로 귀결되었다. 미국과 유럽 주요 국가들 간 2023년 연평균 임금average annual wage 수치를 비교해 보면, 미국 8만 115달러, 독일 6만 5,719달러, 프랑스

표 5-1 유럽 주요국과 미국, 중국의 명목 GDP와 구매력 평가(PPP)

단위: 달러

국가	2008(명목)	2023(명목)	2008(PPP)	2023(PPP)
미국	48,401	82,769	47,000	82,769
프랑스	45,516	44,691	42,000	58,167
독일	44,741	54,343	44,000	69,027
이탈리아	39,749	39,003	38,000	57,652
중국	3,468	12,614	6,000	24,000

출처: World Bank(2025).

5만 9,087달러, 영국 5만 7,617달러, 스페인 5만 1,336달러, 이탈리아 4만 8,874달러이다(OECD, 2024a).[2] 미국을 100이라고 할 때 독일 82.0퍼센트, 프랑스 73.8퍼센트, 영국 71.9퍼센트, 스페인 64.1퍼센트, 이탈리아 61.0퍼센트에 불과하다. 미국과 비교할 때 유럽 각국의 소비 수준이 훨씬 낮은 것이 당연하다. 15년 전에는 EU와 미국이 각각 세계 소비의 15퍼센트 수준으로 유사하였는데, 현재는 EU가 세계 소비의 18퍼센트, 미국이 28퍼센트를 차지하여 격차가 벌어졌다. 인플레이션과 구매력 조정을 한 통계치를 보면 2019년 이후 독일의 실질 임금은 3퍼센트, 이탈리아와 스페인은 3.5퍼센트, 그리스는 6퍼센트 줄었다. 당연히 소비가 줄고 생활 수준이 하락할 수밖에 없다. 미국에서 가구 소비가 9퍼센트 늘어날 때 유럽은 1퍼센트 감소했다. 쉽게 말해 미국에 비해 유럽 각국은 훨씬 못 살게 된 것이다.

브뤼셀에 위치한 독립 싱크탱크 유럽국제정치경제센터European Centre

2 상위권에는 룩셈부르크(8만 9,767달러), 아이슬란드(8만 7,421달러), 스위스(8만 3,322달러)가 있고, 하위권에는 포르투갈(3만 7,550달러), 헝가리(3만 1,709달러), 그리스(3만 238달러) 등이 있다.

for International Political Economy, ECIPE는 유럽 모든 국가의 주민들 경제 수준은 미국에서 가장 가난한 주인 아이다호주와 미시시피주만 빼고 그 나머지 모든 주에 비해 열세라고 평가했다. 만일 이 상황이 지속된다면 2035년까지는 미국과 EU 사이 경제 격차는 현재의 일본과 에콰도르만큼 커질 것이라고 예측한다(Erixon et al., 2023).

미국이 이처럼 경제 성장에 크게 앞서간다고 해도 다른 한편 매우 심각한 문제를 안고 있다는 점은 나중에 지적하고, 일단 여기에서 확인할 점은 유럽 경제의 상대적 비중이 크게 위축되었으며 경제 수준이 매우 심각하게 쇠락하였다는 사실이다.

빈곤한 유럽

유럽 경제가 성장하지 못하고 거의 정체하면서 유럽 각국의 상황이 상당히 심각한 위기에 빠졌다. 《월스트리트저널》은 유럽인들이 얼마만큼 빈곤한 상황에 처했는지 절절하게 묘사하고 그 원인이 무엇인지 서술하였다(Fairless, 2023). 유럽인들로서는 구매력이 급감하여 지난 수십 년 동안 겪어보지 못한 상황에 처했다. 프랑스인은 푸아그라와 와인 소비를 줄였고, 스페인은 올리브유 소비를 줄였으며, 핀란드인은 에너지 가격이 싼, 바람 심하게 부는 날만 사우나를 하게 되었다. 이탈리아에서는 파스타 가격이 두 배 이상 급등하였다. 독일인들은 1인당 연평균 52킬로그램의 고기를 소비하는데 이는 일 년 전보다 8퍼센트 감소한 것이고 1989년 조사 이래 최저치이다. 이는 다이어트, 동물 복지와 같은 다른 이유가 아니라 30퍼센트 이상 육류 가격이 올랐기 때문이다. 또 소고기나 송아지고기 대신 닭고기 등 상대적으로 저렴한 고기로 소비를 바꾸었다. 중산층도 예외가 아니어서 브뤼셀에서는 교사와 간호사가 음식을 구매할 때 슈퍼마켓에서 유통

기한이 임박한 상품을 수거하여 싸게 트럭에서 판매하는 플랫폼에 의존한다. 인터뷰를 보면 적지 않은 사람들이 이 플랫폼 덕분에 일주일에 2~3회 고기를 먹을 수 있다고 응답할 정도이다.

구체적인 사례로 영국이 처한 상황을 살펴보자(BBC, 2020). 코로나19 팬데믹 이후에 유니세프는 역사상 처음으로 영국 어린이들의 급식을 도왔다. 플리머스Plymouth 지역의 경우 다섯 집 중 한 집꼴로 굶는 어린이들이 있다. 이 지역의 세 아이 어머니는 아이들을 먹이기 위해 자신이 2~3일 동안 아무것도 먹지 못한 적도 있다고 이야기할 정도로 상황이 취약하다. 유니세프는 자금을 모아 깡통 식료품 외에 신선한 음식을 전달해 주었으며, 영국 정부가 굶는 어린이들을 돕기 위한 정책을 준비 중이라고 한다.

많은 아이들이 충분한 음식을 섭취하지 못한 것은 이미 상당히 오랜 기간 진행된 일이다(Hill, 2023). 영국의 긴축 정책 아래 성장한 어린이들이 유럽 다른 국가의 또래보다 키가 작다는 충격적인 연구 결과가 그 사실을 말해준다. 1985년, 영국 5세 남아와 여아의 평균 키는 각각 111.4센티미터, 111센티미터였으며, 전 세계 200개국 중 69위를 기록했다. 그러나 2019년에는 남아 112.5센티미터, 여아 111.7센티미터로 남아는 102위, 여아는 96위까지 하락했다. 같은 해 불가리아 5세 남아는 평균 121센티미터, 여아는 118센티미터로, 영국 어린이들보다 훨씬 컸다. 전문가들은 영양 불균형과 국민보건서비스National Health Service, NHS의 예산 삭감이 주요 원인이라고 분석했다. 5세 아동의 키는 단순한 성장 지표가 아니라 전반적인 생활 여건을 반영하는 지표이며, 이는 영양 상태뿐만 아니라 질병과 감염, 스트레스, 빈곤, 수면의 질 등과도 밀접한 관련이 있다고 한다. 영국 어린이들은 키만 준 것이 아니라 다른 면에서도 매우 취약한 결과를 보였다. 비만율은 거의 30퍼센트 증가했고, 청소년 2형 당뇨병 진단도 20퍼센트 이상 증가했다(Gregory, 2024). 연구진은 이런 건강 악화의 주요 원인이 초가공식품의 공격적인 마케팅, 필수 영양소가 부족한 식단, 높은 빈곤율과 사회적 박탈 때문이라고 분석했다. 보고서는 수백만 명의 어린이가 피할 수도 있는 질병에 걸릴 위험이 크며, 이대로 방치될 경우 심각한 건강 위기가 초래될 것임을 강조했다.

전문가들은 정부가 즉각적인 조치를 취하지 않으면 국가 보건 서비스와 경제가 심각한 타격을 입을 것이라고 경고했다. 헨리 딤블비Henry Dimbleby 전 정부 식품 정책 책임자는 "이 보고서에 드러난 어린이 건강 악화는 영국 식품 시스템이 실패한 충격적이고 안타까운 결과"라며 "다음 정부는 건강하고 지속 가능한 식품을 저렴하게 공급하고, 정크 푸드 홍수를 막으며, 아동 건강에 대한 투자를 국가 미래에 대한 투자로 인식해야 한다"라고 촉구했다. 영국의 보건학자 마이클 마멋Michael Marmot은 "지난 100년 동안 건강 수준이 지속적으로 향상되었지만, 최근 10여 년 동안 상황이 급격히 악화되었다"라고 밝혔다. 그는 "건강한 기대 수명이 감소하고 있으며, 이는 국민의 기본적인 생존 요구가 충족되지 않고 있다는 증거"라고 강조했다. 고든 브라운Gordon Brown 전 영국 총리도 300만 명 이상의 영국 어린이들을 위한 구제 계획이 필요하다고 이야기하며, 30억 파운드 규모의 지원 패키지를 제안했다(Butler, 2024). 그는 이 아이들을 '피해 세대blighted generation'라고 지칭하며, 정부가 즉각적인 구제 조치를 마련해야 한다고 촉구했다.

이웃 국가들 사정도 결코 낫지는 않다. 이탈리아는 GDP 세계 9위이며 제조업, 수출입 등 지표상으로는 세계 강국이지만, 경제 성장이 20년 동안 제자리걸음을 하면서 실질 임금이 크게 하락했다. 이탈리아는 주요국 중 실질 임금이 가장 크게 떨어진 국가이다(OECD, 2024b). 2024년 초, 실질 임금은 팬데믹 전에 비해 여전히 6.9퍼센트 낮다. 2024~2025년에 명목 임금이 2.7퍼센트와 2.5퍼센트 인상할 것으로 예상되고 인플레이션은 1.1퍼센트와 2퍼센트로 예상되어 개선의 기미가 보이며 따라서 노동자들의 구매력이 약간 개선될 것으로 보인다. 그럼에도 이탈리아는 이웃 국가들에 비하면 여전히 임금 인상 비율이 낮은 수준이다.

스페인의 경우는 실업률이 너무 높은 문제를 안고 있다(Macrotrends, 2024). 특히 2008년 금융 위기가 큰 충격을 주어 경제가 위기에 직면했고 특히 건설 부문 노동자들의 실업이 심각했다. 2013년 실업률이 26.09퍼센트로 최고점에 달했다가 2024년 4사분기에 10.61퍼센트로 하락했는데, 이는 최근 들어 가장 우량한 수치이다. 이처럼 많이 개선되었다고는 하나 여전히 실업 수준은 심각하다.

일부 국가들 사정을 간략히 보았지만, 모든 유럽인들은 그야말로 쇠락을 체감하는 중이다. 그동안 유럽인들은 더 많은 노동 수입과 혁신보다는 여가시간과 직업 안정을 선호했다. 여기에 코로나19 팬데믹과 러시아-우크라이나 전쟁이 악영향을 미쳐 글로벌 공급망 충격과 에너지 식량 가격 급등으로 위기가 가중되었다. 과거 수출 산업이 유럽 경제의 버팀목이었으나 현재는 중국 시장의 회복이 부진한 데다가 에너지 가격 상승과 인플레이션으로 수출 품목의 우위가 사라졌다. 미국의 GDP에서 수출이 차지하는 비중은 10퍼센트에 불과한데 비해, 유로존의 GDP에서 수출은 무려 50퍼센트를 차지한다. 이처럼 수출 의존적인 유럽 경제가 더 약세로 돌아설 수밖에 없다.

장차 유럽 경제는 물가는 오르는데 임금이 정체하여 구매력이 악화하고, 이것이 다시 실업 문제를 야기하는 악순환에 빠질 우려가 크다. 여기에 더해 각국 정부는 방위비 증가와 차입 지불 비용 증가 때문에 조세를 올려야 하고, 그러면 그렇지 않아도 GDP의 40~45퍼센트 수준인 높은 조세 비율을 더 올려서 소비자에게 더 큰 부담을 안길 것이다. 저성장과 이자율 상승은 유럽 여러 나라의 경제 사정을 매우 힘들게 하고 있다. 무엇보다 헬스 케어 서비스와 연금 제도가 잘 작동하지 못한다. 보조금 총액 1조 유로 중 4분의 3이 높은 에너지 비용을 해결하는 데에 쓰인 것도 문제를 더욱 어렵게 만드는 요인이다.

유럽 각국 주민들이 생활 수준의 하락과 궁핍화에 내몰린 것은 곧 각국이 글로벌 문제에 대한 공동의 대응을 조율할 때 정치적 협력을 저해하는 요소로 작용할 위험도 크다.

심각한 인구 감소

유럽의 인구 문제 또한 심각하다(Eurostat, 2025). 2000년대 이후 저출산 현상이 심화하고 있다. 2023년 EU에서는 367만 명의 신생아가 태어났다. 최고 기록을 보였던 1964년에는 680만 명이 태어났으니, 60년 만에 신생아 출생이 반으로 준 것이다. 인구 1,000명당 출생아 수를 나타내는 조출생률을 보면 1970년에는 16.4였으나 1985년에는 12.8, 2000년에는 10.5, 그리고 2023년 8.2가 되었다. 인구 유지가 가능하려면 출산율, 즉 여성 한 명이 평생 2.1명 이상 출산해야 한다. 그런데 코로나19 팬데믹 이후 출산율이 감소세로 돌아서서 2020년 1.51, 2021년에 1.53, 그리고 2022년에 1.46을 기록하더니 2023년에는 역대 최저치인 1.38이 되었다. 이대로라면 인구 감소는 피할 수 없는 상황이다.

EU 공식 통계 기관인 유로스타트Eurostat는 유럽 인구가 2026년까지 아주 완만한 성장을 이루어 이 해에 4억 5,330만 명에 달해 정점을 찍은 후 감소세로 돌아서리라고 예측한다(King, 2024). 이런 감소세가 지속한다면 유럽 인구는 2100년에 4억 1,950만 명으로, 세계 인구의 4.1퍼센트에 불과하게 된다. 이 비율은 1974년에 10퍼센트였다가 2023년에 5.6퍼센트로 감소하였는데, 이러한 감소세가 지속하리라고 예측한다. 세계적인 차원에서 강대국 혹은 강대 세력으로 군림하고자 할 때 인구 규모는 가장 기본적인 요소이다. 경제 측면에서도, 또 군사 측면에서도 인구는 기초적인 구성 요소이다. 그럴진대 유럽의 인구 비중이 세계의 10퍼센트를 차지할 때에 비해 4퍼센트대로 떨어지면 유럽의 무게감이 크게 줄어드는 것은 당연지사다.

현재의 출산율 추세로 보면 유럽의 인구 감소 추세는 되돌리기가 힘들다. 예상처럼 유럽 인구가 하락하면 사회·경제 전반에 심각한 문제가 발생할 것이다. 인구가 노화하면서 노동 인구가 줄어든다. 이는 생산 그리고 조세가 줄어든다는 것을 의미한다. 현재 네 명 중 한 명이 피부양 인구인데, 2100년에는 그 비율이 세 명 중 한 명이 되어 부담이 훨씬 가중될 것이다. 교육 향상을 통해 생산성이 늘고, 특히 여성과 노인의 노동 참여가 늘어난다면 이 위험을 어느 정도 감소시킬 수는 있다.

유럽의 심각한 인구 문제를 다소 완화시킨 요소는 이민이다. 유럽 여러 나라에서는 제2차 세계 대전 이후 아프리카와 튀르키예 등지에서 이민을 받아들여 부족한 노동력을 보충했다. 이후 2013년부터 2023년까지 유럽이 약 1.7퍼센트의 인구 증가를 이룬 것도 이민 덕분이다.[3] 2010년경 아랍의 봄 사태 이후 중동과 북아프리카 전역에서 발생한 대규모 난민이 유럽으로 쏟아져 들어왔고, 2015년부터는 시

3 최근 영국 신생아 이름 중 1위는 '무하마드'이다(Office for National Statistics, 2024).

리아 내전을 피해 유럽으로 도피한 난민이 더해져 난민 숫자가 폭발적으로 증가했기 때문이다. 그러나 이민은 긍정적인 효과만 내는 것은 아니며, 때로 매우 심각한 사회·경제·정치 문제를 야기해 왔다. 사실 그동안 여러 이민 수용 국가들은 동화정책을 펼쳤으나 결국 실패를 인정할 수밖에 없었다. 프랑스가 대표적이다(박단, 2011). 영국 또한 유사한 사회문화적 갈등에 직면했다. 무엇보다 그동안 강고했던 정체성을 상실한 것으로 보인다. 영국에서 상층으로 올라가는 데에는 '흑인이나 아시아인 또는 소수 민족Black, Asian and Minority Ethnic, BAME'이 유리한 상황이라고 이야기한다. 고등 교육에 접근할 수 있는 확률을 보면 백인은 33퍼센트지만 흑인 49퍼센트, 아시아인이 55퍼센트이고, 이 가운데 중국계로 한정하면 72퍼센트나 된다(Ethnicity Facts and Figures, 2025). 정치인 중에도 BAME이 늘어나는 중이며, 인도계인 리시 수낙Rishi Sunak 영국 전 총리가 대표적이다.

난민의 유입 초기에는 인도적인 포용 목소리가 컸다. 예컨대 독일의 앙겔라 메르켈 총리는 난민 포용을 독려했다. 그러나 난민 숫자가 너무 급격히 커지자 치안 문제가 위태해졌고 반이민 정서가 확산했다. 결과적으로 극우 정치 세력이 득세하는 결과를 낳았다. 이민은 장래 유럽이 직면한 인구 문제에 대한 완전한 답이 되기 힘들 뿐 아니라 사회적 갈등을 야기하여 여러 문제들을 초래할 가능성이 있다. 인구 문제는 여러모로 유럽의 미래에 매우 심각한 그림자를 드리우고 있다.

취약한 안보

유럽은 군사적으로도 취약성을 노정하고 있다. 제2차 세계 대전 이후 유럽 내부에서는 사실상 전쟁이 일어나지 않았다. 그러므로 최근의 러시아-우크라이나 전쟁은 실로 오랜 기간의 평화 이후 유럽 내에서 전쟁이 벌어진 충격적인 사건이었다. 그 이전에는 서유럽 국가들로서는 직접 위협이 없었으며, 특히 1990년대 베를린 장벽 붕괴 이후 더 이상 위기의식을 크게 느끼지 않아 군사비를 감축할 여유가 있었다. 러시아는 동유럽의 슬라브권에서는 공격을 가하지만, 서유럽까지 공격할 가능성은 없어 보였으므로 서구 국가들은 방위 측면에 비용을 들이지 않았다.[4] 결과적으로 유럽 국가들은 군사 측면을 방기하고 미국에 안보를 의존하였다. 이런 상황에서 발발한 러시아-우크라이나 전쟁은 현재 유럽 국가들의 군사적 취약성을 여실히 드러냈다.

무엇보다 EU 회원국들의 방위비 지출은 현재의 지정학적 환경에 비추어 볼 때 불충분한 수준이다(SIPRI, 2024). 스톡홀름 국제 평화 문제 연구소 데이터베이스$_{\text{SIPRI database}}$에 따르면 2023년 미국의 방위비 지출 액수는 9,160억 달러인데 비해 EU 회원국들의 방위비 액수는 3,130억 달러여서 미국의 3분의 1 수준이다. 중국은 2,960억 달러를 지출하는 것으로 되어 있으나, 중국은 국내 방위 산업에 의지할 수 있어 액수에 비해 훨씬 큰 구매력을 가진 것으로 해석한다. 전 세계 방위비에서 미국의 방위비는 37퍼센트를 차지하며, 미국과 중국의 방위비를 합치면 50퍼센트에 달한다. 유럽은 이에 훨씬 못 미치는 수준이다.

트럼프 2기 행정부와 NATO는 방위비 인상을 매우 강하게 압박하여 우선 GDP의 2퍼센트로 올리고 최종적으로는 4퍼센트 혹은 심지

4 러시아는 고령화되고 정체된 인구를 가지고 있으며, '확장'의 능력을 가지고 있지 않은 '보수적인' 국가로서 서구를 침공할 가능성이 없다고 이야기한다(Ledger-Lomas, 2024).

어 5퍼센트까지 올릴 것을 요구하고 있다. 지금까지 각국의 방위비는 GDP 1퍼센트대 수준이었는데, 이렇게 절약한 비용이 사실상 복지비용으로 충당되었다. 현재의 상황으로 보면 방위비 증가는 불가피해 보인다. 만일 NATO의 요구대로 방위비가 아직 2퍼센트에 못 미치는 국가들이 모두 2퍼센트씩 내게 되면 그 비용은 600억 유로에 달할 것이다. 그 외에도 필요한 추가적인 투자 액수는 다음 10년 중 5,000억 유로로 추산한다(Draghi, 2024: 50~51).

각국이 추가로 부담해야 하는 방위비는 어느 정도일까? 독일과 프랑스를 예로 들어보자. 세계은행 통계로 2023년 독일 GDP는 4조 4,561억 달러, 프랑스는 3조 309억 달러이다. 간단히 계산해 보면 GDP의 1퍼센트를 군사비로 더 사용하는 경우 독일과 프랑스는 각각 446억 달러(62조 5,000억 원)와 330억 달러(42조 원)가 필요하다. 방위비를 GDP의 4퍼센트까지 올리라고 할 경우 그 액수는 훨씬 커질 것이며, 그 경우 복지 비용을 매우 크게 감소하는 것으로 귀결될 가능성이 커 보인다.

현재 유럽 국가들이 지불하는 방위비 액수가 상대적으로 적을 뿐 아니라 지출 방식도 파편화되어서 비효율적인 문제도 있다. 예컨대 전차나 포를 제작할 때 각국이 상이한 제품을 만들기 때문에 대규모 생산의 이점을 살리기 어렵다. 이 점을 개선하려면 각국 간 방위 산업을 잘 통제하여 합병과 통합을 통해 생산 스케일을 키우고 최대한 효율성을 높여야 한다. 그렇지만 국방은 각국의 주권과 독립에 관련된 문제이기 때문에 EU 회원국들 간에 국경을 초월하는 방위 산업 합리화가 과연 가능할지는 불확실하다.

이런 상황에서 맞이한 러시아-우크라이나 전쟁은 현재 유럽의 방위 상태가 어떤 수준인지 명료하게 보여 주었다(Kayali, 2023). 일단 단기적으로 생산을 늘리기 위해 유럽 방위 계약자들은 기존의 공장들이 최대 생산 능력을 발휘하도록 추가 근무를 하고, 새로운 기계를 구입하고, 긴급히 필요한 무기를 우선 생산하며, 공급업체와 협력하고, 더 많은 근로자를 고용하는 등의 조치를 취하고 있다. EU 관계자들은 제조업체들을 찾아내어 생산을 더욱 확대하고 진정한 '전시 경제'를 만들려고 한다. MBDA[5]와 체코슬로박그룹Czechoslovak Group 같은 방산 기업들은 최대 1,000명의 직원을 추가로 고용할 계획이고, 스웨덴에서는 사브Saab가 이미 지난 몇 년 동안 생산량을 두 배로 늘렸으며 2025년 초까지 다시 두 배로 늘릴 계획이다. 프랑스에서는 일부 품목, 특히 우크라이나에 보내는 무기의 생산이 두 배로 늘어났다. MBDA는 미스트랄Mistral 대공 미사일을 월 20발 생산에서 40발 생산으로 늘리고, 탈레스Thales는 그라운드 마스터Ground Master 레이더를 연 12대 생산에서 24대 생산으로 늘린다. 그러나 이런 정도의 노력만으로는 근본적인 문제 해결이 어렵다. 수십 년 동안 적은 양을 생산해온 유럽의 방위 능력을 실질적으로 강화하려면 수십억 유로와 수년의 시간이 필요할 것이다.

따라서 현재와 같은 상황이라면 유럽 대륙은 당분간 안보를 미국에 의존하는 수밖에 없다(Karnitschnig, 2023). 유럽 지도자들은 전략적 자율성과 근본적 변혁을 의식하고는 있으나 당분간 워싱턴에 의존해야 한다는 사실을 알고 있다. 유럽 국가들은 핵우산 아래에서 보호받고, 대륙에 주둔한 미군의 존재, 전투기와 탄약 구매 등 모든 면에서 미국에 의존하고 있다. 미국에 대한 의존성을 벗어던지기가 어렵기 때문에 미국에 대한 사실상의 예속으로 이어질 우려가 크다.

5 2001년 12월 유럽의 주요 미사일 제조 회사들이 합병하여 설립한 방산 회사이다.

경제 위축, 빈곤, 인구 감소, 취약한 안보 등 어느 것 하나 쉽지 않은 문제들을 유럽은 어떻게 풀어 나갈 것인가?

3. 국제 질서의 변화와 유럽

앞에서 살펴본 유럽의 경제·인구·군사적 위기 현상들은 단순히 유럽 내부의 문제가 아니라 국제 관계의 변화 속에서 진행된 문제이며, 또 유럽 내 이런 변화들이 국제 질서의 변화에 되먹임되며 이루어졌다. 그러므로 유럽의 변화된 상황을 파악하기 위해 간략하게나마 21세기 세계 글로벌 패권의 변화, 곧 미국 주도의 자유주의 질서의 변질 과정에 대해 정리해 볼 필요가 있다.

미국 주도 자유주의 국제 질서의 변질

현재까지 미국이 주도하는 다자주의 국제 질서가 지배적이었다(정하늘, 2023: 153~174). 미국은 우선 다른 나라들을 압도하는 힘을 행사할 뿐 아니라 다양한 방식으로 세계를 규율하는 다자 체제multilateral regime를 설계하고 바로 그 체제를 통제해 왔다. UN과 산하 기구들, WTO·IMF·세계은행과 같은 경제 기구를 포함해 제2차 세계 대전 이후 설립된 대다수 국제기구는 미국이 설계하였다. 미국은 이렇게 형성된 국제 질서에 참여하는 모든 구성국들의 협력을 통해 세계 질서를 유지했고, 그 덕분에 세계는 경제적으로 번영을 누려 왔다.

이런 질서가 가능했던 이유는 오직 미국이 압도적 힘으로 세계 질서를 유지시켜 왔기 때문이다. 미국의 저널리스트 토머스 프리드먼Thomas Friedman이 말하듯 자유로운 세계를 지탱하는 것은 다름 아닌 미국의 힘과 의지라면서 "보이지 않는 시장의 손은 보이지 않는 주먹 없이는 작동할 수 없다"라고 이야기했다(프리드먼, 2000: 주 10).

세계 질서를 유지하는 미국의 힘은 다음 세 가지로 이야기할 수 있다. 첫째는 기술력이다. 20세기 중엽 이후 미국이 인류 기술 발전을 선도해 온 흐름에 이어 특히 IT 시대를 주도했다. 각종 IT 플랫폼도 대부분 미국 기업이 만든 것들이고, 최첨단 부가가치 산업 영역도 대개 미국에서 유래했다. 둘째로 기축 통화 달러의 힘이다. 미국은 달러화 통화 정책으로 세계 각국의 환율과 국제 수지에 막대한 영향을 끼쳐 왔다. 셋째, 이 모든 것의 기반으로 압도적인 군사력을 가지고 있다. 초강대국 미국이 이런 막강한 힘을 바탕으로 짜놓은 국제 체제에 유럽 또한 동참하면서 번영을 누린 것은 부인할 수 없다.

그러나 이제 미국 패권의 시대가 저물어가고 있으며, 자유주의 국제 질서가 흔들리고 있다. 이 질서가 깨지기 시작한다는 것은 결국 기저에 미국이 세계 질서를 유지시킬 힘이 부족해진다는 의미다. 자유주의 질서를 강제해 온 미국의 힘이 소진되는 느낌이다. 21세기 들어서도 미국은 '독주'라고 부를 수 있을 정도로 경제·군사적으로 앞서나가는 최강대국이기는 하지만, 사실 세계 질서를 이끌어갈 정도의 힘을 행사하지는 못하는 수준이다. 미국은 더 이상 압도적인 힘으로 세계를 통제하지 못한다. 그것을 보여 주는 단적인 사례가 테러와의 전쟁이다. 2001년 9·11 테러를 당한 이후 미국은 20여 년간 테러와의 전쟁이라는 수렁에 빠져들었다. 20여 년 동안 아프가니스탄에서 2조 달러를 쓰고도 친미 정권을 수립하는 데 결국 실패하였고, 2021년 8월 일방적 철군을 단행하면서 결국 탈레반 정권의 귀환을 목도하게 되었다. 이 일로 인해 미국이 전 세계를 통제하는 것은 불가능하다는 사실이 명백해졌다.

패권 주도 세력으로서 미국이 힘을 잃게 된 요인은 역설적으로 지난 30년 미국이 최전성기를 구가하도록 만든 바로 그 체제 자체일 수 있다. 세계화로 국제 시장이 통합되자 미국 기업들은 인건비가 저렴한 국가로 공장과 일자리를 속속 이전했다. 그 결과 미국의 제조업은 황폐해졌고, 노동자들과 중산층의 빈곤화가 일어났다. 세계화는 미국을 비롯한 서구 제조업의 쇠락을 불러왔다. 미국과 영국에서 제조업이 쇠퇴하기 시작한 것은 1980년대부터이다. 특히 1990년대 이후 세계화와 무역 자유화가 가속화되면서 미국과 유럽의 제조업 기지가 동아시아, 중국, 인도로 이동하게 되었다. 그 결과 이상의 국가들은 1980년대부터 급격한 경제 성장을 이루었으며, 무역 확대와 외국 자본·기술 유입을 통해 1인당 소득과 생활수준을 크게 향상시켰다. 1991년 소련 붕괴와 신자유주의 정책의 확산으로 인해 새로운 경제 성장의 시대가 열릴 것으로 기대되었지만, 실제로는 불평등과 경제 위기가 심화되었고, 미국 또한 생산성 둔화, 임금 정체, 무역 적자 확대, 외채 증가가 두드러지면서 미국 경제의 한계가 드러났다(Siddiqui, 2019). 미국의 생산은 1928년 전 세계 생산량의 44.8퍼센트를 차지하였으나 2019년에는 16.8퍼센트에 불과하다.[6] 결과적으로 미국은 세계에 대해 적자를 보았다. 러시아-우크라이나 전쟁 직전인 2021년 경우 EU에 2,200억 달러, 스위스에 400억 달러, 일본에 600억 달러, 한국에 300억 달러, 타이완에 400억 달러, 무엇보다 중국에 3,500억 달러의 적자를 보았다. 이런 점에서 미국은 경제적으로 세계

6 같은 기간 동안 영국은 9.3퍼센트에서 1.8퍼센트로 급감했고, 일본은 2.4퍼센트에서 7.8퍼센트로 증가했다. 한편 독일은 11.6퍼센트에서 5.3퍼센트로, 프랑스 7퍼센트에서 1.9퍼센트로, 이탈리아는 3.2퍼센트에서 2.1퍼센트로 감소했다. 중국은 2020년 전 세계 생산량의 28.7퍼센트를 차지하고 있으며, 러시아는 대략 1퍼센트를 차지한다.

를 완벽하게 지배하기는커녕 오히려 세계에 의존하게 되었다. 미국이 중국을 비롯하여 저가로 상품을 공급하는 무역에 크게 의존하여 제조업이 공동화한 것은 흥미롭게도 현재의 군사 문제로도 연결된다. 러시아-우크라이나 전쟁에서는 군수품 조달도 못하여 155밀리미터 포탄이나 미사일 부족 현상을 노정할 정도였다.

이런 현상은 달러 패권의 약화로 이어진다. 달러 패권은 미국 세계 패권 유지에 기여한 중요한 요소였다. 1971년 미국이 금 태환 정책을 폐기한 이후에도 사우디아라비아와 군사적 보호를 제공하는 대가로 오직 미국 달러화로만 석유 대금을 결제하도록 합의한 '페트로 달러 시스템petro dollar system'이 달러화의 패권을 유지하도록 만든 절묘한 수였다. 즉, 금이 아니라도 석유와 연동한 덕분에 달러화는 기축통화 지위를 유지했고, 이것이 다시 미국 위상에 대한 신뢰를 보장해 주었다. 유로화가 이런 과정을 단기간 저지하기도 했으나 2007~2008년 금융 위기를 거친 후 2022년까지 유로화는 달러화에 비해 가치가 25퍼센트 하락했다. 그래서 부자들은 달러화에 더욱 집중했고, 그러면 이번에는 다시 달러화 강세가 이어지는 연쇄 반응이 일어났다.

그렇지만 최근 달러 패권 역시 시험대에 올랐다. 러시아-우크라이나 전쟁 후 미국이 러시아를 국제 은행 간 통신 협회Society for Worldwide Interbank Financial Telecommunication, SWIFT 체제에서 퇴출하여 경제 제재를 부과하고자 했는데, 이것이 오히려 달러 패권을 약화시키는 결과를 초래했다. SWIFT 체제에서 퇴출된 러시아가 중국과 거래에서 별도 국제 결제망을 사용해 위안화와 루블화로 에너지 거래대금을 결제하고, 중국과 사우디아라비아 간 원유 거래에서도 위안화를 결제 통화로 사용하기 시작했으며, 브릭스 회원국들도 여기에 참여하려는 경향을 보인 것이다. 물론 달러화가 곧바로 패권 지위를 잃는 것은 아닐 테지만 그동안 누렸던 절대적 권위가 언제까지 지속될지 의구심이 들기 시작한 것이다. 특히 트럼프 2기의 마구잡이 관세 정책이 "미국의 경제적 리더십을 훼손하고, 달러 패권을 약화시키는 악수惡手가 될 수 있다"는 비판이 제기되었다. 세계를 상대로 벌인 '관세 전쟁'이 오히려 장기적으로 미국 경제에 악영향을 미치지는 않을까? 에드워드 피시먼Edward Fishman 컬럼비아대학교 글로벌 에너지 정책 센터Center for Global Energy Policy, CGEP 선임연구원 겸 국제·공공정책학 교수는 장기적으로 "미국은 보다 거시적이고 장기적인 대가를 치를 것으로 보인다. 바로 미국 중심의 글로벌 경제 질서에 대한 신뢰에 서서히 금이 가기 시작했다"라고 비판한다. 지금까지 '달러 체제'가 살아남은 이유는 마땅한 대안이 없어서였다. 혹시 유로화가 달러의 위상을 무너뜨리면서 다극적 통화 체제가 만들어질 가능성도 조심스럽게 예측한다(채제우·김수진, 2025).

또 한 가지 여기에서 지적할 사실은 미국의 해외 인재 유입 측면이다. 과학기술 분야 최고급 인재 확보가 미국 경제의 핵심이다. 그런데 그 핵심 인력 다수가 외국인이다. 미국 학생 중 공학 전공은 7.2퍼센트에 불과하고, 대신 법, 경영 같은 부문에 집중하고 있다. 대신 과학, 기술, 공학, 수학STEM 인력들은 수입에 의존한다. 외국의 과학기술 영재들이 미국에 유입되는 것은 장점이기도 하지만 다른 한편 지나친 의존성 때문에 단점이기도 하다.

STEM 분야에서 외국인 비중은 2000년에 16.5퍼센트였다가, 2019년에 23.1퍼센트에 달했다. 이는 250만 명에 이르는 인력 수입을 뜻한다. 이 가운데 28.9퍼센트인 72만 2,500명이 인도인이고, 여기에 더해 중국인 27만 3,000명, 베트남인 10만 명, 멕시코인 11만 9,000명이 있다. 이 외국인 인재들은 미국인들보다 더 능력이 뛰어나 보인다. STEM 분야 박사 학위 취득 학생들 국적을 보면 중국과 인도의 비중이 높고, 또 이 나라 학생 중에는 공학의 비중이 특히 높다(Todd, 2024). 트럼프 2기 행정이 미국의 유수 대학과 정치 이데올로기 투쟁을 하며 압박을 가하는 것은 중장기적으로 미국에 매우 심각한 문제가 될 수도 있을 것이다.

미국 패권의 약화 조짐은 2008년 글로벌 금융 위기 상황에서 뚜렷하게 노정되었다(정하늘, 2023). 미국이 자체적인 힘만으로 금융 위기를 신속히 진화하지 못하고, G7, 더 나아가서 G20의 도움을 빌려야 했다는 사실은 무한할 것 같던 미국의 국력에 한계가 있음을 보여 주었다. 미국의 쇠퇴와 대비되어 중국의 변화한 위상이 도드라졌다. 위기 극복을 위해 노력한 G20 국가 가운데 가장 큰 역할을 한 나라는 중국이었다. 금융 위기 속에서도 중국은 가공할 만한 경제 성장과 대규모 경기 부양책을 보여 주면서 글로벌 경기 침체 극복에 강력한 동력원 역할을 했다.

이즈음 미국 패권에 대한 도전 세력으로 중국이 떠올랐다. 사실 중국을 키워준 것 자체가 역설적으로 미국이 만든 자유주의 체제였다. 중국은 WTO에 가입함으로써 전 세계를 새로운 시장으로 확보했다. 저렴한 노동력과 풍부한 자원을 이용하여 저가 상품을 생산하여 세계를 석권하기 시작한 것이다. WTO 가입 원년인 2001년부터 폭발적으로 성장한 중국 경제는 불과 10년 뒤인 2010년 일본을 제치고 세계 2위 경제 대국으로 등극했다. 이 시기에는 중국의 GDP가 미국의 40퍼센트 수준에 머물렀으나 그 후 일취월장하여 현재 중국 GDP는 미국의 70퍼센트에 도달한 것으로 추산한다.

중국이 미국의 패권국 지위를 위협하는 상황에서 미국은 전력을 다해 중국의 도전을 뿌리치는 대응을 했다. 트럼프 1기와 2기 행정부는 노골적으로 미국 우선주의를 채택하고 있다. 트럼프 대통령은 오랜 동맹 관계와 기존 국제 질서를 훼손하면서까지 노골적으로 자국의 이익을 추구하는 일방주의 일변도의 정책을 구사한다. 트럼프 대통령은 미국의 직접적인 이해관계에 배치되는 국제 협력은 철저히 배제한다. 그는 2017년 인류 공동의 기후 변화 대응을 위한 다자 체제 '기후 변화에 관한 UN 기본협약UN Framework Convention on Climate Change, UNFCCC', 더 나아가서 유네스코와 UN 인권이사회, 세계보건기구 등을 탈퇴했고, 북미자유무역협정 및 한·미 FTA 재협상을 요구했으며, 이후 반덤핑 및 상계 관세, 고율의 관세를 부과했다. 특히 WTO 협정상의 정족수 요건인 3인의 재판관 충원을 일부러 하지 않아서 재판부 구성이 사실상 불가능해지도록 만들어 WTO 상소 기구를 사실상 무력화시켰다.

이런 일련의 사태는 미국이 처한 위기 상황을 말해 준다고 해석할 수 있다. 현재 미국이 처한 급박한 상황을 가장 잘 드러내는 요소가 천문학적인 국채일 것이다. 미국 국채 규모가 한화 5경 원에 달하여서, 금리 상승으로 이자 지불이 증가할 경우 자칫 제어하기 힘든 지경에 빠질 수도 있다는 사실이 드러났다. 프랜시스 후쿠야마Francis Fukuyama는 미국 헤게모니의 정점이 불과 20년이 채 되지 않는 짧은 기간이었다고 분석했다. 즉, 1989년 베를린 장벽 붕괴부터 2007~2009년 금융 위기까지가 미국이 군사, 경제, 정치, 문화적 측면에서 가장 강력한 영향력을 행사한 시기였다는 것이다. 특히, 2003년 이라크 침공은 미국이 이라크와 아프가니스탄을 재편할 뿐만 아니라 중동 전체를 변화시키려 했던 시기로, 이 시기가 미국 헤게모니의 절정이었다(Fukuyama, 2021). 서구 헤게모니는 문화적·이념적 측면에서도 점점 더 큰 도전에 직면하고 있다. 서구의 핵심 가치인 인권, 자유민주주의, 자본주의 등이 권위주의 국가들의 저항에 부딪히고 있다. 중국과 러시아는 대안적 거버넌스 모델을 제시하며 서구의 가치 체계를 적극적으로 견제하고 있다. 중국의 국가 자본주의state capitalism 모델은 경제적 번영과 강력한 정치적 통제를 병행하는 시스템으로, 서구식 자유주의의 대안으로 홍보되고 있다. 러시아는 보수적 가치와 영토 주권, 내정 불간섭을 강조하며, 서구의 민주주의 전파와 인권 개입 논리를 정면으로 반박하고 있다. 한편, 서구 내부의 정치적 불안정 역시 서구의 이념적 리더십을 약화시키고 있다.

이처럼 미국이 한편으로 압도적 힘을 과시하는 듯하면서도 다른 한편 취약성을 안고 있다는 점이 미국의 강압적 정책의 이유를 설명한다. 미국은 더 이상 세계를 지배하고 세계 질서를 조율하는 패권국이 아니고 단지 최강대국일 따름이며, 그나마도 심각한 위기 상황에 내몰리고 있다. 바로 이 때문에 유럽과 동아시아를 통제하는 것이 미국이 당면한 핵심 과제이다. 유럽과 동아시아는 미국에 의존해 왔으나 동시에 미국의 '지배'에 복종을 요구받는다. 이런 상황에서 유럽은 어떤 선택을 해야 하는가?

유럽 통합의 강화 그리고 미국에 대한 대응

그동안 유럽은 미국 주도의 패권 질서, 자유주의적 다자주의 세계 질서 내에서 자신의 지위를 지키기 위해서 통합을 강화하는 식의 대응을 했다. EU, 유로존 같은 것은 미국의 세계 질서에 대항하여 유럽의 독자성을 강화하기 위한 목적이었다. 과연 이것을 그대로 유지할 것인가가 핵심 문제일 것이다.

EU의 통합성은 내부적으로 무너지고 있다. 구성국 간 차이가 있어서, 러시아 천연가스에 의존하던 독일은 친러시아 경향을 보이고, 프랑스는 드골주의 전통, 즉 전략적 자율성을 강조하는 성격이 강하며, 이탈리아와 네덜란드 같은 나라들은 중국과의 경제 관계를 중시하고 있었다. 자국이 지나치게 피해를 보고 있다고 생각하는 나라들의 불만도 곧잘 심각한 수준에 이르곤 한다. 2009년 그리스발 재정 위기로 촉발된 금융 위기는 이후 아일랜드와 포르투갈로 확산하여 대규모 금융 지원이 불가피했는데, 이에 대해 역내 후진국들은 독일, 프랑스, 영국 같은 선진국이 공동 시장 내에서 무역 흑자를 실현하느라 회원국 적자를 누적시켰다고 여기는 반면, 선진국들은 후진국 부채를 대신 떠안은 것에 불만이 있다. 이런 가운데 2016년 영국이 그랬듯이 EU 정책이 자국에 해가 된다고 판단하는 회원국은 연합에서 탈퇴할 수도 있다. EU를 리드해야 하는 프랑스와 독일은 주도권 다툼을 벌이기도 한다.

이런 분열적 요인들을 어떻게 조정할 것인가? 게다가 2007~2008년이 지나면서 독일이 최상위, 그 아래 프랑스, 그리고 최하위의 그리스까지 국가들의 순위가 매겨지는 새 계서제가 형성되었다. 구성국 간 평등이 사라진 결과 유럽은 더 이상 하나의 공동체로 자립하는 게 힘들어졌다. 시간이 지나 이제는 누구도 유럽 공동체의 건설이라는 과제에 대해 말하지 않는다. EU는 완전한 공동체를 구축한다는 원래의 이상에서 멀리 벗어난 것으로 보인다.

사실 그런 이상을 구현한다는 것이 애초에 힘든 과제였을 수도 있다. 유럽인들은 국가의 초월과 국가의 존립을 동시에 생각했다. 마스트리히트 조약은 국가를 넘어 더 큰 초월적 공동체를 만든다는 희망의 산물이었다. 그렇지만 실체를 갖춘 단위를 만들지 못했고, 오히려 국가와 국민을 부정하는 니힐리즘의 세상이 되고 말았다. 유럽은 열정 없는 사람들, 무책임한 엘리트 등으로 구성된 세계로 변모 중이다. 지난 시대 유럽 문명이 세계의 패권을 차지한 데는 역동적인 국가들이 같은 문명적 기반 위에서 공존하며 경쟁하는 역사적 흐름이 있었다고 서술해 왔으나, 이제 그런 힘은 종말을 맞이한 것 같다.

그런데 그런 흐름은 단순히 단기적인 정치 혹은 경제적 요인으로만 결정된 것은 아니다. 유럽이 하나의 공동체로 작동한다는 것은 공동의 문명 요소들을 공유하기 때문이며, 그것이 이 대륙의 모든 주민들을 묶어 주는 원동력이었다. 그러나 이제 그런 힘은 상실되었다. 유럽의 통합이 힘들어진 것은 큰 차원에서 보면 문명적 기반을 상실했기 때문이다.

이런 점에서 장기적 탈기독교화라는 요소로 유럽 문명의 기반 상실을 설명하는 에마뉘엘 토드Emmanuel Todd의 해석을 참고할 수 있다(Todd, 2024: 155~157). 그는 20세기에 들어와서 점차 기독교 가치를 잃어가는 것을 유럽이 문명적으로 쇠퇴하는 중요한 지표로 삼는다. 그는 이 과정을 다음과 같이 설명한다.

첫 단계는 '좀비' 단계로서 1960년대 이후 시기이다. 많은 사람들은 교회와 성당에는 안 나가지만 인생의 주요 단계(세례, 결혼, 장례)에는 교회 의식을 따른다. 다만 종교적 가치는 많이 탈각된 상태이다. 종교를 대체하는 것들, 특히 강한 정치 이념이 개인을 구조화한다. 신이 사라진 자리에 국가가 통합성을 유지해 주는 상태가 된 것이다.

다음 단계는 '제로' 상태이다. 이제 세례도 안 하고 화장이 대세가 되며, 무엇보다 '동성 결혼'의 법제화가 최종 단계라 할 수 있다. 이 마지막 요소를 기준으로 본다면 2001년 네덜란드로부터 시작하여, 벨기에(2003년), 스페인과 캐나다(2005년), 스웨덴과 노르웨이(2009년), 덴마크(2012년), 프랑스(2013년), 영국(2014년)에 이어, 독일과 핀란드에서 법제화가 된 2017년, 미국은 2015년이 제로 상태에 이른 해가 된다. 즉, 2000년대가 서구에서 기독교가 사실상 사라진 시기로 볼 수 있다. 제로 상태에서는 민족 감정, 노동 윤리, 사회 도덕 감정, 공동체를 위한 헌신 등이 의미가 없어진다. 이때는 국가도 점차 해체되고, 세계화가 승리하며, 원자화된 개인들의 집적 상태로 변모한다. 유럽 문명의 기반이 사라지고 각국 차원에서 응집성이 약화되며, 그런 가운데 경제도 쇠락하는 것이 현재 유럽의 상태다. 유럽은 자신의 문명과 문화에 대한 자신감을 상실한 것으로 보인다. 오히려 이민자 출신이 유럽 가치를 옹호하는 역설적인 일이 일어나기도 한다.[7]

현재 상황은 미국의 패권이 쇠락하지만 그렇기 때문에 오히려 미국이 유럽을 강하게 압박하고, 그러는 한편 유럽의 통합이 힘을 잃어가는 위기 상황이다. 전반적으로 EU 체제는 현재로서는 기능이 거의 정지된 상태이다. 미국의 압박하에 기존 EU의 핵심 축인 '런던-파리-베를린'이 무너지는 대신 NATO의 '워싱턴-런던-바르샤바' 축이 대체하고 있다. 이 축을 중심으로 일종의 미국 위성국가처럼 작동하는 스칸디나비아 국가들과 발트 국가들이 보조하고 있다는 것이다. "유럽인들이 직면할 심리적 충격은 NATO가 우리를 보호하기 위해 존재하는 것이 아니라 우리를 통제하기 위해 존재한다는 사실을 깨닫는 것"이다. "미국의 힘이 전 세계적으로 감소함에 따라, 미국 시스템은 결국 그들의 보호국들에 점점 더 많은 부담을 지우게 된다. 이들은 미국의 힘이 여전히 남아 있는 마지막 기지들이기 때문"이다 (Todd, 2024).

미국의 압박에 저항하려 해도 당장 유럽이 미국에서 벗어나기란 불

7 예를 들어 소말리아 태생으로 네덜란드에 망명한 아얀 히르시 알리(Ayaan Hirsi Ali)는 네덜란드 하원 의원 재임 동안 이슬람을 비판하는 활동을 펼쳤다(Hirsi Ali, 2006).

가능하다. 유럽은 여전히 미국을 필요로 한다. 유럽은 자율성을 강조하면서도 여전히 미국의 도움이 필요하다는 것을 알고 있다. 핵우산부터 미군 주둔, 전투기부터 실탄까지 모두 의존하는 상태이다. 즉, 앞으로도 미국은 유럽에 필수 불가결한 동맹국이며, 특히 안보 측면에서 그러하다. 미국 없이는 수십 년간 실로 거대한 재원을 부어야 한다. 유럽은 이런 역설적인 문제에 대해 공동의 노력을 조율해서 이 문제를 해결할 수 있을까? 문제 자체가 매우 복합적이다. 유럽은 미국에 저항할 것인가, 미국에 복속하면서 협조할 것인가?

이때 러시아-우크라이나 전쟁은 유럽이 직면한 문제를 명료하게 파악하고 방향을 찾는 계기가 된 것으로 보인다. 어쩌면 이 전쟁은 그동안 숨겨져 있던 세계의 내막을 드러내 보였다고도 할 수 있다. 몇 가지 점들을 짚어 보도록 하자.

이 전쟁에서 미국과 유럽뿐만 아니라 한국, 일본, 타이완, 캐나다, 호주를 포함하는 넓은 의미의 서방 세계는 러시아를 압도하지 못한다. 러시아는 우크라이나의 NATO 가입을 절대 용납하지 않으려 한다는 사실을 오래전부터 천명해 왔다. 우크라이나는 러시아에는 핵심적이지만 서구에서는 핵심적이지 않다. 그런 상황에서 전쟁에서 승리하려면 압도적인 힘의 우위가 확보되어야 하는데 결과적으로는 그렇지 못했다. 서방 경제가 취약하고 전쟁을 지탱할 만한 산업이 약해서, 러시아-우크라이나 전쟁 수요를 충족시키지 못한다. 심지어 미국조차 우크라이나가 러시아군을 밀어낼 수 있도록 필요한 탱크와 포탄을 공급할 충분한 산업 기반을 갖추지 못했다. 러시아의 GDP, 인구 상황이 훨씬 취약한데도 그러하다.[8] 여기에 더해 서구의 이데올

8 서방 세계가 압도적이지 않다는 점 이면에 러시아가 지금까지 생각했던 것보다 건실한

로기적인 고립도 고려해야 한다. 러시아를 정치·외교·경제·문화적으로 고립시키려는 노력은 실패로 끝난 듯하다.

여기에서 주목할 점이 이 전쟁에서 보인 유럽의 태도이다. 유럽의 비판적 지식인들은 유럽이 미국에 굴종적이었으며 마치 봉신vassal 역할을 했다고 비판한다. 과거 이라크 전쟁 당시에는 프랑스와 독일을 비롯해 EU가 미국을 강하게 비판했으나, 이제는 미국의 요구를 유럽이 그냥 수용했다는 것이다. 20년 전 만해도 미국이 이라크를 공격할 때 게르하르트 슈뢰더 독일 총리와 자크 시라크 프랑스 대통령이 적극 반대했으나 이제는 독자적 보이스가 없다. 무엇보다 영국이 미국에 거의 전적으로 따르는 태도를 보였다(Ledger-Lomas, 2024). 영국의 호전성은 지금은 사라진 지난날의 위대했던 국가적 위상을 되살리고 싶은 필사적인 시도로 해석할 수도 있다.[9] 보리스 존슨은 미국인들조차 놀랄 만큼 볼로디미르 젤렌스키를 무장시키고 지지했다.[10]

면이 있다는 점도 특기할 일이다. 20세기 말 위기 이후 러시아 경제는 안정을 되찾고 러시아 사회의 요구를 잘 충족시킨 것으로 보인다. 그것은 여러 특징적인 지표에서 확인 가능하다. 2000~2017년 기간 중 알코올로 인한 사망이 1,000명당 25.6명에서 8.4명으로, 살인율은 28.2명에서 6.2명, 자살률은 39.1명에서 13.8명으로, 유아사망률은 19명에서 4.4명으로 변화했다. 사회의 격심한 문제가 극적으로 안정을 되찾은 것이다. 밀 생산량도 2012년 3,700만 톤에서 2022년 8,000만 톤으로 증가했다. 서방의 압박에 대해 잘 버틴 데에는 이런 측면이 작용한 것으로 보인다(Todd, 2024).

9 브렉시트를 감행한 것은 국가의 회복 방향이 아니라 오히려 해체로 나아가는 길이었다. 2016년 브렉시트 국민투표를 한 후 6년 만에 EU에서 탈퇴했는데, 이후 저성장에 빠져들었다. 그동안 EU가 무역의 절반을 차지했는데, 이것이 크게 저해되니 저성장에 빠져들 수밖에 없다. 이 문제를 놓고 국민 간 분열의 골이 깊어진 것도 문제로 남았다.

10 브렉시트 이후 영국은 유럽의 일원이라기보다는 영·미 동맹의 일원으로 행동하는 듯하다. 영국은 미국의 글로벌 전략에 전방위적으로 호흡을 맞추고 있다. 러시아-우크라이나 전쟁 발발 후 가장 강경하게 러시아를 규탄하고, 각종 무기를 우크라이나에 지원했다. 또 중국에 대한 견제를 위해 미국, 호주와 인도-태평양 지역의 안보 파트너십인 오커스를 결성하였다. 리시 수낙 총리는 2022년 취임 첫 외교 정책 연설에서 "자유 무역을 통해 중국의 사회 정치적 개혁을 유도할 수 있으리라는 과거의 기대는 순진한 것"

또 전통적으로 평화주의적 태도를 견지했었던 북유럽 국가들이 중립을 지키지 않고 NATO 편으로 돌아섰다. 발트 연안 국가들도 이에 동조하듯 적극적으로 반러시아 전선에 섰다.

그러나 이런 과정을 거치는 동안 유럽이 독자적 길을 찾으려는 노력도 엿보인다.[11] 러시아–우크라이나 전쟁 발발이 유럽인들로 하여금 자신과 주변 지역들에 끼칠 운명의 향방에 대해 깊은 고찰을 하도록 만드는 듯하다. NATO의 동진을 실존적 위협으로 받아들일 수밖에 없는 러시아는 우크라이나 침공을 앞두고 NATO 영역을 1979년 이전으로 되돌리라고 요구했고, 이는 서유럽을 경악시켰다(정하늘, 2023: 432). 이 발언은 에스토니아, 라트비아, 리투아니아, 폴란드, 루마니아, 슬로바키아 등이 다음 차례라는 의미일 수도 있다. 이를 위협으로 느낀 유럽은 2022년 3월 미국과 공조하여 러시아를 SWIFT 체제에서 퇴출시키고, WTO 최혜국 대우를 박탈했으며, 유럽 국가 자체적으로 러시아 경제에 제재를 가했다. 중립국이었던 스웨덴과 핀란드조차 우크라이나에 무기를 공급하고 NATO 가입을 신청했다. 러시아는 유럽을 압박하기 위해 가스 수출을 줄였는데, 그러자 이번에는 유럽 각국이 에너지 수입을 다원화하며 러시아와 디커플링을 시도했다. 그러는 한편 EU는 군사 장비를 대량으로 공동 구매하여 우크라이나에 전달하였다. 이것은 전쟁 지역에 무기를 제공하지

이었으며, "중국과의 황금시대는 끝났다"고 선언했다. 중국이 영국에 대한 체계적 도전이라고 규정한 것이다. 그렇지만 최근 영국은 브렉시트의 결과에 대해 다시 생각하고, 점차 유럽 지향 경향을 표출하는 듯하다. 한편 유럽은 전반적으로 중국이 결국 세계 경제의 적이라고 규정하는 것으로 보인다(정철환, 2024).

11 트럼프 1기에 대한 유럽의 반응은 미국의 국제적 지도력과 위상에 대한 의구심이었다. 메르켈 독일 총리는 유럽이 더 이상 미국에 의존할 수 없다고 언급했고, 에마뉘엘 마크롱 프랑스 대통령도 현재의 국제 질서로는 새로 대두하는 국제문제를 다룰 수 없다고 선언했다(Henley, 2017).

않는다는 EU의 원칙이 깨지는 것을 의미한다. 우르줄라 폰데어라이엔Ursula von der Leyen EU 집행위원장은 이것이 경제 공동체로 시작한 EU에 분수령이 될 만한 사건이라고 정의했다.

이런 과정 자체가 유럽이 이제 각성하고 자체의 운명에 대해 새롭게 고찰하는 계기가 된 것으로 해석할 수도 있다. 위기에 처한 유럽이 과연 어떤 해결책을 찾을 수 있을 것인가? 앞서 살펴본 대로 2008년 위기 이후 경제적으로 미국에 주도권을 빼앗기고 중국에 추격을 당하는 실정이며, 군사적으로도 취약성을 노정하고 있다. 현재의 위기를 단기간에 탈출하기는 분명 힘들어 보인다. 이런 상황을 타개할 길은 어디에 있는가?

4. 유럽 내부의 전략 대응: 『드라기 보고서』 분석

유럽은 자신의 첨단 기술 수준이 둔화하고, 전반적으로 생산성 약화 등의 문제가 있으며, 안보 문제도 취약해서 위기에 처해 있다는 사실을 인지하고 있다. 그리고 자체의 글로벌 경쟁력 회복을 위해 광범위하고 과감한 개혁을 촉구하는 목소리가 나오고 있다. 전반적인 침체의 길로부터 벗어나기 위해 공동의 노력을 경주하기 시작했다(정하늘, 2023: 381). EU는 경제적 힘을 부흥시키기 위한 '유럽 공동의 이익'이라는 기치 아래 반도체, 배터리, 의약품, 원자재 등의 생산 확대를 위한 대규모 보조금을 공여하기 시작했다. 2022년 우르줄라 폰데어라이엔 EU 집행위원장은 미래 신기술을 유럽 내에서 육성하기 위한 이른바 EU 주권 기금EU Sovereignty Fund 결성을 제안했다. 2023년 3월에는 전기차 배터리 등 친환경 산업의 해외 이전을 막기 위한「핵심 원자재법Critical Raw Materials Act」을 발의했고, 2023년 9월에는 역내 반도체 산업 육성을 위해 총 430억 유로 규모의 자금을 투입하는 「EU 반도체법」이 발효됐다. 각국 차원에서도 역시 반도체 기업을 유치하기 위해 수조 내지 수십조 규모의 보조금을 살포하려 한다. 아일랜드가 대표적인 사례이다.

차제에 EU는 더 체계적이고 종합적인 대응 노력을 기울이려 한다. 그러나 문제는 현재 유럽은 제도적으로 의견을 조율하여 행동 지침을 만든다는 것이 결코 쉽지 않다는 데 있다. 그런 상황에서 그나마 일관된 방향을 찾아보려 노력한 시도가 『드라기 보고서』이다.

EU 집행위원회는 마리오 드라기Mario Draghi 전 유럽중앙은행European Central Bank, ECB 총재에게 'EU 경쟁력 미래 보고서' 작성을 요청했고, 1년 만인 2024년 9월 보고서를 발표했다(Draghi, 2024). 보고서는 열 개 주요 경제 분야에서 EU가 직면한 문제와 그 해법을 제시했다. 보고서는 낮은 생산성, 높은 에너지 가격, 심각한 투자 부족, 불충분한 자본시장 통합 등이 유럽을 저성장의 늪에 빠지게 했다고 분석하고, 특히 정보 통신 분야의 지체를 주요 원인으로 강조하고 있다. 이 보고서의 핵심 주장은 "유럽이 좀 더 생산성을 높이지 못하면 우리의 사회 모델(복지 시스템) 유지에 필요한 재원을 조달할 수가 없을 것"이라는 내용이다. 이것이야말로 유럽 자체의 '존재론적 문제'라는 것이다.

이 보고서의 내용을 자세히 들여다보기 전에 한 가지 지적할 사실이 있다. 유사한 내용을 지적하는 문건들이 이미 여러 차례 있었다는 것이다. 이탈리아 총리 엔리코 레타Enrico Letta가 작성한 또 다른 보고서 대표적이다. 이 『레타 보고서*The Letta Report*』를 보면 기본적으로 유럽은 스스로 문제를 인지하고 있는 것은 분명하다(Letta, 2024). 다만 『드라기 보고서』가 더 전략적이고 야심찬 주장을 하는 것으로 보인다. 다시 말해 이 보고서가 유럽 내부의 사정을 가장 분명하게 알려주는 문건 중 하나라고 보아도 좋을 것이다.

보고서가 제안하는 유럽의 과제

보고서의 핵심 내용은 "미국과의 혁신 격차를 줄이고, 탈탄소 부문의 경쟁력을 강화하며, 종속 상태를 줄여서 경제 안보를 강화"하는 것이다.

앞서 분석한 대로 유럽은 전반적으로 쇠락 기미가 뚜렷하다. 무엇보다 미국과 EU 간 GDP 격차가 엄청나게 벌어졌다. 그것은 생산성의 차이 때문이다. 미국의 1인당 가처분 소득이 EU의 두 배 수준이다. 게다가 미국의 안보 우산의 덕을 보았으나 이제 그것이 흔들리고 있다. 에너지 가격이 오르고 공급이 위태롭다. 그리고 안보 환경이 취약하다. 경제적으로 무엇보다 하이테크 부문에서 크게 뒤처졌다. 상위 50개 하이테크 기업 중 유럽 것은 네 개에 불과하다(CompaniesMarketCap, 2025). 게다가 인구 감소 위기도 곧 도래하여 2040년까지 매년 200만 명의 노동력이 줄어들 것으로 예상한다.

이런 문제들을 이겨내기 위한 핵심 과제는 디지털화, 그리고 탈탄소 그리고 안보 역량 강화이다. 그러려면 결국 투자가 늘어나야 한다. 보고서는 투자가 GDP의 5퍼센트까지 늘어나야 한다고 지적한다. 그렇지 않으면 유럽은 지금까지 누려왔던 자리를 내주어야 한다. 다시 말해 유럽의 근본적 가치, 즉 번영·공평·자유·평화·민주주의·지속 가능한 환경 등을 상실할 우려가 크다.

① **생산성 제고** 앞서 분석한 여러 문제점들이 복합적으로 작용하여 유럽 경제의 발목을 잡고 있는데, 이를 돌파할 구체적 힘이 없

다는 데 심각성이 있다(Draghi, 2024: 19~20). 이대로라면 유럽은 역사상 최초로 노동력 증대가 GDP 증가를 지탱하지 못하는 시기로 들어갈 것이다. 더구나 2040년까지 노동력이 매년 200만 명 감소할 것으로 추산한다. GDP 대비 공공 부채가 매우 높은 상황에서, 이자율은 높고 디지털 혁신과 방위 강화 등에 필요한 공공 지출을 늘리면 부채를 감당하지 못할 지경이 되는데, 그렇다면 EU가 견지하는 여러 목표 중 일부는 버려야 할 것이다.

미국 및 중국과 혁신의 격차 줄이기, 특히 선진 기술 분야에서 갭을 줄이는 것이 핵심 과제이다. 그러나 유럽은 기존 분야에 붙들려 있다. 미국이 지난 15년 동안 시장자본 1조 유로 이상의 기업 여섯 개를 만드는 동안 유럽은 천억 유로 이상의 기업이 하나도 없다. 활력의 부족이 역력하다. 유럽은 완숙mature 기술에만 집착하는 경향이 있다. 자동차와 제약이 대표적이다. 2021년 기준 유럽은 미국에 비해 연구 혁신research & innovation에서 2,700억 유로 적게 지출했다.

유럽에 혁신 기업이 부족하다는 것은 실제 각 지역의 기업들을 비교 분석해 보면 윤곽이 잡힌다. 세계 50대 기업 목록을 보자. 유럽 기업으로는 스위스의 네슬레, 로슈 홀딩, 덴마크의 노보 노디스크, 프랑스의 모엣 헤네시 루이 비통, 로레알, 사노피, 독일의 SAP, 지멘스, 영국과 네덜란드의 유니레버 등이 있다. 이 기업들을 보면 다양한 국가에서 식품, 제약, 럭셔리, IT, 에너지 등 다양한 산업군에 강세를 보이는데, 큰 특징은 신산업이 없다는 것이다. 유럽은 럭셔리 브랜드, 제약, 금융 중심이다. 반면 아시아 기업들 중에는 사우디아라비아의 사우디 아람코 같은 에너지 기업 외에 타이완의 TSMC, 한국의 삼성전자, 중국의 차이나 모바일, 알리바바, 텐센트처럼 반도체, 자동차, 에너지, IT 기업들이 많이 포진해 있다는 점이 다르다.

사실 유럽이 아이디어가 부족한 것은 아니다. 다만 아이디어를 상업화하는 다음 단계에서 막히고 있다는 것이 더 정확한 지적이다. 그래서 많은 기업가들은 미국 벤처캐피털로 자금을 조달financing하고 미국 시장에서 규모를 키우는scale-up 중이다. 2008~2021년 기간 중 기업 가치가 10억 달러 이상인 이른바 '유니콘 기업' 중 30퍼센트 정도가 외국으로, 특히 미국으로 본사를 옮겼다. 정작 유럽 내에서는 예컨대 인공지능 사업을 발전시키는 대신 지금까지 주력했던 중간 기술middle-tech에 고착하고 있다(Draghi, 2024: 20). 1990년대엔 유럽이 인터넷 경제에서 미국에 뒤처졌다면, 현재는 디지털 경제에서 뒤처지고 있다.

그런데 주목할 점은 정보 통신 기술information and communications technology, ICT 부문을 제외하면 미국과 유럽 경제에 큰 차이가 없다는 것이다(Draghi, 2024: 23, 29). 즉 컴퓨터 제작, 전자 기기, 정보 통신 등 ICT가 차이의 핵심이다. 그렇다면 문제 해결의 방향도 꽤 명확하다. R&I 공동 프로그램을 만들어야 가능하며, EU 회원국 간에 이러한 계획을 더 잘 조율하면서, 유럽 학술 기관들을 설립하여 연구를 확고하게 발전시켜야 한다. 그리고 무엇보다 발명가가 동시에 투자자가 될 수 있도록 만들어야 한다. 그러려면 더 나은 자금 조달 환경이 필요하다. 이를 통해 사업상의 장벽들을 넘을 수 있도록 해야 한다는 것이다.

② **탈탄소** 보고서는 탈탄소 부문이 유럽에 큰 기회가 될 것이라고 본다. 이를 위해 유럽 각국의 정책을 조정할 필요를 강조한다(Draghi, 2024: 39, 42~43). 유럽은 가스, LNG 수입 지역인데, 협상력bargaining power이 강하지 않아서 지나치게 현물 가격에 따르고 있으며, 따라서 가격 면에서 불리하다. 전기는 미국에 비해 2~3배, 천연

가스는 4~5배 비싼 형편이다. 원래 부존 자원이 부족한 것도 있지만, 에너지 시장의 비효율성 때문이기도 하다. 보고서는 이 문제를 해결하는 동시에 오히려 앞서나갈 수 있는 희망을 탈탄소에서 찾는 듯하다. 다시 말해 이 부문이야말로 유럽이 강점을 지닌 것으로서 일거에 상황을 역전시킬 가능성이 있다고 생각하고 있다. 즉, 에너지 가격을 낮추고 청정 기술을 선도할 수 있는 매우 중요한 기회라고 파악하고 있다. 그리고 탈탄소 부문을 발전시키면 중기적으로 저렴하고 안정적인 에너지 공급이 가능할 것이다. 보고서에 따르면 2030년까지 에너지 소비의 최소 42.5퍼센트를 재생에너지로 충당하고 2035년까지 내연 기관 자동차를 퇴출하는 것으로 목표로 삼고 있다.

실제로 청정에너지 부문에서는 현재 유럽이 앞서 있다. 관련 기술 중 5분의 1 이상이 유럽에서 개발되었다. 다만 중국의 경쟁이 고려 요소이다. 중국의 도전이 매우 거세다. 무엇보다 중국은 관련 산업에서 저비용으로 나아간다. 청정 기술에서 앞서면서도 이것을 산업적으로 선도하는 단계에서 뒤처져 있는데, 이것을 실현한 산업 정책이 부재하므로, 이 문제를 해결해야 한다.

③ **안보 강화** 유럽은 안보를 확고히 하고 종속성을 경감하는 문제가 중요하다(Draghi, 2024: 52~53). 지정학적 위험이 증대하고 있으며, 이것이 투자를 감소시키는 문제이기도 하다. 유럽은 여러 면에서 위험에 노출되어 있다. 예컨대 중국의 자원 공급에 의존하고, 디지털 기술도 거의 전적으로 외국에 의존한다. 예컨대 반도체는 75~90퍼센트를 아시아에서 생산한다. 필수 자원 확보 문제도 심각하다.

유럽에서 디지털화를 진척시키려면 적절한 정책이 필요하다. 현재 유럽은 이 산업 부문의 여러 단계에서 매우 뒤처져 있다. 반도체의 경우 디자인은 미국이 우위에 있고, 생산은 한국, 타이완, 중국이 앞서 있으며, 광학 등 핵심 기술은 일본이 선도하고 있다. 유럽은 여러 면에서 외국 기술에 의존적이다. 그러므로 이 문제에 대비하려면 유럽 공동의 정책이 필요하다. 교역 조약을 조율하고 자원 부국들과 직접 투자하며, 핵심 기술 공급망 확보를 위해 파트너십을 확보하는 등 함께 움직여야 산다.

현재 유럽은 군사·안보 부문에서 매우 취약하다. 앞에서 이야기한 대로 유럽 국가들이 NATO의 요구대로 GDP 2퍼센트까지 비용을 늘려야 한다면 전체 비용은 600억 유로가 되며, 여기에 더해 추가적인 투자도 필요하다. 방위 산업 역시 세분화를 피하고 규모를 확장해야 한다. 예컨대 전차의 경우 미국은 하나로 통일되어 있으나 유럽에는 열두 가지 전차로 나뉘어 있다. 이처럼 EU 수준에서 조정과 표준화가 이루어지지 않은 것이 EU 방위 산업의 기반을 약화시켰다. 회원국들은 EU 차원의 조정, 표준화 및 상호 운용성, 공동 조달과 공동 획득 및 유지 보수, 자원 통합 및 공유 등의 이점을 체계적으로 활용하지 않고 있다.

좀 더 실질적인 차원에서 보면, 최근 우크라이나 전장에서 EU 내 방위 제품의 표준화 부족이 뚜렷하게 드러났다. EU 회원국들은 방위 장비에 대해 NATO 표준을 사용하도록 권장받고 있지만, 사양에서 매우 큰 이질성이 존재하며, 회원국 간의 공통 인증 체계나 상호 인증도 부족하다.

155밀리미터 포병 장비만 보더라도, NATO에서 공급한 네 종류의 곡사포를 제외하고, EU 회원국들이 자신들의 비축분에서 우크라이나에 제공한 곡사포는 약 열 종류에 달했으며, 일부는 변형 버전으로 제공되기도 하여 우크라이나 군에 심각한 물류 문제를 초래하였다.

이 외에도 유사한 사례는 많다. 현재 유럽에서는 다섯 종류의 곡사포가 생산되고 있는 반면, 미국은 단 한 종류만을 생산하고 있다.

또한 EU 회원국들은 특히 미국을 비롯한 비EU 국가들의 방위 솔루션에 크게 의존하고 있다. EU의 방위 분야 연구 및 혁신에 대한 투자는 산업 경쟁국들에 비해 훨씬 낮은 수준이다.

『드라기 보고서』는 향후 EU가 수행해야 할 과제들을 정리하여 제시했는데, 그중 특히 강조하는 것은 다음 세 가지이다(Draghi, 2024: Part B, 168).

- 단기 과제: 방위 자산에 대한 수요를 회원국 간 그룹 차원에서 대폭 집약하고, 방위 장비의 표준화 및 조화를 더욱 촉진한다.
- 중기 과제 1: 협력과 유럽화, 중소기업SME의 공급망 통합, 국경을 초월한 방위 산업 자산의 구조적 통합을 지원하는 중기적 EU 방위 산업 정책을 개발한다.
- 중기 과제 2: EU 차원에서 방위 산업 역량 개발을 위한 자금을 지원한다.

여기에서 핵심 문제에 직면한다. 이 기획을 실현하기 위한 자금이 필요하다. 그 문제를 어떻게 해결할 것인가? 보고서는 이에 필요한 자금 규모를 연 8,000억 유로로 제시한다. 그것은 EU 전체 GDP의 5퍼센트에 해당한다. 이 자금을 어떻게 확보할 수 있는가? 공동 부채로 충당하자는 것이 『드라기 보고서』의 핵심 아이디어이다. 과연 이것이 가능할 것인가?

비판적 검토

과연『드라기 보고서』는 유럽의 후퇴를 막고 이전의 지위를 되찾게 해 줄 방안이 될 수 있을까? 보고서 발표 후《르몽드》는 보고서에 대한 비판적 견해를 밝혔다(Le Monde, 2024). "마리오 드라기는 유럽이 '존재적 도전'을 피하기 위해 매년 8,000억 유로의 투자 노력이 필요하다고 추정했으나 27개 회원국의 정치적 의지가 없다면 400페이지에 달하는 계획은 공허한 문서로 남을 가능성이 크다"는 것이다. 이 계획을 강력하게 추동하려면 주요국들이 나서야 할 텐데, 과거 유럽을 전진시킬 동력을 제공했던 프랑스-독일 기계는 멈춰버렸다. 결국 회원국들 간의 예산 정책 차이 때문에 부딪힐 가능성이 크다. 프랑스처럼 적자 정책을 수행하려는 나라들과 독일처럼 충분히 지출하지 않으려는 나라들 간의 차이를 조정하기가 힘들어 보인다. 누구도 내려 하지 않고 누구도 낼 수 없을 것이며, 특히 독일은 여기에 반대할 것으로 보인다. 27개 국가의 동의가 없으면 이 보고서는 사문서가 될 우려가 크다. 심하게 비판하는 사람은 이 보고서가 몰락 직전 내는 최후의 목소리라는 의미로 '백조의 노래'라고도 표현한다.

과연 각국은 GDP 5퍼센트에 해당하는 금액을 제공하는 데 동의할 것인가? 당연히 쉽지 않은 문제이다. 각국마다 여기에 대해 다른 의견을 개진할 가능성이 크다. 특히 유럽 경제를 주도하는 독일의 경우 공동 채무 방식의 조달안에 찬성할지가 불확실해 보인다(안병억, 2025). 사실 독일은 1990년대 중반 재정 위기를 겪은 후 헌법에 채무 제동 조항을 추가하여 제도적으로 채무를 통한 확장 재정에 제동장치를 두고 있다. 2009년 금융 위기를 겪은 후 2011년부터 국채를 축소시키고 있고, 2016년부터는 연간 신규 국채 발행이 최대 GDP의 0.35퍼센트를 초과하지 못하도록 조치했다. 채무 제동은 새로운 국채 발행을 엄격히 제한해 국가 재정의 장기적인 안정화를 기여하는 데 있지만, 독일의 소극적인 재정 정책은 독일이 유럽 주요국 중 가장 낮은 경제성장률에 머무는 원인이 됐다. 이럴진대 GDP 5퍼센트의 채무에 동의하려고 하지 않을 가능성이 커 보인다.

사실 8,000억 유로의 집행 계획에도 불분명한 부분들이 있다. 절반이 넘는 4,500억 유로가 에너지 전환용이고, 나머지는 디지털과 안보 부문, 그리고 로테크low-tech 보호에 쓴다는 계획이다. 이런 점을 놓고 보면 보고서의 내용은 자칫 기존 산업에 대한 보호의 의미로 해석할 수 있다. 새로운 하이테크 부문이 아니라 중국과 경쟁하는 부문에 대한 투자가 될 수 있다. 다시 말해 현상 유지적이고 쇠락이 지속될 방향이다. 그렇다면 유럽 경제는 앞으로도 더욱 미국과 중국발 혁신에 의존하게 될 가능성이 크다.

보고서의 내용에는 구체적 프로그램이 부족하다는 비판도 제기된다. 녹색 경제Green economy에 대한 계획을 보자. "탈탄소 및 경쟁력 강화를 위한 공동 계획Joint Decarbonization and Competitiveness Plan"을 위해서는 태양광 패널, 풍력 발전 터빈과 배터리 같은 기술의 비용 절감이 필요한데, 이 부문에서는 중국이 훨씬 강하다. 이런 분야는 키울 게 아니라 차라리 버리는 게 낫다는 의견도 있다. 클린 테크clean tech의 발전을 강조하지만 글로벌 수준에서 중국과 경쟁에서 질 가능성이 크다. 다시 말해 해법 자체가 중국 리스크와 충돌한다.

디테일의 문제가 아니라 이 보고서의 기본 성격에 대한 비판도 있다. 애덤 투즈Adam Tooze는 『드라기 보고서』의 기본 성격 자체에 대해 본격적인 비판을 제기한다(Tooze, 2024). 그동안 서방에서는 중국 방식을 비판해 왔으나 사실 이 보고서는 그것을 따라하고 있다. 즉, 국가주의적으로 자본을 조달하고 국가가 정한 부문에 투자하는 방식이 아닌가. 과연 그것이 성공할 수 있을까?

『드라기 보고서』의 핵심 아이디어는 투자 부족을 근본 원인으로 지적하고 타개책으로 빚을 내서 자본을 조달하여 투자하자는 것인데, 그동안 투자가 안 이루어졌던 이유는 사실 투자 수요가 부족했기 때문이다. 혁신적인 기업들은 많은데 투자가 부족해서 유럽의 경쟁력이 떨어진 것이 아니다. 따라서 급히 돈을 조달하여 투자한다고 해서 그동안 없던 신新성장 동력이 하루아침에 만들어지지는 않는다. 문제의 핵심은 공격적 성장을 주도할 만한 혁신 기업이 없다는 데 있다. 미국은 자동차와 제약 부문으로부터 신기술 부문으로 중심 이동을 했다. 그런데 예컨대 독일을 보면 여전히 기존의 내연 기관 자동차 산업 중심이다. 독일 자동차 산업이 전기차 부문으로 이동을 못하고 있으나, 그동안 중국이 훨씬 앞서 갔다. 중국이 훨씬 혁신적이라는 점은 유럽보다 노동 비용이 훨씬 적게 드는데도 사람 대신 최신 로봇을 활용한다는 데에서 볼 수 있다. 유럽에서 투자가 부족한 이유는 기업의 성장과 혁신 과정에서 자연스럽게 도출되는 신용 수요가 적기 때문이라는 것이 투즈의 비판의 요점이다. 이 점을 놓친 드라기의 제안은 "국가와 자본 간 실패한 관계failed project of state-capitalist relations"의 재판일 뿐이다.

전반적으로 이 보고서의 아이디어는 과연 실현 가능할까? 사실 EU 자체가 공동의 목표를 향해 각국의 이해를 조정하는 것이 쉽지 않다는 구조적 한계를 안고 있다. 그렇다면 결국 각국의 협력을 이끌어내는 정치력이 문제가 된다. 그렇지만 현재 사정을 보면 극우 성향이 강한 국가들이 많아질수록 EU 약화로 이어질 가능성 크다. 예컨대 2023년 극우 성향의 '독일을 위한 대안Alternative für Deutschland, AfD'이 독일 내 지지율 2위를 차지했다.

독일은 유럽 경제의 문제를 집약적으로 보여 주는 전형적인 사례다(안병억, 2025). 독일의 GDP는 2023년에 이어 2024년까지 2년 연속 감소했다. 화학과 금속가공 같은 에너지 집약적 산업은 이미 침체 상태에 빠졌고, 폭스바겐과 티센크루프 등 국가적 기업은 전례 없는 규모의 일자리 감축과 공장 폐쇄를 발표했다. 이 문제는 독일이 과거에 거둔 경제적 성공과 이를 뒷받침했던 제도적 기반의 부정적 결과로 이해해야 한다고 주장해 왔다. 독일은 기업 내 화합을 유지하고 작업장 내 갈등을 최소화하기 위해 경영진과 노동조합이 의견을 합쳐 경영 사항을 결정하는 '공동결의제Codetermination'를 도입해서, 노동자 대표가 경영 의사 결정에 참여할 수 있도록 했다. 또 파괴적인 정치를 억제하고 과거 독일을 괴롭혔던 정치적 극단주의와 의회 분열을 견제하기 위해 모든 주류 정당이 목소리를 낼 수 있는 비례대표제를 도입했다. 그러면서도 의회에 진입하기 위한 최소 기준을 5퍼센트로 설정해 극소 정당의 영향력을 제한했다. 이런 요소들은 지난 시대에 독일의 경제 기적을 가져온 것이 맞다. 그러나 이는 환경이 변했을 때 수정하기 어려운 단점이 있다. 지난 시대 성공 방식은 이후 혁신을 저해하는 덫으로 작동한다. 공동결의제는 직장 내 조직 구조를 변경하거나 수익성이 낮은 공장을 폐쇄하려는 경영 활동을 방해하는 장애물이 됐다. 은행은 기존 고객과 관계를 유지하며 익숙한 산업에만 투자했다. 이는 인공지능, 자율주행차 등 첨단 기술을 개발하는 스타트업 투자를 어렵게 만들었다. 비례대표제는 정치 불확실성을 키웠다. 극우 정당과 극좌 정당이 동맹을 통해 연방의회를 이끌어가면서 온건 세력인 자유민주당Freie Demokratische Partei, FDP 같은 대중 정당은 퇴출 위기에 처했다.

독일이 위기에서 벗어날 해결책은 뚜렷하다. 전통적인 직업 훈련

보다 고등교육에 더 많이 투자해 첨단 산업의 경쟁력을 키워야 한다. 또 은행이 감당하지 못하는 위험을 감수할 수 있는 벤처캐피털 산업을 키워야 한다. 관세로 제약받는 수출 시장에 의존하기보다 거시 경제 정책을 통해 국내 소비를 촉진해야 한다. 시대에 뒤떨어진 혼합형 비례대표제와 공동결의제를 재고해야 한다. 무엇보다 과거의 유산인 채무 제동 규정을 없애야 한다. 이를 통해 정부는 21세기 경제 성공의 두 가지 핵심 요소인 연구 개발과 인프라에 더 많이 투자해야 한다. 그러나 성공의 덫이 강력히 작동하다 보니 변화가 쉽지 않다.

독일은 통일을 달성하고 2007~2008년 금융 위기 이후 유럽의 리더 역할을 했다. 특히 2003년 이라크 전쟁 당시 독일이 강한 목소리를 냈다. 그런데 2022년 독일은 지극히 수동적 자세로 있다. 자국 문제에 집중하는 독일로서는 유럽 공동체의 리더 역할을 더 이상 하지 못하는 상태이며, 국제 관계에서 방향을 상실했다. 예컨대 2012년 러시아 가스를 수입하기 위해 노르트 스트림Nord Stream을 건립하지만 방어는 미국에 의존하는 식이다. 이런 과정에서 중간층이 감소하고 양극화가 진행되었다. 하층 노동자층이 증가했고, 그러는 동안 우익 정당이 약진했다. 따라서 정치적 해결이 결코 쉽지 않을 것이다.

독일 한 나라에 집중해 보아도 해결이 쉽지 않다는 것을 알 수 있다. 하물며 각국의 사정들을 감안하고 이런 것들을 모두 조정하여 유럽 전체의 의견을 모은다는 것이 가능할 것인가? 이런 문제들을 해결해 나가려면 강력한 정치적 지도력이 필요하다. 유럽 전체 차원에서 상충하는 이익을 조율하고 돌파구를 만들어야 한다. 그런데 현실에서 유럽의 정치 상황은 최악으로 치닫고 있다. 여러 나라에서 극우 정치 집단의 세력이 커지면, 유럽 전체의 협조는 갈수록 더 힘들어진다. 극우의 상승은 유럽을 '통치 불가능ungovernable'하게 만들 수 있다

(Blenkinsop, 2024). 이런 상황에서 러시아 문제는 EU 내부의 분열을 심화시킬 것이다. 헝가리와 슬로바키아는 푸틴을 지지하는 국가들이다. 프랑스와 독일에서 떠오르는 극우 정당들은 모스크바와 유화적인 관계를 주장하고 있다. 그리고 베를린과 파리에서의 인기 없는 정부들로 인해 핵심 국가들이 약화되면서, 유럽은 트럼프의 도전에 직면하기가 이전보다 더 어려워질 것이다.

5. 나가며: 쿼바디스 유럽

2025년 현재 세계 질서는 혼돈 속에 놓여 있다. 지난 질서는 무너지고 있는데 새로운 질서의 실체는 아직 뚜렷하지 않다. 미국이나 중국, 일본과 인도 및 동남아시아 모두 심대한 어려움 속에 방향을 찾기 위해 분투 중이다. 모든 국제 질서 주체들이 각자 혼돈 속에서 방황하는 듯하다. 장차 세계 질서는 어떻게 변화해 갈까?

서구 주도의 세계 질서가 쇠퇴하고 있다고 해서 서구의 영향력이 완전히 사라지는 것은 물론 아니다. 유럽과 특히 미국은 여전히 강력한 군사적·경제적·문화적 힘을 유지하고 있다. 그러나 세계 권력의 성격은 변화하고 있다. 장기적으로 국제 질서는 과거처럼 서구 중심의 단극 체제unipolar world가 아니라 인도, 중국, 브라질과 같은 신흥 강대국들이 영향력을 공유하는 다극 체제multipolar world가 될 가능성이 커 보인다. 그렇지만 먼 미래가 아닌 가까운 미래에 세계 질서가 어떻게 될 것인지에 대해서는 예측이 쉽지 않다. 다만 미국이 주도해온 자유주의적 세계 질서에 큰 변화가 오리라는 점은 예상할 수 있다. 미국은 '패권적 강대국'에서 '지배적 강대국', 즉 단순히 세계 최강대국으로 변모하는 것으로 보인다. 그렇다면 기존 미국 주도의 글로벌 패권 질서는 해체될 것인가? 만일 미국이 지금까지와 같은 패권 질서 유지를 포기한다면 새로운 패권국이 등장할 것인가? 하나의 단일 강대국이 이전에 미국이 하던 것과 같은 패권 질서를 새로이 창출하지 않는다면, 다수의 지역 패권국들이 각자 지역 패권을 추구할 것인가? 이러한 다극 체제가 만들어지면 각 패권국이 서로의 영역을 존중하여 '패권의 균형'을 이루며 힘이 아닌 국제 사회의 연대를 통해 서로 협력하며 새로운 성격의 자유주의 국제 질서를 이룰 것인가? 그럴 가능성은 매우 낮아 보인다. 자유주의 국제 질서는 오직 세계 패권국만이 강제할 수 있으며, 다극 체제에서는 이 질서를 유지할 수 없다는 것이 역사가 말해주는 바이다. 지난 30여 년 동안 자유주의 국제 질서가 유지되었던 것은 오로지 일극 패권을 보유한 미국이 그것을 원했기 때문이다. 다극을 형성하는 강대국들 간 치열한 경쟁이 폭발하여 지극히 위험한 사태로 나아갈 수도 있다.

사실 미국 역시 자신이 누렸던 패권국 지위를 완전히 방기하려고 할 것 같지는 않다. 아마도 미국은 패권국 지위에서 물러나더라도 지배적인 최강대국으로 남아서 잠재적 지역 패권국들을 견제하고자 할 것이다. 자국의 안보를 위협할 수 있는 패권국이 등장하지 못하도록 지역 내 여러 강대국에 힘을 실어주는 균형balancing 전략을 수행할 가능성이 높다. 러시아에 대해서는 유럽이, 중국에 대해서는 일본과 타이완 그리고 인도 등이, 이란에 대해서는 이스라엘이 미국의 전략에 협조할 가능성이 있다.

유럽 역시 현재의 자유주의 국제 질서가 완전히 쇠퇴하는 것을 바라지 않는다. 자유로운 국제 무역으로 번영을 추구해 온 유럽으로서 고립주의는 원하는 바가 아니다. 따라서 미국의 세계 패권이 해체된 불안정한 세상은 원치 않는다. 하지만 유럽이 패권 해체의 흐름을 막을 수는 없으며, 유럽 스스로 글로벌 패권을 창출해 낼 수도 없다. 이런 상황에서 유럽이 택할 수 있는 길은 무엇인가?

우선 미국에 협조하면서도 일방적으로 미국의 압박에 복속하지는 않으면서 다자주의를 유지하는 방안을 찾고자 할 것이다. 미국은 세계 패권을 확고하게 장악하는 게 아니라 잃어가는 것으로 보인다. 바로 그 이유 때문에 세계에 대해 강고한 압박을 가하여 통제하려고 한다. 경제적으로 소수 혁신 분야를 장악하고는 있으나 구조적으로 심각한 문제에 직면하고 있다는 것은 잘 알려진 사실이다. 5경 원에 달하는 부채 금액은 실로 천문학적 수준이고, 제조업은 거의 공백 상태이다. 트럼프 대통령의 관세 폭탄이 과연 이런 문제를 근본적으로 해결할 수 있을지는 장담할 수 없다.

이처럼 패권 상실 위험을 안고 있는 미국이 자신의 지위를 유지하기 위해 무리한 방식으로 유럽과 중국을 압박하는 현실이 오히려 유럽의 각성을 가져왔다. 단순히 미국의 압박에 추종함으로써 잃어버린 자유주의 국제 질서를 부흥시킬 수 없다는 것은 너무나 명백하다. 이런 큰 흐름에서 EU는 자신의 지위를 확대하기는커녕 점차 힘을 잃어가는 듯 보인다. NATO의 동진東進 확장을 반대했다면 미국의 헤게모니에 균형을 맞출 수 있었을지도 모른다. 이는 러시아와의 긴장을 완화하고 러시아-우크라이나 전쟁을 예방하는 데 기여할 수도 있었을 것이다. 그러나 EU의 집단적 대응은 장기적인 이익과 일치하지 못했다. 그 결과, 러시아-우크라이나 전쟁은 EU를 경제적으로나 방위적으로나 미국에 더욱 종속되게 만들었다. EU가 러시아와의 무역 및 협력을 축소하면서 유럽은 에너지 위기, 인플레이션, 경제 불안정에 직면하게 되었다(Siddiqui, 2022).

이런 상황에서 러시아-우크라이나 전쟁은 유럽이 각성하는 계기가 되었다. 안보는 미국에, 에너지는 러시아에, 경제는 중국에 의존해 온 유럽에 러시아-우크라이나 전쟁은 더 이상 그와 같은 안일한 태도가 지속 가능하지 않다는 사실을 일깨워 준 각성제가 되었다. 트럼프 2기가 시작되고 미국이 유럽을 비롯해 세계를 상대로 거침없는 압박을 가하던 시기에 프랑스의 중도 우파 정당 호라이즌Horizen 소속인 클로드 말뤼레Claude Malhuret 상원 의원이 프랑스 상원에서 미국 민주주의의 종말, 우크라이나에 대한 미국 정책의 전환이 유럽에 미치는 영향에 대해 트럼프 행정부를 신랄하게 비판하는 8분간 연설을 했다(이철민, 2025). "워싱턴은 불장난을 좋아하는 황제와 복종적인 신하들, 케타민(환각제로 쓰일 수 있는 약물)에 취해 공무원 사회를 숙청하는 광대가 있는 네로의 궁정이 됐다"고 비판하면서 "미국 공화당은 보복이 무서워 숨죽이고, 민주당은 대선 패배에서 헤어나지 못하고 있다"고 말했다. "유럽은 역사의 중요한 전환점에 놓였으며, 미국의 방패는 사라지고, 우크라이나는 버려지고, 러시아는 강해지고 있다"며 "협상의 왕이라는 트럼프는 굴종적인 협상을 보여주고 있다"고 말했다. 그는 트럼프가 "민주주의를 포획했으며, 역사상 어느 미국 대통령도 적에게 굴복한 적이 없다"고 비판했다. 그는 푸틴을 독재자로 지칭하며, "지금 우리는 배신자(즉, 트럼프)가 지지하는 독재자와 싸우고 있다"고 말했다.

유럽은 중국의 위협에 대해서도 반격을 시작했다(최유식, 2025). 이를 보여주는 작은 사건이 있다. EU 행정부 격인 집행위원회가 2025년 4월 28일 중국산 고소 작업 장비mobile access equipment, MAE에 대해 최고 66.7퍼센트의 상계 관세를 부과한다고 전격 발표한 일이다. 건설 공사 현장에서 사용되는 고소 작업 장비는 유럽 시장 규모가 연간 10억 유로(약 1조 6,000억원)에 이르는데, 이 시장을 놓고 프랑스 기업들과 중국 기업들이 경쟁 중이었다. EU는 중국 기업들이 정부가 제공하는 각종 보조금을 등에 업고 유럽 현지 제품보다 20퍼센트나 싼 가격에 팔아 시장 점유율을 확대해 온 것으로 판단했다. 2024년 10월 중국산 전기차에 대해 최고 45.3퍼센트의 상계 관세를 부과하기로 한 지 6개월 만에 다시 관세 폭탄을 꺼낸 것이다. 이는 매우 흥미로운 사건이다. 도널드 트럼프 미국 대통령 취임 이후 시작된 미국 관세 폭탄에 맞서기 위해 세계 2~3위 경제권인 EU와 중국은 그동안 공동 전선을 모색해 왔다. 리창李强 중국 총리는 4월 8일 폰데어라이엔 EU 집행위원장과 전화 회담을 하면서 미국의 관세 폭탄에 대한 공동 대응 의지를 밝혔고, 7월 EU·중국 정상 회담을 여는 데에도 합의했다. 그런데 그로부터 한 달이 못 돼 EU가 중국산 제품에 대한 고율 관세 조치를 내놓으면서 공동 전선에 균열이 생길 조짐을 보인 것이다. EU는 미국의 관세 폭탄으로 수출길이 막힌 중국산 제품이 유럽으로 쏟아져 들어오는 걸 막는 조치까지 준비 중이라고 한다. 폰데어라이엔 EU 집행위원장도 최근 "미국 관세 폭탄의 영향으로 중국산 화물이 유럽에 밀려들어 수입이 증가하면 EU 차원에서 보호 조치를 취할 것"이라고 했다.

유럽이 단일한 방향을 결정하기 힘들다는 것이 가장 큰 문제일 수 있다. EU는 단일 국가가 아니므로 서로 이해관계가 다르다. 예컨대 폴란드는 가장 강력하게 우크라이나를 지원하는 반면, 헝가리는 친러시아 성향이 강하여 러시아 제재에 늘 반대하고 있다. 그렇다 해도 유럽은 점차 자신의 미래 방향에 대해 윤곽을 잡아가는 듯하다. 우선 미국에 완전히 종속되는 것은 결코 바라지 않을 것이다. 마크롱 프랑스 대통령은 2023년 4월 중국에 국빈 방문하여 "유럽이 미국의 추종

자가 되어서는 안 된다"라고 했다. 중국에 대해서는 더욱더 종속적인 상태를 바라지 않는다. 폰데어라이엔 위원장은 유럽은 중국과 디리스킹을 원하지, 디커플링을 원하는 것은 아니라고 선언했다(정하늘, 2023: 427~428, 주 24). 중국 의존도가 너무 높았던 부문의 수출 수입 경로를 다변화하겠다는 것이다. 다만 디커플링이 아니라 디리스킹을 한다는 것은 안보적 위험이 되지 않는 한 중국과의 경제 협력을 이어가겠다는 선언이다. 중국을 완전히 배제하지는 않되, 중국에 대한 의존도를 완화하는 전략을 쓰며, 반도체나 인공지능, 우주 기술 등 제4차 산업 혁명의 중추 기술이자 최첨단 군사 기술로 전용될 수 있는 이중 용도 기술에 대해서는 합리적인 선에서 미국이 주도하는 대중국 규제에 동참하겠다는 의도로 풀이된다. 2022년 10월 폰데어라이엔 위원장은 '중국은 우리와 체제가 근본적으로 다르고 우리는 그 경쟁의 본질을 인지하고 있다'고 발언했다. 결국 미국과 중국 가운데 선택을 해야 한다면 유럽의 선택은 미국이라는 의미이다.

아마도 이것이 현재 유럽이 생각하는 그나마 합리적인 방안이 될 것이다. 우선 미국에 협조하면서도 일방적으로 미국의 압박에 복속하지는 않으면서 다자주의를 유지하는 방안을 찾으려는 것이다. 그러기 위해서는 무엇보다 유럽의 경제와 군사적 힘이 현재처럼 쇠락하도록 방치해서는 안 된다. 그리고 더 나아가서 EU가 국제 사회의 강력한 행위자로서 국제 제도와 국제 규범을 중심으로 한 대외 정책을 적극적으로 전개해야 한다. 그러므로 EU는 곧 도래할 다극 체제에서 다자주의를 수호하기 위해 국제 사회의 중요한 정치적 극political pole이 되는 것을 목표로 삼았다. EU의 힘을 결집해 국제 사회에서 이런 원칙과 가치를 계속 수호하겠다고 천명한 것이다.

2008년 이후 현재 유럽은 경제적으로나 군사적으로 쇠퇴를 면하기 어려운 지경이고, 각국의 내부 정치 여건이나 EU 차원의 정치적 대응도 매우 힘든 상황인 것은 분명하다. 『드라기 보고서』의 결정이 그대로 실현될지 여부는 불확실하지만, 여기에서 알 수 있는 바는 유럽이 변화하는 국제 질서에 대응하기 위해 EU 회원국 간에 연대해야 한다는 필요성을 절감했다는 것이다. 미국과 중국 등 세계 강대 세력에 대해 유럽의 목소리를 내면서 자신의 방향을 찾아가겠다는 것은 분명하다. 그 노력이 성공할지는 지켜보아야 할 것이다.

참고 문헌

제1장 미국 패권의 미래와 국제 질서의 변환

전재성, 2025,『미래 세계정치 질서와 권역이론』, 서울: 동아시아연구원(EAI)

Bongers, J. M., 2017, *Institutional Hegemony: Leadership Through Institutions*, Utrecht: Utrecht University.

Brands, Hal, 2018, "U.S. Strategy and Global Order at the Dawn of the Post-Cold War Era," *Texas National Security Review*.

Chicago Council on Global Affairs(CCGA), 2002, "American Public Opinion and Foreign Policy," https://globalaffairs.org/research/public-opinion-survey/2002-chicago-council-survey (2025년 9월 4일 접속).

______, 2010, "Constrained Internationalism – Adapting to New Realities," https://globalaffairs.org/research/public-opinion-survey/2010-chicago-council-survey (2025년 9월 4일 접속).

______, 2017, "What Americans Think about America First," https://globalaffairs.org/research/public-opinion-survey/2017-chicago-council-survey (2025년 9월 4일 접속).

_______, 2024a, August 22, "American Support for Active US Global Role Not What It Used to Be,"https://globalaffairs.org/research/public-opinion-survey/american-support-active-us-global-role-not-what-it-used-be (2025년 9월 4일 접속).

_______, 2024b, "Majority of Trump Republicans Prefer the United States Stay out of World Affairs," https://globalaffairs.org/research/public-opinion-survey/majority-trump-republicans-prefer-united-states-stay-out-world (2025년 9월 4일 접속).

Congressional Budget Office(CBO), 2025, March, "The Long-Term Budget Outlook: 2025 to 2055," https://www.cbo.gov/publication/61270 (2025년 9월 4일 접속).

FRED, n.d. "Federal Debt: Total Public Debt," https://fred.stlouisfed.org/series/GFDEBTN (2025년 9월 4일 접속).

Ferguson, Niall, 2025, "Ferguson's Law: Debt Service, Military Spending, and the Fiscal Limits of Power," *Hoover Institution History Working Papers Series 2025.02.*, Stanford, CA: Hoover Institution, Stanford University.

Girard, Bonnie, 2024, Nobember 4, "If Trump Wins, What Will His China Policies Be," *The Diplomat*.

Global Firepower(GFP), 2025, "2025 United States Military Strength," https://www.globalfirepower.com/country-military-strength-detail.php?country_id=united-states-of-america. (2025년 6월 8일 접속).

Graham, Carol, Sarah Klein and Shreya Parikh, 2025, April, "What the Numbers Don't Tell: Economic Sentiment and Political Polarization in the United States," Brookings Institution, https://www.brookings.edu/wp-content/uploads/2025/03/20250401_CSDP_GrahamKleinParikh_Sentiment.pdf (2025년 9월 5일 접속).

International Monetary Fund(IMF), 2024, "World Economic Outlook, April 2024: Steady but Slow: Resilience amid Divergence," Washington, DC: International Monetary Fund, https://www.imf.org/en/Publications/WEO/Issues/2024/04/16/world-economic-outlook-april-2024 (2025년 9월 5일 접속).

Lundestad, Geir, 1986, "Empire by Invitation? The United States and Western Europe, 1945 - 1952," *Journal of Peace Research* 23(3): 263-277.

______, 2003, *The United States and Western Europe since 1945: From "Empire" by Invitation to Transatlantic Drift*, Oxford: Oxford University Press.

Mearsheimer, John J. and Stephen M. Walt, 2016, "The Case for Offshore Balancing," *Foreign Affairs* 95(4): 70-83.

Nye, Joseph S., Jr., 2023a, April 3, "America's Waning Global Leadership," Project Syndicate.

______, 2023b, September 6, "Is America Reverting to Isolationism?" Project Syndicate.

Organisation for Economic Co-operation and Development(OECD), 2024, "United States," *OECD Economic Outlook* Volume 2024 Issue 2, Paris: OECD Publishing, https://www.oecd.org/en/publications/oecd-economic-outlook-volume-2024-issue-2_d8814e8b-en/full-report/united-states_05a01108.html (2025년 9월 5일 접속).

Peter G. Peterson Foundation, 2024, December 16, "7 Charts that Show How the Nation's Fiscal Outlook Worsened in 2024," https://www.pgpf.org/article/7-charts-that-show-how-the-nations-fiscal-outlook-worsened-in-2024/ (2025년 11월 13일 접속).

______, 2025, "Interest Costs on the National Debt," https://www.pgpf.org/programs-and-projects/fiscal-policy/monthly-interesttracker-national-debt/ (2025년 11월 13일 접속).

Posen, Barry R. and Andrew L. Ross, 1996/97, "Competing Visions for U.S. Grand Strategy," *International Security* 21(3): 5-53.

Rathi, Anusha, 2024, November 12, "How Did Voter Turnout Compare?" *Foreign Policy*.

Roa, Carlos, 2024 October 21, "Don't Look Now, But Isolationism Is Winning," The Institute for Peace & Diplomacy.

Schake, Kori, 2024, "The Case for Conservative Internationalism: How to Reverse the Inward Turn of Republican Foreign Policy," *Foreign Affairs* 103(1): 77-78.

Sullivan, Jake, 2023, "The Sources of American Power," *Foreign Affairs* 102(6): 1-22.

Vance, J. D., 2016, *Hillbilly Elegy: A Memoir of a Family and Culture in Crisis*, New York: Harper.

______, 2025, February 14, "Speech at the Munich Security Conference," in *Munich Security Conference 2025: Selected Key Speeches*, Vol. II, 15-23, Munich: Munich Security Conference, https://securityconference.org/assets/02_Dokumente/01_Publikationen/2025/Selected_Key_Speeches_Vol._II/MSC_Speeches_2025_Vol2_Ansicht_gek%C3%BCrzt.pdf (2025년 9월 5일 접속).

Williams, Michael C., 2025, "The Crisis of the Conservative International Order," *International Affairs* 101(3): 947-965.

World Bank(WB), 2024, January, *Global Economic Prospects*, Washington D.C.: World Bank, https://openknowledge.worldbank.org/server/api/core/bitstreams/0245342f-38cd-4a7a-9936-35368744555d/content (2025년 9월 5일 접속).

YouGov, 2024, "Foreign policy: What 2024 voters want and which candidate they trust," https://today.yougov.com/politics/

articles/50799-foreign-policy-what-2024-voters-want-and-which-candidate-they-trust (2025년 9월 5일 접속).

Yu, Miles Maochun, 2024, November 1, "A Misdiagnosis Of Isolationism As America's Doubt About Aiding Ukraine Grows," Hoover Instituition.

Zadeh, John, 2025, June 6, "US-China Relations: From Trade War to Tech War in 2025," *Discovery Alert*, https://discoveryalert.com.au/news/shift-trade-tech-war-us-china-2025/ (2025년 9월 5일 접속).

Zibakalam, Sotoudeh and Saeid Reza Ameli, 2022, "Institutional Hegemonic Resilience: Understanding the Dynamics of U.S. Grand Strategy," *Journal of World Sociopolitical Studies* 6(2), 239-272.

제2장 중국, 패권의 분산과 다극화의 길

김상문·이희옥, 2025, 「중국의 심화개혁과 덩샤오핑의 리더십: 남순강화를 중심으로」, 《중국사회과학논총》 7(1): 1~34.

베클리, 마이클·할 브랜즈 (김종수 옮김), 2023, 『중국은 어떻게 실패하는가』, 부키. (Brands, Hal and Michael Beckley, 2022, Danger Zone: The Coming Conflict with China, New York: W.W. Norton & Company.)

성균중국연구소, 2025, 「2025 양회분석 특별리포트: 소비와 과학기술을 통한 위기관리와 미래전략」, 『성균중국연구소(SICS) 연구보고서』.

신경진, 2024년 1월 29일, 「중국이 자부하는 시진핑 지지도 90% 중 28.5%는 '거품'」, 《중앙일보》.

이길성, 2019년 1월 21일, 「中,, 미국 제품 1조 달러 구매… 대미흑자 '제로'로 만들겠다」, 《조선일보》.

이현익, 2025년 5월 18일, 「'주기율표 제국'의 역습… 中 광물 독점 전략, 신의 한수 됐다」, 《조선일보》.

이희옥, 2005, 「중국 지속성장의 현재: 정치사회적 병목을 중심으로」, 《한국사회과학》 27: 75~109.

_______ 엮음, 2021, 『권위의 시대: 미국과 중국이 사는 법』, 선인.

_______ 외, 2018, 『복합 차이나리스크 연구』, 대외경제정책연구원(KIEP).

_______ 외, 2023, 『중국의 국가행동양식』, 국가안보전략연구원.

_______ 외, 2025년 7월 9일, 「中 'AI굴기' 일군 절박함 배워야…韓 지금 혁신 안하면 5년뒤 후회」, 《중앙일보》.

이희옥·조영남 엮음, 2013, 『중국식 현대화와 시진핑 리더십』, 책과함께.

자오팅양 (노승현 옮김), 2010, 『천하체계: 21세기 중국의 세계인식』, 길. (赵汀阳, 2005, 『天下体系』, 江苏教育出版社.)

장웨이웨이 (성균중국연구소 옮김), 2018, 『중국은 문명형 국가다』, 지식공작소. (張維為, 2017, 『文明型国家』, 上海人民出版社.)

최필수·이희옥·이현태, 2020, 「데이터 플랫폼에서의 중국의 경쟁력과 미중 갈등」, 《중국과 중국학》 39: 55~87쪽.

不执著财事, 2025年 4月 18日, 「有人富, 有人穷, 我国贫富差距有多大？国家统计局给出"答案"」, 百家号, https://baijiahao.baidu.com/s?id=1829722259549128647 (2025년 9월 9일 접속).

國立政治大學 選擧研究中心, n.d., 「臺灣民眾臺灣人/中國人認同趨勢分佈」, https://esc.nccu.edu.tw/PageDoc/Detail?fid=7804&id=6960 (2025년 4월 10일 접속).

林利民, 2013, 「周边战略与大战略:在"想干什么"与"能干什么"之间寻求"再平衡"」, 《现代国际关系》 2013年 第10期.

刘俏, 2024年 7月 22日, 「如何理解中国经济」, 《中国日报》.

日本經濟新聞, 2025年 5月 16日, 「中国原発､30年に米国抜き世界1位へ 10基を建設認可」, 《日本經濟新聞》, https://www.nikkei.com/article/DGXZQOGM07BL50X00C25A5000000/ (2025년 9월 9일 접속).

人民日报, 2021年 1月 01日, 「国家主席习近平发表二〇二一年新年贺词」, 《人民日报》.

______, 2023, 「外交部发布《关于全球治理变革和建设的中国方案》」, 《人民日报》, https://world.people.com.cn/n1/2023/0913/c1002-40077078.html (2024년 4월 8일 접속).

______, 2024a(2024年 5月 17日), 「习近平同俄罗斯总统普京会谈」, 《人民日报》.

______, 2024b(2024年 7月 21日), 「中共中央关于进一步全面深化改革 推进中国式现代化的决定」, 《人民日报》.

______, 2025a(2025年 4月 10日), 「中央周边工作会议在北京举行」, 《人民日报》, http://politics.people.com.cn/n1/2025/0410/c1024-40456600.html (2025년 5월 10일 접속).

______, 2025b(2025年 9月 28日), 「维护多边贸易体制 推进全球经济治理体系改革」, 《人民日报》, https://paper.people.com.cn/rmrb/pc/content/202509/28/content_30107365.html (2025년 11월 18일 접속).

宋效峰, 2019, 「试析中国周边外交的演进逻辑与动力」, 《西南石油大学学报(社会科学版)》 21(3): 88-94.

王赓武·刘小雪, 2009, 「中国和国际秩序—来自历史视角的观察」, 《当代亚太》 2009年 4期: 18-30.

习近平, 2021年 4月 20日, 「习近平在博鳌亚洲论坛2021年年会开幕式上的视频主旨演讲」, 习近平外交思想和新时代中国外交, http://cn.chinadiplomacy.org.cn/2021-04/20/content_77422515.shtml (2025년 5월 10일 접속).

新华社, 2023年 2月 21日, 「全球安全倡议概念文件」, 《新华社》.

袁鹏, 2013, 「关于新时期中国大周边战略的思考」, 《现代国际关系》 2013年 第10期.

中国国际发展知识中心(CIKD), 2023年 6月 20日, 『全球发展倡议落实进展报告2023』, http://no.china-embassy.gov.cn/lcbt/lcwj/202307/P020230704102269201225.pdf (2025년 9월 8일 접속).

中华人民共和国财政部, 2025年 3月 14日, 「关于2024年中央和地方预算执行

情况与2025年中央和地方预算草案的报告」, https://www.mof.gov.cn/zhengwuxinxi/caizhengxinwen/202503/t20250314_3959885.htm (2025년 4월 10일 접속).

中华人民共和国国务院, 2025, 「国务院关于印发《中国制造2025》的通知」, https://www.gov.cn/zhengce/content/2015-05/19/content_9784.htm (2025년 5월 30일 접속).

中华人民共和国国务院新闻办公室, 2023a, 「携手构建人类命运共同体：中国的倡议与行动」, http://www.scio.gov.cn/gxzt/dtzt/49518/49519_32677/index.html (2025년 9월 8일 접속).

______, 2023b, 「共建"一带一路": 构建人类命运共同体的重大实践」, http://www.scio.gov.cn/gxzt/dtzt/49518/32678/index.html (2024년 12월 30일 접속).

中华人民共和国外交部, 2020, 「王毅:中方坚决反对人为制造所谓"新冷战"」 https://www.mfa.gov.cn/web/wjbz_673089/zyhd_673091/202008/t20200805_7473113.shtml (2024년 5월 1일 접속).

______, 2023年 9月 13日, 「关于全球治理变革和建设的中国方案」, 《外交部新闻》.

______, 2025年 9月 1日, 「全球治理倡议概念文件」, 《外交部新闻》, https://www.mfa.gov.cn/web/wjbxw_new/202509/t20250901_11699909.shtml (2025년 9월 5일 접속).

中华人民共和国中央人民政部, 2005, 「反分裂国家法」, https://www.gov.cn/gongbao/content/2005/content_63187.htm (2024년 10월 1일 접속).

______, 2017, 「迈向强国征程的周边外交」, https://www.gov.cn/xinwen/2017-11/14/content_5239674.htm (2024년 3월 5일 접속).

______, 2020, 「中共中央关于制定国民经济和社会发展第十四个五年规划和二〇三五年远景目标的建议」, https://www.gov.cn/zhengce/2020-11/03/content_5556991.htm (2021년 5월 10일 접속).

______, 2024, 「共享机遇 共促发展: 中国扩大对最不发达国家单边开放受

到非洲国家欢迎」, https://www.gov.cn/yaowen/liebiao/202412/content_6990489.htm (2025년 1월 10일 접속).

Ashford, Emma, 2025, April 24, "Four Explanatory Models for Trump's Chaos," *Foreign Policy*, https://foreignpolicy.com/2025/04/24/trump-100-days-chaos-explanatory-models-foreign-policy/ (2025년 5월 10일 접속).

Atkinson, Robert D. and Ian Tufts, 2023, "The Hamilton Index, 2023: China Is Running Away With Strategic Industries,", Washinton D.C: Information Technology & Innovation Foundation, https://itif.org/publications/2023/12/13/2023-hamilton-index/ (2025년 5월 1일 접속).

Beaumier, Guillaume, and Madison Cartwright, 2024, "Cross-Network Weaponization in the Semiconductor Supply Chain," *International Studies Quaterly* 68(1).

Brands, Hal and Zack Cooper, 2019, "After the Responsible Stakeholder, What? Debating America's China Strategy," *Texas National Security Review* 2(2).

Brooks, Stephen G. and William C. Wohlforth, 2016, "The Rise and Fall of the Great Powers in the Twenty-first Century: China's Rise and the Fate of America's Global Position," *International Security* 40(3), Cambridge, MA: MIT Press.

Business Standard, 2025, March 2, "Yawning wealth difference widening inequalities in China, warns report," *Business Standard*, https://www.business-standard.com/world-news/yawning-wealth-difference-widening-inequalities-in-china-warns-report-125030200427_1.html (2025년 9월 9일 접속).

Carter, Erin Baggott, Brett L. Carter and Stephen Schick, 2024, "Do Chinese Citizens Conceal Opposition to the CCP in Surveys? Evidence from Two Experiments," *The China Quarterly* 259:

804-813, https://www.cambridge.org/core/services/aop-cambridge-core/content/view/12A2440F948D016E8D845C492F7D0CFE/S0305741023001819a. pdf/do_chinese_citizens_conceal_opposition_to_the_ccp_in_surveys_evidence_from_two_experiments.pdf (2025년 11월 18일 접속).

Center for Strategic and International Studies(CSIS), 2025, September 2, "China's Military in 10 Charts," https://www.csis.org/analysis/chinas-military-10-charts (2025년 11월 18일 접속).

Center for Strategic and International Studies(CSIS) China Power Project, 2022, December 20, Updated September 17, 2025., "Unpacking China's GDP," https://chinapower.csis.org/tracker/china-gdp/ (2025년 5월 10일 접속).

China Power Team, 2023a, March 6, "How Severe Are China's Demographic Challenges?"(Updated January 31, 2024.) https://chinapower.csis.org/china-demographics-challenges/ (2024년 10월 1일 접속).

______, 2023b, March 15, "Making Sense of China's Government Budget,"(Updated March 20, 2025.) https://chinapower.csis.org/making-sense-of-chinas-government-budget/ (2025년 5월 1일 접속).

Deng, Yangyang, Xiaohua Li, and Aishan Ye, 2024, March, "Research on Total Factor Productivity in China's Economic Growth Since the Reform and Opening-up," The 3rd International Conference on Bigdata Blockchain and Economy Management(ICBBEM).

Doshi, Rush, 2001, *The Long Game: China's Grand Strategy to Displace American Order*, New York: Oxford University Press.

Eaton, George, 2018, October 17, "Francis Fukuyama interview: "Socialism ought to come back"," *The New Statesman*, https://www.newstatesman.com/politics/2018/10/francis-fukuyamainterview-socialism-ought-come-back (2019년 10월 1일 접속).

Ember, 2025, "China: China accounted for more than half of the global increase in wind and solar power in 2024," https://ember-energy.org/countries-and-regions/china/ (2025년 5월 1일 접속).

Eurostat, "Slight decline in imports and exports from China in 2024," https://ec.europa.eu/eurostat/web/products-eurostat-news/w/ddn-20250304-1 (2025년 5월 10일 접속).

Farrell, Henry, and Abraham L. Newman, 2019, "Weaponized Interdependence: How Global Economic Networks Shape State Coercion," *International Security* 44(1): 42-79.

Fleck, Anna, 2024, October 23, "Public Debt Edges Up in the U.S., EU and China," *Statista*. https://www.statista.com/chart/33321/gross-public-debt-in-china-eu-and-the-us/ (2024년 10월 1일 접속).

Financial Times, 2023, August 24, "The local government debt that threatens China's economy," *Financial Times*.

_______, 2025, May 21, "Nvidia chief Jensen Huang condemns US chip curbs on China as 'a failure'," *Financial Times*, https://www.ft.com/content/a3fce85c-8651-4fec-ab6a-c876ec01a547 (2025년 9월 9일 접속).

Friedberg, Aaron L., 2005, "The Future of U.S.-China Relations: Is Conflict Inevitable?" *International Security* 30(2), The MIT Press: 7-45.

Glaser, Bonnie S., 2019, "Made in China 2025 and the Future of American Industry," Center for Strategic and International Studies(CSIS), https://www.csis.org/analysis/made-china-2025-and-future-american-industry (2025년 5월 1일 접속).

Global Firepower(GFP), 2025, "2025 Military Strength Ranking: Ranking the nations of the world based on current available firepower," https://www.globalfirepower.com/countries-listing.php (2025년 5월 1일 접속).

Goldman Sachs, 2022, December 6, "The Path To 2075 – Slower Global Growth, But Convergence Remains Intact," *Global Economics Paper*, https://www.scribd.com/document/616123135/Global-Economics-Paper-The-Path-to-2075-Slower-Global-Growth-But-Convergence-Remains-Intact/ (2024년 10월 1일 접속).

_______, 2024, November 11, "Has China's property market reached the bottom?" https://www.goldmansachs.com/insights/articles/has-chinas-property-market-reached-the-bottom (2025년 9월 9일 접속).

Haenle, Paul and Nathaniel Sher, 2023, "Initiative Diplomacy: China's New Rules for Global Governance, Security and Development," *East Asian Policy* 15(4): 7-21.

Hamdanim, Manal, and Ismail Belfencha, 2024, "Strategic implications of the US-China semiconductor rivalry," *Discover Global Society* 2(1).

Hille, Kathrin, 2024, March 6, "China's military capability set to grow faster than its defence budget," *Financial Times*.

Horton, Alex, and Hannah Natanson, 2025, March 29, "Secret Pentagon memo on China, homeland has Heritage fingerprints," *The Washington Post*.

Huang, Christine, Laura Silver and Laura Clancy, 2025, "Negative Views of China Have Softened Slightly Among Americans", PEW Research Center.

Kirshner, Jonathan, 2024, January 16, "End of the American Order," Lecture at Dartmouth College.

Lauge, David, and Maryanne Murray, 2021, November 5, "T-DAY: The Battle for Taiwan," *Reuters*.

Lee Hee-ok(이희옥) and Sungmin Cho(조성민), 2024, November 12, "China Should Be Worried About North Korea," *Foreign Affairs*, https://www.foreignaffairs.com/china/china-should-be-worried-about-north-korea (2024년 12월 1일 접속).

Lee Jong-Wha(이종화) and Eunbi Song(송은비), "Demographic change and long-term economic growth path in Asia," *Economic Modelling* 147.

Li Mingqi(李民骐), 2017, "Profit, Accumulation, and Crisis: Long-Term Movement of the Profit Rate in China, Japan, and the United States," *The Chinese Economy* 50(6).

Lin, Bonny, Brian Hart, Chen Ming-Chi, Shen Ming-Shih, Samantha Lu, Truly Tinsley, and Yu-jie(Grace) Liao, 2024, January 22, "Surveying the Experts: U.S. and Taiwan Views on China's Approach to Taiwan," Center for Strategic and International Studies(CSIS).

Ma, Damien, and William Adams, 2013, *In Line Behind a Billion People: How Scarcity Will Define China's Ascent in the Next Decade*, NJ: FT Press.

Ma, Yihan, 2025, June 24, "Total value of U.S. trade in goods with China 2014-2024," https://www.statista.com/statistics/277679/total-value-of-us-trade-in-goods-with-china-since-2006/ (2025년 11월 18일 접속).

McNicol, Hannah, 2024, "Pivot to the South: Achieving the Sustainable Development Goals through China's Belt and Road Initiative," *Geography Compass* 18(6): 1-19.

Medeiros, Evan S., 2024, "The Delusion of Peak China: America Can't Wish Away Its Toughest Challenger," *Foreign Affairs* 103(3).

Mercator Institute for China Studies(MERICS), 2023, June, "Shaky China: Five scenarios for Xi Jinping's third term," *Merics Report*.

Ministry of Foreign Affairs of the PRC(中华人民共和国外交部), 2002, July 31, "China's Position Paper on the New Security Concept."

______, 2022, May 9, "Address by State Councilor and Foreign Minister Wang Yi At the High-Level Virtual Meeting of the Group of Friends of The Global Development Initiative."

National Bureau of Statistics of China(国家统计局), 2025, "Statistical Communiqué of The People's Republic of China on the 2024 National Economic and Social Development," https://www.stats.gov.cn/english/PressRelease/202502/t20250228_1958822.html (2025년 5월 1일 접속).

Our World in Data, n.d. "Total factor productivity, 1954 to 2019," https://ourworldindata.org/grapher/tfp-at-constant-national-prices-20111?country=CHN~USA~KOR [Data adopted from Feenstra et. al.(2015) and Penn World Table(2021).] (2024년 10월 1일 접속).

Rajesh, YP and Shilpa Jamkhandikar, 2024, "India signals readiness to pursue China business ties after border row resolved," *Reuters*, https://www.reuters.com/world/asia-pacific/india-signals-readiness-pursue-china-business-ties-after-border-row-resolved-2024-12-03/ (2024년 12월 30일 접속).

RAND, 2002, "China's Continued Economic Progress: Possible Adversaries and Obstacles," 5th Annual CRF-RAND Conference in Beijing.

Reuters, 2023, March 10, "China's debt-laden local governments pose challenges to economic growth, financial system," *Reuters*, https://www.reuters.com/world/china/debt-laden-local-governments-pose-fresh-challenges-chinas-growth-financial-2023-03-10/ (2024년 10월 1일 접속).

______, 2024, July 4, "Xi and Putin set out ambitions for Eurasian security club," *Reuters*, https://www.reuters.com/world/xi-putin-set-out-ambitions-eurasian-security-club-2024-07-04/ (2024년 12월 30일 접속).

Rubio, Marco, 2024, "The World China Made: "Made in China 2025" Nine Years Later," Project for Strong Labor Makeckts and National Development, https://www.americanrhetoric.com/speeches/PDFFiles/Marco-Rubio-The-World-China-Made.pdf (2025년 5월 1일 접속).

Shambaugh, David, 2008, *China's Communist Party: Atrophy and Adaptation*, Berkeley: University of California Press.

Shambaugh, David, 2016, *China's Future*, MA: Polity.

Shen Weiduo, 2023, March 1, "Chinese market attractive to US firms; majority have no plans to relocate operations: AmCham survey," *Global Times*(《环球时报》), https://www.globaltimes.cn/page/202303/1286427.shtml (2024년 5월 8일 접속).

Seah, Sharon, Joanne Lin, Melinda Martinus, Kristina Fong, Indira Aridati, Pham Thi Phuong Thao, and Damon Chee, 2024, *The State of Southeast Asia: 2024 Survey Report*, Singapore: Yusof Ishak Institute(ISEAS).

Standford Center on China's Economy and Institutions(SCCEI), 2024, July 15, "Reverse Brain Drain? Exploring Trends among Chinese Scientists in the U.S." *China Briefs*, https://sccei.fsi.stanford.edu/china-briefs/reverse-brain-drain-exploring-trends-among-chinese-scientists-us (2024년 10월 1일 접속).

Statista, 2025a, January 17, "Degree of urbanization in China in selected years from 1980 to 2024," https://www.statista.com/statistics/270162/urbanization-in-china/ (2025년 9월 9일 접속).

______, 2025b, June 23, "Gini index: Inequality of income distribution in China from 2005 to 2023," https://www.statista.com/

statistics/250400/inequality-of-income-distribution-in-china-based-on-the-gini-index/ (2025년 9월 9일 접속).

Stockholm International Peace Research Institute(SIPRI), 2025, April, "TRENDS IN WORLD MILITARY EXPENDITURE, 2024," https://www.sipri.org/sites/default/files/2025-04/2504_fs_milex_2024.pdf (2025년 4월 1일 접속).

Swaine, Michael D, 2025, "Taiwan: Defending a Non-Vital US Interest," *The Washington Quarterly* 48(1): 165-185.

Swaine, Michael D., and Ashley J. Tellis, 2000, *Interpreting China's Grand Strategy: Past, Present, and Future*, Santa Monica, CA: RAND.

U.S. Department of Defense(DOD), 2024, "The 2024 DOD China Military Power Report," https://fas.org/publication/the-2024-dod-china-military-power-report/ (2025년 5월 10일 접속).

Wang Wen, 2024, March 9, "Busting 6 'Peak China' Myths," *The Diplomat*.

Xinhua(新华社), 2022, April 21, "Full Text: Chinese President Xi Jinping's keynote speech at the opening ceremony of BFA annual conference 2022," *Xinhua*.

Yan Xuetong(阎学通), 2021, "Becoming Strong: The New Chinese Foreign Policy," *Foreign Affairs* 100(4).

Yang, Jianli, 2025, February 21, "The Myth of a 'Reverse Kissinger': Why Aligning With Russia to Counter China Is a Strategic Illusion," *The Diplomat*.

Zenglein, Max J. and Mikko Huotari, 2025, May, "Caught in translation: Germany's dilemma over strategic recalibration with China," *Merics*.

Zhao, Suisheng, 2010, "The China Model: can it replace the Western model of modernization?" *Journal of Contemporary China* 19(65).

제3장 일본의 대전략, 성공할 수 있을까

김성조, 2024, 「[2024 일본 선거 이슈브리핑] ② 자민당 정치의 위기: 장기집권, 정치자금, 정치개혁」, 동아시아연구원(EAI).

니어(NEAR)재단 편, 2021, 『외교의 부활: 미중 충돌 속 흔들리는 체스판, 한국은 어떤 수를 둘 것인가』, 중앙북스.

대한민국정부, 2022년 12월 28일, 『자유, 평화, 번영의 인도-태평양 전략』, 대한민국정부.

동아시아연구원·言論NPO(Genron NPO), 2023, 「제11회 한일 국민 상호인식조사」, 동아시아연구원(EAI).

박승현, 2024, 「한일 양국은 상대국에서 무엇을 떠올리는가」, 손열·이정환 엮음, 『여론으로 보는 한일관계 2013-2023』, 동아시아연구원(EAI).

손열, 2024, 「[EAI 이슈브리핑] 정치 양극화에 동요하는 한일관계: 2024년 여론조사에서 드러난 관계 개선과 여론 분열」, 동아시아연구원(EAI).

조양현, 2021, 『미국 바이든 정부 출범과 한미일협력』, 국립외교원 외교안보연구소.

安倍晋三, 2007年 8月 22日, 「二つの海の交わり(Confluence of the Two Seas)」, インド国会演説. https://www.mofa.go.jp/mofaj/press/enzetsu/19/eabe_0822.html (2025년 11월 18일 접속).

______, 2013年 1月 18日, 「開かれた, 海の恵み —日本外交の新たな5原則—」, https://www.mofa.go.jp/mofaj/press/enzetsu/25/abe_0118j.html (2025년 11월 18일 접속).

______, 2016年 8月 27日, 「TICAD VI開会に当たって · 安倍晋三日本国総理大臣基調演説」, https://www.mofa.go.jp/mofaj/afr/af2/page4_002268.html (2025년 11월 18일 접속).

外務省, 2024年 4月 10日, 「日米首脳共同声明(「未来のためのグローバル · パートナー」)」, 2024年 日米首脳会談, https://www.mofa.go.jp/mofaj/files/100652148.pdf (2025년 9월 17일 접속).

岸田文雄, 2023a(2023年 1月 13日), 「ジョンズ · ホプキンス大学高等国際

関係大学院における岸田総理スピーチ」, 首相官邸, https://www.kantei.go.jp/jp/101_kishida/statement/2023/0113speech.html (2025년 9월 17일 접속).

_______, 2023b(2023年 3月 20日), 「岸田総理大臣のインド世界問題評議会における政策スピーチ」, 首相官邸, https://www.kantei.go.jp/jp/101_kishida/statement/2023/0320speech.html (2025년 9월 17일 접속).

_______, 2023c(2023年 5月 21日), 「G7広島サミット 議長国記者会見」, 首相官邸, https://www.kantei.go.jp/jp/101_kishida/statement/2023/0521kaiken.html (2025년 9월 17일 접속).

_______, 2023d(2023年 12月 16日), 「「信頼」に基づく「共創」により目指す「平和と繁栄」」, 外務省, https://www.mofa.go.jp/mofaj/files/100596239.pdf (2025년 9월 17일 접속).

厚生労働省, 2019, 『平成29年版 厚生労働白書 ―社会保障と経済成長―』, https://www.mhlw.go.jp/wp/hakusyo/kousei/17/index.html/ (2025년 9월 17일 접속).

高坂正堯, 2006, 『宰相 吉田茂』, 中央公論神社.

国土交通省, 2020, 『国土交通白書 2020』.

村上泰亮, 1992, 『反古典の政治経済学(上): 進歩史観の黄昏』, 中央公論社.

坂本貴志, 2024, 『ほんとうの日本経済 データが示す「これから起こること」』, 講談社.

Campbell, Kurt M., and Rush Doshi, 2021, January 12, "How America Can Shore Up Asian Order," *Foreign Affairs*, https://www.foreignaffairs.com/articles/united-states/2021-01-12/how-america-can-shore-asian-order (2025년 9월 17일 접속).

Cheung, Tai Ming, 2022, *Innovate to Dominate: The Rise of the Chinese Techno-Security State*, Cornell University Press.

Cumings, Bruce, 1997, "Japan and Northeast Asia into the Twenty-first Century," in Peter J. Katzenstein and Shiraishi Takashi eds.,

Network Power: Japan and Asia, Cornell University Press.

Donilon, Tom, 2013, March 11, "Remarks By Tom Donilon, National Security Advisor to the President: 'The United States and the Asia-Pacific in 2013'," https://obamawhitehouse.archives.gov/the-press-office/2013/03/11/remarks-tom-donilon-national-security-advisor-president-united-states-an (2025년 9월 11일 접속).

Duus, Peter, 1998, *The Abacus and the Sword: Japanese Penetration of Korea, 1895-1910*, Berkeley: Univestiy of California Press.

Froman, Michael, 2014, "Remarks by Ambassador Michael Froman at the Coalition of Services Industries on the Trade in Services Agreement," Office of the United States Trade Reprsentative(USTR), https://ustr.gov/about-us/policy-offices/press-office/speeches/transcripts/2014/June/Remarks-by-USTR-Froman-at-Coalition-Services-Industries-on-TiSA (2025년 9월 11일 접속).

Green, Michael J., 2022, *Line of Advantage: Japan's Grand Strategy in the Era of Abe Shinzō*, Columbia University Press.

Hall, Peter and David Soskice, 2001, *Varieties of Capitalism: The Institutional Foundations of Comparative Advantage*, Oxford University Press.

Ikenberry, G. John, 2001, *After Victory: Institutions, Strategic Restraint, and the Rebuilding of Order After Major Wars*, Princeton University Press.

______, 2004, "America in East Asia," in Ellis Krauss and T. J. Pempel eds., *Beyond Bilateralism*, Stanford: Stanford University Press: 37-54.

______, 2011, *Liberal Leviathan: The Origins, Crisis, and Transformation of the American World Order*, Princeton: Princeton University Press.

Iriye, Akira, 1982, *Power and Culture: The Japanese-American War, 1941–1945*, Havard University.

Ishiba Shigeru(石破茂), "Joint Press Conference by Prime Minister ISHIBA Shigeru and President Donald Trump of the United States of America," Prime Minister's Office of Japan(首相官邸), https://japan.kantei.go.jp/103/statement/202502/07kyodo_kaiken.html (2025년 9월 17일 접속).

Johnson, Chalmers, 1982, *MITI and the Japanese Miracle: The Growth of Industrial Policy*, 1925–1975, Standford University Press.

Pyle, Kenneth B., 2007, *Japan Rising*, PublicAffairs.

______, 2018, *Japan in the American Century*, Belknap Press.

Samuels, Richard J., 2007, *Securing Japan: Tokyo's Grand Strategy and the Future of East Asia*, Cornell University Press.

Sohn Yul(손열), 2010, "Japan's New Regionalism: China Shock, Universal Values and East Asian Community," *Asian Survery* 50(3).

Streek, Wolfgang and Kathleen Ann Thelen, 2005, *Beyond Continuity: Institutional Change in Advanced Political Economies*, Oxford University Press.

The White House, 2022, February, *Indo-Pacific Strategy of the United States*, The White House.

Tooze, Adam, 2018, *Crashed: How a Decade of Financial Crises Changed the World*, Viking.

Yamamura Kozo and Wolfgang Streeck, 2003, *The End of Diversity?: Prospects for German and Japanese Capitalism*, Cornell University Press.

제4장 인도는 글로벌 강대국으로 발돋움할 수 있는가

백우열, 2022, 「최근 인도·중국 관계 변화와 전망」, 《외교》 140, 한국외교협회.

백우열, 2025, 『피크코리아: 도약과 추락의 갈림길에 선 한국을 리디자인할 국가 대개조 개념설계』, 현암사.

叶海林, 2017, 「莫迪政府对华"问题外交"策略研究—兼论该视角下印度对"一带一路"倡议的态度」, 《当代亚太》 2017年 6期: 24–47.

Aiddata, n.d., https://www.aiddata.org/datasets (2025년 11월 19일 접속).

Ashraf, Junaid, 2017, "String of Pearls and China's Emerging Strategic Culture," *Strategic Studies* 37(4): 166–181.

Austin, Lloyd, 2023, June 2, "A Shared Vision for the Indo-Pacific," Remarks by Secretary of Defense Lloyd J. Austin III at the Shangri-La Dialogue (As Delivered), https://www.war.gov/News/Speeches/Speech/Article/3415839/a-shared-vision-for-the-indo-pacific-remarks-by-secretary-of-defense-lloyd-j-au/ (2025년 11월 19일 접속).

Confederation of Indian Industry, 2018, "Impact of GST on Indian Economy."

Democracy Now!, 2009, September 28, "Author Arundhati Roy on the Human Costs of India's Economic Growth, the View of Obama from New Delhi, and Escalating US Attacks in Af-Pak," *Democracy Now!* https://www.democracynow.org/2009/9/28/author_arundhati_roy_on_conflicts_and (2025년 9월 22일 접속).

Dhasmana, Indivjal, 2023, October 24, "India set to be world's third-largest economy by 2030, says S&P Global," *Business Standard*, https://www.business-standard.com/economy/news/india-set-to-overtake-japan-as-third-largest-economy-by-2030-s-p-global-123102400804_1.html (2025년 9월 22일 접속).

Giridharadas, Akshobh, 2021, October 2, "India: A great power or a great presence?" Observer Research Foundation(ORF), https://www.orfonline.org/expert-speak/india-a-great-power-or-a-great-presence (2025년 9월 22일 접속).

Goldman Sachs, 2023, July 6, "How India could rise to the world's second-biggest economy," Goldman Sachs, https://www.goldmansachs.com/insights/articles/how-india-could-rise-to-the-worlds-second-biggest-economy (2025년 9월 22일 접속).

Guha, Ramachandra, 2010, June 15, "Ten Reasons Why India Will Not and Must Not Become a Superpower(2010)," IDRC | CRDI[Youtube], https://www.youtube.com/watch?v=ewdaJqFgWsM (2025년 9월 22일 접속).

Hu Shisheng and Jue Wang, 2020, "The Behavioral Logic behind India's Tough Foreign Policy toward China," *China International Relation* 30(5): 37-65.

International Labour Organization(ILO), 2023, *Labour productivity growth in India: Trends and determinants*.

Invest India, 2023, May 2, "New India in Amrit Kaal," Invest India, https://www.investindia.gov.in/blogs/new-india-amrit-kaal (2025년 9월 18일 접속).

Kumar, Mayank, 2023, December 19, "Modi vows to 'make India the third largest economic superpower in the world' in his third term," *The Hindu*, https://www.thehindu.com/news/national/modi-vows-to-make-india-the-third-largest-economic-superpower-in-the-world-in-his-third-term/article67651532.ece (2025년 9월 18일 접속).

Liu Zongyi, 2016, July 3, "India's political goals hinder cooperation with China on 'Belt, Road'," *Global Times*(《环球时报》), https://www.globaltimes.cn/content/992047.shtml (2021년 12월 1일 접속).

McKinsey & Company, 2018, "India's GST: A game changer for the economy."

Menon, Shivshankar, 2017, "Some Thoughts on India, China and Asia-Pacific Regional Security," *China Report* 53(2): 188-213.

Ministry of External Affairs, Government of India, 2020, "Remarks by EAM Dr. S. Jaishankar at the Bloomberg India Economic Forum 2020," https://www.mea.gov.in/Speeches-Statements.htm?dtl/33124 (2025년 11월 19일 접속).

______, 2023, "India's Foreign Policy," Retrieved from https://www.mea.gov.in/foreign-relations.htm.

Ministry of Finance, Government of India, 2017, "Goods and Services Tax."

______, 2023, "Economic Survey 2022-23."

Mohan, C. Raja, 2015, *Modi's World: Expanding India's Sphere of Influence*, Harper Collins.

Museveni, Yoweri K., 2024, February 16, "The Non-Aligned Movement is back, and it's good for the globe, not a threat," *The Hill*, https://thehill.com/opinion/international/4470175-the-non-aligned-movement-is-back-and-its-good-for-the-globe-not-a-threat/ (2025년 11월 19일 접속).

Paik Wooyeal(백우열), Jaehyun Lee(이재현) et al., 2020, *The Quad Countries' Indo-Pacific Strategies and Ensuing Responses by South Korea*(『쿼드 국가의 인도-태평양 전략과 한국의 대응』), Seoul: Asan Institute of Policy Studies(아산정책연구원).

Paik Wooyeal(백우열), and Rajiv Kumar, 2019, "India's Extended "Act East" Outreach to Northeast Asia: Its Economic and Security Interactions with China, Japan, and South Korea," *Korean Journal of International Studies* 17(1): 1-29.

Pant, Harsh V., 2019, "The India-US-China triangle from New Delhi:

overcoming the "hesitations of history"," *India Review* 18(4): 386-406.

Press Trust of India(PTI), 2014, February 26, "What superpower? I will rather make a woman safe in a bus: Rahul Gandhi in Assam," *NDTV* https://www.ndtv.com/elections-news/what-superpower-i-will-rather-make-a-woman-safe-in-a-bus-rahul-gandhi-in-assam-552074 (2025년 9월 22일 접속).

_______, 2018, June 10, "India refuses to endorse China's Belt and Road Initiative," *The Hindu*.

S&P Global, n.d., https://www.spglobal.com/marketintelligence/en/ (2025년 11월 19일 접속).

Sharma, Shweta, 2025, January 1, "Can India become the world's third superpower? It faces huge challenges in 2025," *Independent*, https://www.independent.co.uk/asia/india/india-modi-economy-democracy-power-china-usa-b2665016.html (2025년 9월 22일 접속).

Srivastava, D. K., 2022, August, "Indian economy by 2050: In pursuit to achieve the $30 trillion mark," Ernst & Young(EY), https://www.ey.com/en_in/insights/tax/economy-watch/indian-economy-by-twenty-fifty-in-pursuit-to-achieve-the-thirty-trillion-dollar-mark (2025년 9월 22일 접속).

Stars, 2024, September 24, "India's Rise to Superpower – Implications for Business and Society with Raja Mohan," https://youtu.be/L3PpXWIZ-aE (2025년 9월 18일 접속).

The Economist, 2023, June 15, "In conversation with Subrahmanyam Jaishankar," *The Economist*, https://www.economist.com/asia/2023/06/15/in-conversation-with-subrahmanyam-jaishankar (2025년 9월 18일 접속).

The Indian Express, 2019, "Explained: What is the 10% quota for economically weaker sections?"

The Times of India, 2024, August 10, "India's time has come to become a superpower: CM Yogi Adityanath," *The Times of India*, https://timesofindia.indiatimes.com/city/lucknow/indias-time-to-become-a-superpower-cm-yogi-adityanaths-vision-for-the-future/articleshow/112415760.cms (2025년 9월 18일 접속).

The White House, 2021, March 12, "The Fact sheet: Quad Summit," https://www.whitehouse.gov/briefing-room/statements-releases/2021/03/12/fact-sheet-quad-summit/, (2025년 3월 31일 접속).

The Wire, 2018, "The Great Betrayal: How Modi Govt Killed SC/ST Quota in Promotions."

United Nations Population Fund(UNFPA), 2023, "India Population Prospects 2022."

Wadhwa, Anil, 2019, "India's act east policy," https://www.mea.gov.in/distinguished-lectures-detail.htm?840 (2025년 9월 19일 접속).

Wolf, Martin, 2024, July 9, "Why India will become a superpower," *Financial Times*, https://www.ft.com/content/7ebec65b-79fb-4366-8d55-bc817c8606ac (2025년 9월 18일 접속).

World Bank(WB), n.d., World Bank Open Data, https://data.worldbank.org/.

______, n.d. "Popluation," World Bank Open Data, https://data.worldbank.org/indicator/SP.POP.TOTL?locations=IN (2025년 9월 22일 접속).

______, 2018, April, "India Development Update."

______, 2023, "Urban Population (% of total population) – India."

제5장 위기의 유럽

박단, 2011, 「프랑스 공화국과 이민–'새로운 공화국'을 향하여?」, 『프랑스의 열정: 공화국과 공화주의』, 아카넷.

안병억, 2025년 1월 16일, 「고꾸라진 독일 경제, 아직 되돌릴 방법은 있습니다—안병억 교수(대구대 국제관계학과)」, 손에잡히는경제[Youtube], https://www.youtube.com/watch?v=iR2SsUvBTeg (2025년 11월 19일 접속).

이철민, 2025년 3월 19일, 「"트럼프는 네로, 머스크는 광대" 佛의원 연설, 美정가 화제된 까닭」, 《조선일보》, https://www.chosun.com/international/international_general/2025/03/18/4E6LG3WZRBCXZNBVZ4UWODMHFA/ (2025년 9월 30일 접속).

정철환, 2024년 1월 8일, 「수낙 英총리 "중국과 황금시대는 끝났다"」, 《조선일보》.

정하늘, 2023, 『21세기 국제질서 맥락으로 이해하기: 패권 전환기 속 대한민국의 미래』, 국제법질서연구소.

채제우·김수진, 2025년 9월 14일, 「전 세계 나랏빚 100조달러… '부채의 늪'에 빠지다」, 《조선일보》.

최유식, 2025년 6월 22일, 「G7도 中을 무역 질서 '공공의 적'으로 지목 "트럼프가 옳았다"」, 《조선일보》, https://www.chosun.com/international/china/2025/06/22/PGS42DT4CNAE7GAIVBGPA3WEGY/ (2025년 9월 30일 접속).

프리드먼, 토머스 L. (신동욱 옮김), 2000, 『렉서스와 오렌지나무』, 창해.

Adil, Nosherwan, 2024, September 9, "The Fading Façade of Western Hegemony," https://moderndiplomacy.eu/2024/09/09/the-fading-facade-of-western-hegemony/ (2025년 9월 30일 접속).

BBC, 2020, December 18, "Unicef to feed children in UK for first time," https://www.bbc.com/news/uk-england-devon-55348047 (2025년 11월 19일 접속).

Blenkinsop, Philip, 2024, January 9, “Far–right rise could make Europe ungovernable,” *EU Liberals*.

Butler, Patrick, 2024, May 14, “Children of Austerity Need A Rescue Plan, Gordon Brown Says,” *The Guardian*.

CompaniesMarketCap, 2025, “Largest tech companies by market cap,” https://companiesmarketcap.com/tech/largest–tech–companies–by–market–cap/ (2025년 11월 19일 접속).

Draghi, Mario, 2024, September, *The Future of European Competitiveness: A competitiveness strategy for Europe*(『드라기 보고서』), Luxembourg: Publications Office of the European Union.

Erixon, Fredrik, Oscar Guinea and Oscar du Roy, 2023, “If the EU was a State in the United States: Comparing Economic Growth between EU and US States,” European Centre for International Political Economy(ECIPE).

Ethnicity Facts and Figures, 2025, July 9, “Entry rates into higher education,” https://www.ethnicity–facts–figures.service.gov.uk/education–skills–and–training/higher–education/entry–rates–into–higher–education/latest/ (2025년 11월 19일 접속).

Eurostat, 2025, February, “Fertility statistics,” https://ec.europa.eu/eurostat/statistics–explained/index.php?title=Fertility_statistics (2025년 9월 29일 접속).

Fairless, Tom, 2023, July 17, “Europeans Are Becoming Poorer. ‘Yes, We’re All Worse Off’,” *The Wall Street Journal*.

Fukuyama, Francis, 2021, August 18, “On the end of American hegemony,” *The Economist*, London.

Gregory, Andrew, 2024, June 18, “UK Children Shorter, Fatter and Sicker Amid Poor Diet and Poverty,” *The Guardian*.

Henley, Jon, 2017, May 28, “Angela Merkel: EU Cannot Completely Rely on US and Britain Any More,” *The Guardian*.

Hill, Amelia, 2023, June 21, "Children raised under UK austerity shorter than European peers, study finds," *The Guardian*.

Hirsi Ali, Ayaan, 2006, *Infidel: My Life*, Free Press.

Karnitschnig, Matthew, 2023, June 14, "America's European burden: How the Continent still leans on the US for security," Politico, https://www.politico.eu/article/america-europe-burden-continent-leans-security-defense-military-industry/ (2025년 11월 19일 접속).

Kayali, Laura, 2023, June 14, "Europe's military buildup: More talk than action," *Politico*, https://www.politico.eu/article/europe-military-industry-defense-buildup-war/ (2025년 11월 19일 접속).

King, Jordan, 2024, December 8, "Europe's Population Crisis," *Newsweek*, https://www.newsweek.com/europe-population-decline-crisis-1995599 (2025년 9월 29일 접속).

Ledger-Lomas, Michael, 2024, October 3, "Emmanuel Todd Prophesies the Defeat of the West," *Jacobin*.

Le Monde, 2024, September 11, "EU competitiveness: Action needed to catch up," *Le Monde*, https://www.lemonde.fr/en/opinion/article/2024/09/11/eu-competitiveness-tackling-the-european-gap_6725611_23.html (2025년 9월 30일 접속).

Letta, Enrico, 2024, April, *Much More than a Market: Speed, Security, Solidarity-Empowering the Single Market to deliver a sustainable future and prosperity for all EU citizens*(『레타 보고서』), Report to the European Council, Brussels.

Macrotrends, 2024, "Spain Unemployment Rate (1991-2024)," https://www.macrotrends.net/global-metrics/countries/esp/spain/unemployment-rate (2025년 9월 29일 접속).

Office for National Statistics, 2024, December 5, "Most Popular Baby Names in England and Wales, 2023," Office for National

Statistics(ONS).

Organisation for Economic Co-operation and Development(OECD), 2024a. "Average annual wages," https://www.oecd.org/en/data/indicators/average-annual-wages.html (2025년 11월 19일 접속).

______, 2024b, July 9, "OECD Employment Outlook 2024 - Country Notes: Italy," https://www.oecd.org/en/publications/oecd-employment-outlook-2024-country-notes_d6c84475-en/italy_f8469085-en.html (2025년 9월 29일 접속).

Siddiqui, Kalim, 2019, "The US Economy, Global Imbalances under Capitalism: A Critical Review," *Istanbul Journal of Economics* 69(2): 175~205.

______, 2022, "Ukraine-Russia War and the Impact on the Global Economy," *World Financial Review* Nov-Dec 2022: 22~23.

Stockholm International Peace Research Institute(SIPRI), 2024, *SIPRI Yearbook 2024*, https://www.sipri.org/yearbook/2024 (2025년 11월 19일 접속).

Todd, Emmanuel, 2024, *La défaite de l'Occident*, Gallimard.

Tooze, Adam, 2024, September 13, "Chartbook 318 How Europe became a failed model of state-capitalist relations. … or Europe according to the Draghi report (2)", Chartbook[Substack], https://adamtooze.substack.com/p/chartbook-318-how-europe-became-a/ (2025년 11월 19일 접속).

World Bank, 2025, "GDP (current US$)," Retrieved 3 July 2025, https://data.worldbank.org/indicator/NY.GDP.MKTP.CD (2025년 7월 3일 접속).

찾아보기

저자 소개

전재성 | 서울대학교 정치외교학부 교수이며, 동아시아연구원 원장을 맡고 있다. 주요 연구 분야는 국제정치이론, 국제관계사, 동아시아 안보론, 한국 외교 정책 등이다. 서울대학교 외교학과 학사와 석사를 거쳐, 미국 노스웨스턴대학에서 국제정치이론으로 국제정치학 박사 학위를 받았다. 한국국제정치학회 회장(2021), 서울대 국제문제연구소장, 서울대 통일평화연구원 부원장직을 지냈고, 일본 게이오대학 방문교수로도 2년간 재직했으며, 통일부·외교부·국방부·육군·해군 자문위원을 역임했다. 주요 저서로는 『미래 세계정치질서와 권역이론』(2025), 『동북아 국제정치이론: 불완전주권국가들의 국제정치』(2020), 『주권과 국제정치: 근대주권국가체제의 제국적 성격』(2019), 『정치는 도덕적인가?: 라인홀드 니버의 초월적 국제정치사상』(2012), 『동아시아 국제정치: 역사에서 이론으로』(2011)등이 있다. 편저로는 『동아시아 지역질서 이론: 불완전 주권과 지역갈등』(2018), 『복잡성과 복합성의 세계정치』(2017), 『미중 경쟁 속의 동아시아와 한반도』(2015) 등이 있다.

이희옥 | 성균관대학교 정치외교학과 명예교수이다. 국내 가장 권위 있는 중국 연구기관인 성균중국연구원 창립 때(2012년)부터 13년 동안 원장직을 지냈고, 현재는 이곳의 명예원장으로 있다. 한국외국어대학교에서 박사 학위를 받았고, 홍콩대학과 베이징대학에서도 수학했다. 전공 분야는 중국 정치 및 중국 외교, 동아시아 국제 관계 등이다. 성균관대학교

에서 국가전략대학원장, 중국대학원장, 동아시아지역연구소장, 국가경영전략연구소장을 맡았고 학계에서는 현대중국학회 회장 및 한국정치학회 부회장 등을 역임했다. 일본 나고야대학 특임교수, 중국 해양대학 교환교수, 워싱턴대학(시애틀) 방문학자 등을 지냈다. 현재 지린대학, 퉁지대학, 중산대학, 후난사범대학, 화교대학, 푸단대학, 베이징대 국가거버넌스연구원 등 10여 개 대학의 겸직교수 또는 객원교수이다. 성균관대학교의 〈올해의 성균인상(연구학술부문)〉과 〈Teaching Award〉, 그리고 NEAR 학술상, 중화도서 특수공헌상, 옥조근정훈장 등을 수상했다. 외교부, 국가안보실, 해군, 서울시, 경기도, 국회 등에서 정책 자문위원을 했으며, 한중전략대화 총간사(2003~2008)를 지냈으며, 현재는 남북관계 발전위원회 민간위원, 민주평화통일자문회의 상임위원, 통일부 자문위원으로 있다. 최근 저서로는『중국의 미래, 대안을 묻다』(편저, 2025),『미중관계 레볼루션』(공저, 2025),『李熙玉的学术札记』(저서, 2024) 등이 있다.

손열 | 연세대학교 국제학대학원 및 언더우드 국제대학 국제학과 교수이다. 시카고대학에서 정치학 박사를 취득하였으며, 전공 분야는 일본 외교 및 정치경제, 국제정치경제, 동아시아 국제 관계, 공공외교이다. 재단법인 동아시아연구원(East Asia Institute) 원장(2018~2025), 연세대학교 국제학대학원장(2012~2016), 언더우드국제학부장(2010~2012), 지속발전연구원장(2016~2018), 국제학연구소장(2016~2018) 등을 역임하였다. 중앙대학교 교수, 도쿄대학 및 와세다대학 특임초빙교수, 노스캐롤라이나대학(채플힐)과 캘리포니아대학(버클리) 객원교수로 근무하였으며, 한국국제정치학회장(2019), 현대일본학회장(2012)을 지냈다. 동북아시대위원회 전문위원(2005~2008), 한일 일본군 위안부 문제 합의 검토 TF 민간위원(2017~2018)으로 활동하였으며, 현재 국가안보실과 외교부 정책자문위원이다. 최근 저서로는『트럼프의 귀환, 미국의 미래』(공편 2025),『개념전쟁: 아시아에서 인도-태평양까지, 강대국 공간 지배 경쟁과 한국의 선택』(2024),『미중 경제전쟁과 한국』(공편, 2024),『여론으로 보는 한일관계 2013-2023』(공편, 2024),『코로나 위기 이후 세계정치경제질서』(공편, 2022) 등이 있다.

백우열 | 혁신 과학 시대의 정치적 신구(新舊) 난제에 천착하는 융복합 정치학자다. 연세대학교, 홍콩성시대학(City University of Hong Kong), 미국 캘리포니아대학 로스엔젤레스(UCLA)에서 비교정치, 국제정치, 정치사상을 공부하였으며, 현재 연세대학교 정치외교학과 교수로 연세대학교 통

일연구원 부원장, 항공우주연구전략연구원 안보전략센터장으로 재직 중이다. 또한 프랑스 군사전략연구소(Institut de recherche stratégique de l'École militaire, IRSEM) 방문연구원, 벨기에 브뤼셀자유대학(Vrije Universiteit Brussel) 겸임교수를 역임했다. 이전 성균관대학교 동아시아학술원 교수와 성균중국연구소의 부소장으로, 2010년 이후 외교부, 국방부, 과기정통부, 통일부, 해군, 공군, 신남방위원회, 국가안보실, 국회, 산림청 등에 자문 및 프로젝트 활동을 해 왔다. 주요 학술적·정책적 연구 분야는 글로벌 전략과 국내–국제정치적 상호작용의 관점에서 글로벌 안보 컨버전스다. 특히 현재 유럽대서양–인도태평양 지역 및 핵심 안보 영역(군사, 정치, 경제, 과학기술)의 컨버전스, 그 맥락에서의 NATO–IP4–한국 관계, 글로벌 방위 산업의 정치, AI 정치와 정책 등이 핵심 연구 대상이다. 또한 사물정치론(Politics of Things)이라는 새로운 분야를 만들어 가며 과학 기술에 접근한다. 저서로는 『동아시아로부터 생각한다』(공저, 2017), 『정치외교학과 진로개발』(공저, 2019), 『피크 코리아: 도약과 추락의 갈림길에 선 한국을 리디자인할 국가 대개조 개념설계』(2025) 등이 있다.

주경철 | 서울대학교 역사학부 서양사 전공 교수이다. 파리 사회과학고등연구원(Ecole des Hautes Etudes en Sciences Sociales)에서 박사 학위를 취득하였으며, 하버드대학 옌칭연구소, 버클리대학 한국학연구소, 파리7대학 방문교수, 서울대학교 역사연구소 소장, 서울대학교 중세르네상스연구소 소장, 한국 도시사학회 회장, 대우재단 학술운영위원회 위원 등을 역임했다. 유럽 근대사, 그중 특히 경제사와 문화사를 주로 연구하였고, 최근에는 해양사로 연구 분야를 확장하였다. 근대 자본주의 세계의 경제·사회·문화적 발전, 그리고 글로벌한 차원의 문명 교류 등에 관심을 두고 있다. 주요 저서로는 『대항해 시대: 해상 팽창과 근대 세계의 형성』(2008), 『문명과 바다』(2009), 『마녀: 서구 문명은 왜 마녀를 필요로 했는가』(2016), 『바다 인류: 인류의 위대한 여정, 글로벌 해양사』(2022) 같은 학술서, 그리고 『문학으로 역사 읽기, 역사로 문학 읽기』(2009), 『주경철의 유럽인 이야기』(2017), 『도시여행자를 위한 파리×역사』(2024), 『문화로 읽는 세계사』(2005) 같은 교양서를 썼으며, 『물질문명과 자본주의』, 『물의 세계사: 부와 권력을 향한 인류 문명의 투쟁』(2013), 『유토피아』(2007) 등 여러 책들을 번역하였다.

이 책은 대우재단의 지원을 받아 연구 및 출간되었습니다.

글로벌 패권의 미래

대우학술총서 655 | Orbital Rendezvous 02

1판 1쇄 찍음 | 2025년 12월 12일
1판 1쇄 펴냄 | 2026년 1월 5일

지은이 | 전재성 · 이희옥 · 손열 · 백우열 · 주경철
펴낸이 | 김정호
책임편집 | 김명준
디자인 | 디스커버 · 이정은 · 이대응

펴낸곳 | 아카넷
출판등록 | 2000년 1월 24일(제406-2000-000012호)
주소 | 10881 경기도 파주시 회동길 445-3
전화 | 031-955-9510 (편집) · 031-955-9514 (주문)
팩시밀리 | 031-955-9519
www.acanet.co.kr

© 전재성 · 이희옥 · 손열 · 백우열 · 주경철, 2026

Printed in Paju, Korea.

ISBN 979-11-7559-015-1 94340
ISBN 978-89-5733-885-8 (세트)